U0453892

交通运输金融研究

吴忠群　著

知识产权出版社
全国百佳图书出版单位

图书在版编目（CIP）数据

交通运输金融研究/吴忠群著 . —北京：知识产权出版社，2017.8
ISBN 978 – 7 – 5130 – 5121 – 7

Ⅰ.①交…　Ⅱ.①吴…　Ⅲ.①交通运输经济—金融—研究　Ⅳ.①F5②F83

中国版本图书馆 CIP 数据核字（2017）第 220885 号

责任编辑：石陇辉　　　　　　　　　　责任校对：谷　洋
封面设计：睿思视界　　　　　　　　　责任出版：刘译文

交通运输金融研究

吴忠群　著

出版发行：**知识产权出版社** 有限责任公司		网　　址：http://www.ipph.cn	
社　　址：北京市海淀区气象路 50 号院		邮　　编：100081	
责编电话：010 – 82000860 转 8175		责编邮箱：shilonghui@ cnipr.com	
发行电话：010 – 82000860 转 8101/8102		发行传真：010 – 82000893/82005070/82000270	
印　　刷：北京嘉恒彩色印刷有限责任公司		经　　销：各大网上书店、新华书店及相关专业书店	
开　　本：787mm×1092mm　1/16		印　　张：18.25	
版　　次：2017 年 8 月第 1 版		印　　次：2017 年 8 月第 1 次印刷	
字　　数：350 千字		定　　价：79.00 元	

ISBN 978 –7 –5130 –5121 –7

前　言

交通运输金融作为一种客观存在，由来已久。自交通运输业从其他工商业部门中独立出来形成自主的经济部门算起，至今已有 200 多年的历史。众所周知，交通运输的发展对人类社会的进步和经济增长，具有不可或缺的重大意义。从 18 世纪至 20 世纪，交通运输革命更是引领产业革命的潮头，成为塑造现代世界格局及至人类生活方式的重要力量。

在交通运输发展的背后，是金融的强大推动力量。大量历史资料显示，金融活动对于交通运输的发展起着至关重要的作用。从早期的航运到运河的开凿，从交通运输工具的发明到交通运输网络的修建，金融活动无处不在。时至今日，交通运输金融已经成为金融领域的重要内容，占据金融业务的相当比例。因此对交通运输金融进行深入研究不仅具有重要的理论意义，而且具有显著的现实价值。

然而，遍观世界，尚没有关于交通运输金融问题的系统性专著，这不能不说是一种遗憾。鉴于此，本书重点在以下几个方面做出了的辛勤努力，并完成了预定目标。

一、构建交通运输金融理论体系

由于目前国内外尚没有关于交通运输金融问题的系统性专著，关于交通运输金融研究的内容、范围、架构以及主要观点都没有现成的结论。为此，本书查阅了大量资料，在此基础上构建了交通运输金融理论体系。

二、构筑交通运输金融业务体系

关于交通运输的经济学研究早已有之，而且往往有人把交通运输经济与交通运输金融混淆。其实二者存在根本区别：交通运输经济的核心研究内容是交通运输的合理性、经济性及其政策选择，交通运输金融的核心研究内容是围绕交通运输建设的投融资、保险、信托、租赁以及资本运作等金融业务或活动的实现问题。这些内容完全没有形成系统知识，为此本书对交通运输金融所涉及的大量业务进行系统梳理，构筑了交通运输金融业务体系。

三、增进交通运输金融的可操作性

金融是一门以操作性为特征的学问，否则其价值就会大打折扣。为此，本书在操作性上也付出了很大努力，力求为读者提供实际可用的指导或参照。

本书的早期版本曾经作为大型银行岗位培训教材使用，并获得了银行相关专业部门的认可。与早期版本相比，本书的主要改进有三点：一是全面提升了理论含量和规范性水平；二是显著加强了内容的具体性和可操作性；三是去除了涉及银行商业秘密的全部内容，而代之以公开的事物作为案例。

本书的完成得益于大量文献资料的帮助，还得益于有关企业、机构的合作与配合，以及很多人士的热情支持与鼓励，其中包括我的家人和学生。在此一并表示感谢。

希望本书能够为读者提供有价值的参考。由于本人的学识所限，书中错谬之处在所难免，恳请广大读者批评指正，以便今后加以改进完善。

吴忠群

2017 年 8 月

目　录

第一章

交通运输金融概述

第一节　什么是交通运输金融

一、交通运输金融的含义

（一）概念辨析

1. 理论界说

交通运输与人类的生产和生活息息相关，其历史几乎与人类的历史同样悠久。但直至 18 世纪末 19 世纪初，交通运输才逐渐从工业和商业中分离出来，形成一个独立的经济部门。交通运输开始成为经济问题、作为经济学家系统分析的对象，是从经济学成为一门系统的科学开始的。运输经济学学科的萌芽可以追溯到 18 世纪中叶。在运输业的发展过程中，伴随其不同的发展阶段，出现了许多有关运输的经济思想或有代表性的运输经济学论著。在交通运输经济的发展过程中，又进一步分离出了交通运输金融。

交通运输金融是一项新兴的业务，是指交通运输行业与金融相结合的一种新的金融业务和运作模式。一般地，交通运输金融可理解为交通运输领域内发生的各种金融活动，以及金融部门中开展的各种与交通运输相关的业务。较为保守的理解则仅指金融部门针对交通运输行业开办的具体业务。目前，关于交通运输金融还没有统一的定义。本书倾向于采取前一种范围较宽的理解。

必须指出的是，交通运输金融与交通运输经济是具有本质区别的两个概念：前者属于金融范畴，具有明显的具象性、操作性、实体性和业务性，主要包括从事交通运输金融活动的机构、交通运输金融活动所使用的金融工具、交通运输金融活动的运行模式、交通运输金融活动的风险管理等；后者则属于经济学范畴，更具有概念性、抽象性、一般性和普遍性的特征，主要包括交通运输行业的经济功能、交通运输行业的经营管理、交通运输行业的效益等。可见，交通运输金融与交通运输经济存在明确的区别和分工。概言之，交通运输金融是交通运输行业与金融行业的交集，交通运输经济的载体就是交通运输行业本身。

2. 定义

交通运输金融是与交通运输相关的金融活动的总称，既包括交通运输活动中所包含的金融成分，也包括金融活动中所包含的交通运输成分。交通运输金融既具有实在的金融属性，也具有鲜明的交通运输行业特色，二者缺一不可。具体点讲，交通运输金融由以下部分构成：①金融部门开展的与交通运输有关的业务；②交通运输部门开展的金融活动；③其他部门①开展的与交通运输有关的金融活动。因此，尽管交通运输金融是交通运输活动和金融活动的交集，但是参与其中的企业却不限于金融部门和交通运输部门，理论上讲，所有的机构和个人都可能成为交通运输金融的参与者。

顺便指出，从方法论上看，研究交通运输金融应以金融学科的普遍视角、思想、理论、方法和技术为根据，对与交通运输相关的金融活动进行研究，从而获取相关知识，为实践提供理论指导。

（二）主要内容

1. 实业投资

实业投资是与金融投资相对的概念。实业投资强调投资的直接对象是实际的生产或经营单位，而且以取得相应的经营管理权为目的；金融投资是指借助金融市场从事各种金融工具的交易，不以取得实际的经营管理权为目的，而以获得资本回报为目的。交通运输金融的实业投资又称为交通运输产业投资，是指直接投资于交通运输领域的实际生产或经营单位，从而将金融资产转化为产业资本，并取得相应的经营管理权。在实际中，它以多种形式存在，既可以采用股权投资的形式，也可以采取债权投资的形式，还可以采取其他形式。

2. 实业融资

实业融资是指为实业开发、建设和经营而进行的融资。具体到交通运输金融领域，实业融资就是为交通运输实业发展而进行的融资，主要表现为交通运输企业通过金融渠道获取资金以支持其生产和运营。有两个关键点需要注意：①融资的目的是发展交通运输的实际业务，而不是用于其他事项；②融资的主体是交通运输的实际经营单位，其他类型的机构或企业即使为了参与交通运输活动而融资，也不属于交通运输的实业融资。实业融资既可以采取直接融资也可以采取间接融资，既可以是股权融资也可以是债权融资或其他形式的融资。

3. 金融交易

这里金融交易是指交通运输金融中扣除实业投资和实业融资的剩余部分，主要指针对交通运输进行的非实业金融活动，包括股票、债券的买卖（涵盖

---

① 交通运输部门和金融部门以外的部门。

一级市场、二级市场和场外市场），还有与交通运输相关的保险、租赁等金融活动。金融交易与实业投资和实业融资的区分是很明显的：金融交易不以获取实际的经营管理权为目的，而只是把与交通运输有关的金融资产进行买卖，从而获利；实业投资和实业融资则存在根本目的的不同，它们是为了直接取得实业资产的经营管理权。这一区分在实际中很有价值，尤其对金融监管和风险防范具有重要意义。

（三）基本形态

1. 在交通运输部门中的形态

在交通运输部门中，交通运输金融主要体现为针对自身建设和发展而开展的相关金融活动。现实中交通运输部门可能参与多种金融活动，但是如果不是直接为交通运输本身的建设和经营，而是出于营利目的参与金融投机等活动，则不属于本书所界定的交通运输金融范畴，比如为赚取买卖价差而从事股票投资等。有一点需要注意，交通运输单位中有的成立了专门的财务公司或金融公司，负责一定范围内的金融活动，如果其金融活动符合上述关于交通运输金融的内涵，则是交通运输金融的一种组织形式；但是有的交通运输单位没有设立专门的财务公司或金融公司，这不意味着这些单位没有开展交通运输金融活动，通常它们是以整个单位的名义进行相关的金融活动，主要是融资。总之，有无专门的财务公司或金融公司不是判断交通运输金融存在与否的标准，而是看其是否从事了本书所界定的交通运输金融活动。

2. 在金融部门中的形态

在金融部门中，交通运输金融主要表现为以下几种形态。①针对交通运输行业的金融业务。根据开办机构性质上的差别，这些业务可以分为商业银行业务，包括资产业务、负债业务和表外业务（含中间业务）；证券业务，包括证券的发行、销售、交易等；保险业务，包括社会保险业务和商业保险业务；信托和租赁业务，包括不动产信托、动产信托、金融租赁、经营租赁等。②与交通运输相关的金融产品。这些产品可以在金融市场上进行交易，为投资者提供参与交通运输金融的机会，包括股票、债券、商业票据，以及期货、期权等金融衍生品，还有各种金融创新产品，如可转换债券、资产证券化产品等。

二、交通运输金融的功能

（一）投资功能

1. 扩展投资领域

从交通运输部门的角度看，交通运输金融的存在为交通运输部门的剩余资金提供了更多的投资机会和投资方式：首先，使交通运输企业之间的相互投资更为便捷；其次，为交通运输部门资金进入其他部门提供了便利。

从金融部门的角度看，开展交通运输金融业务可以深化金融部门与交通运输部门的合作，从而为金融部门提供更多的投资机会：首先，金融部门可以针对交通运输部门的特点和需求，开发更多的投资业务；其次，金融部门可以进一步发挥信息、渠道优势加强对交通运输部门投资的主动性，开发更具针对性和吸引力的金融产品和服务，有效扩大投资。

交通运输和金融以外的部门可以通过交通运输金融渠道投资于交通运输部门，这为非交通运输部门资金进入交通部门提供了便利。

2. 便利公众参与产业发展

交通运输金融把交通运输产业和金融市场紧密地结合在一起，为各类投资者参与交通运输发展提供了平台，有助于交通运输产业更健康地发展。在现代经济中，金融部门是市场化配置资源的最核心部门，它能有效地把所涉及的人力、财力和物力联通与整合，实现对资源的配置，其配置资源的方式乃是通过市场竞争机制来决定资本占有的条件，由此决定不同产业、企业和个人获得资源的份额，也就是对资源的配置。因此，如果产业发展脱离金融配置，就难以保证其资源配置的有效性。可以预见，在没有交通运输金融的情况下，包括企业和个人的各类投资者，都无法方便地进入交通运输投资领域，因此他们的利益与关切难以付诸实践，而借助交通运输金融活动，各方面的资金进入交通运输领域要相对容易得多，这样交通运输金融产业发展便融入了更多的公众利益与关切，也就更符合社会福利最大化的原则，从根本上保证了产业发展的社会合理性，也就更加健康。

（二）融资功能

1. 拓宽融资渠道

资金是制约发展的一个重要因素，任何机构和个人面临资金不足时都有融资的需求，但不是所有的融资需求都能够得到有效的满足，其中的一个重要原因就是融资渠道限制。交通运输金融的发展，相当于在交通部门与众多其他部门之间开辟了多边融资渠道，为资金的流动和配置创造了更有效的机制。交通运输金融不仅能够为交通部门的建设和发展融资，也可以把交通部门的富余资金融向其他部门。这对于提高融资效率、降低融资成本是非常有益的。

2. 促进资金配置效率

由于资金总是倾向于按照低风险、高收益的原则流动，参与者越多，则竞争越充分，资金的配置效率越高。通过交通运输金融活动，众多的融资者和投资者能够在更大的范围内进行资金融通，这给所有参与者提供了更多的选择机会，同时参与者之间的竞争也得到加强。这样不仅给交通运输部门提供了更多的融资选择，也给其他部门提供了更多的融资选择，于是每个市场参与者都可以在更大的范围内选择那些对自己来说低风险、低成本的融资对象或融资工具，因此从整体上提高了融资效率。

（三）风险管理与资源配置功能

1. 风险管理功能

交通运输金融的风险管理功能主要体现在以下几个方面。①丰富了风险管理的工具。风险管理的重要手段之一是利用合适的工具，对所面临的风险进行分散、转移或者对冲等。交通运输金融的发展无疑丰富了风险管理所需的工具，这无论对于交通运输部门、金融部门还是其他部门的风险管理，都是有益的。②使风险识别和风险计量更易实施。风险识别和风险计量是风险管理的两个必要环节，往往需要相关的金融数据支撑，交通运输金融使得交通运输部门的大量信息能够以金融数据的形式显示出来，这为风险识别和风险计量创造了有利条件。③增强了控制风险的能力。交通运输金融把交通运输部门与众多的部门联系起来，通过各种金融手段每个部门都能够有效增强控制风险的能力。

2. 资源配置功能

现代社会的资源配置主要有两种方式：一是市场配置；二是政府配置。交通运输金融就是一种市场化配置资源的方式。交通运输金融不仅使各种交通运输相关的资源，而且使更大范围的资源被细分，从而便于交易和流动，资源将被能够带来低风险高回报的投资者所拥有，从而实现资源效率的提升。具体表现为以下几个方面。①细分资源。资源的合理配置离不开资源的分割，因为很多资源需要一定的分割才能进行交易和流动，这是众所周知的道理，但是客观上，很多资源不能进行物理分割，否则其功能将会丧失，比如一座工厂。金融恰恰为解决这一难题提供了有效方式，理论上它可以对资源进行无限细分。②优化组合资源。在细分资源的基础上，金融可以把更大范围内的人力、物力、财力按照一定的目标组织整合起来，从而实现更高的效率。③优胜劣汰。交通运输金融的发展有助于更大范围的投资者进入交通运输金融领域，使市场竞争更为充分，深化优胜劣汰过程。

第二节　交通运输金融发展历程

一、交通运输金融的孕育与萌芽

（一）历史背景

1. 时代背景

交通运输金融的产生有其深刻的时代背景。微观运输活动的历史与人类的历史一样久远，但是交通运输业成为一个独立的经济部门则是在18世纪伴随产业革命逐渐完成的。金融业作为一个独立的经济部门则可追溯到文艺复兴时期。[①] 18世纪中叶以后，随着产业革命在世界范围内不断扩展和深化，推动金融业和交通运输业不断壮大，彼此都有越来越多的相互需要和依赖。为了给资本的增值开辟更大的空间，并给自身的发展谋求更大的主动性，银行资本向产业部门渗透；同样，产业资本也希望打入银行部门，一方面更主动地维护融资渠道的畅通，另一方面为剩余资本寻求更广泛的出路。在这样的时代大背景下，交通运输业与金融业相互渗透、融合生长是自然且必然的趋势。

2. 客观条件

尽管交通运输业与金融业的相互渗透甚至融合乃是历史发展的必然趋势，但是交通运输金融的产生必须建立在一些客观条件之上。也就是说，这些客观条件为交通运输金融的产生奠定了现实基础。首先，交通运输业空前发展并达到一定的规模乃是交通运输金融产生的先决条件。可以想象，交通运输业与金融业发生某种联系是在交通运输业刚刚独立为一个经济部门时就开始了，但是这不能说交通运输金融就产生了，而是直到交通运输业壮大到一定程度，使得交通运输业与金融业的融合形成一定的行业特点和广泛影响，才能说交通运输金融产生了。其次，银行业的壮大和制度日趋完善为交通运输金融的产生提供了物质技术条件和运营操作经验。交通运输金融的开展以银行和信用制度的建立和发展为平台，它决定了交通运输金融业务能否真正地付诸实施并开展起来。再次，市场经济制度的确立为交通运输金融的产生提供了制度土壤。市场制度打破了行业界限、地域分割和各种壁垒，使得交通运输业和金融业的相互渗透融合，并最终促成交通运输金融的产生与发展，有了制度保障。最后，17~18世纪启蒙运动所宣扬的天赋人权、社会契约、

---

① 注意，这一定义与苏联传统的政治经济学的理解有所差异，在那里，金融被定义为货币资本与产业资本的融合产物，但是这一差别对于本书讨论的内容没有实质性影响。

自由、平等、民主、法治、三权分立等思想，以及此前席卷整个基督教世界的新教伦理的广泛传播，为交通运输金融的萌发奠定了道德、伦理和思想文化基础。

3. 历史际遇

资本主义制度的确立。在封建社会末期的 14、15 世纪，资本主义经济已经在地中海沿岸国家和地区萌芽，17 世纪英国资产阶级革命胜利，成为人类社会进入资本主义时代的重要标志。资本主义生产关系的产生是个划时代的革命性变革，有力地推动了生产力发展，催化了产业革命的爆发，并使得自身巩固、壮大最终席卷全球。资本主义生产关系的确立为交通运输与金融的融合发展提供了根本的制度保障。可以说，无论是金融业对交通运输发展的支持，还是交通运输对金融业拓展提供的机遇，都建立在资本主义生产关系这一历史和制度前提下。

国际贸易的空前高涨。15、16 世纪的地理大发现为国际贸易兴起创造了客观条件，之后随着产业革命的爆发和展开，国际贸易成为世界经济的重要驱动力，这为交通运输的大发展创造了条件，交通运输因此迅速成为国民经济中具有重要作用的力量，并最终从其他部门中独立出来。在资本主义条件下，任何产业部门发展的前提是资本的投入，交通部门的发展产生对资金不断扩大的需求，这为交通运输金融发展播下了种子。

交通运输革命的成功。如果交通运输工具仅仅停留在大航海及以前时代的水平，交通运输金融的历史进程也会大为延缓。产业革命爆发不久，随着瓦特蒸汽机改进的成功①，交通运输工具开始酝酿着一场革命，不久由蒸汽机推动和牵引的轮船和列车先后诞生，很快以轮船和火车为标志的交通运输革命在全世界展开，铁路建设、船舶建造，以及整个交通运输产生的空前的投资需求，为交通运输金融的产生和发展提供了现实基础。

（二）标志性事件

1. 经济标志

交通运输金融萌芽的经济标志主要有两个。①交通运输成为独立的经济部门。这时交通运输不再是其他行业的从属业务或活动，比如之前的各种贸易活动，乃至更早的物品搬运等活动，都离不开交通运输，但是交通运输只处于从属地位，它本身没有形成独立的部门。直到交通运输成为一种专门的职业和经济活动，并且形成了专门从事该项实业的组织或群体，才标志着交通运输从其他经济部门中独立出来。②金融业与交通运输业发生借贷关系。

---

① 瓦特对蒸汽机改进工作的背后依然是金融的力量。

即使交通运输成为独立的经济部门，也不能说交通运输金融就正式出现了。只有当交通运输业与金融业建立起较为正常的金融关系才意味着交通运输金融正式出现了，在这一正常金融关系形成之前，交通运输业与金融业之间存在偶然的借贷关系，这就是交通运输金融的萌芽。

2. 政策标志

交通运输金融萌芽的政策标志是指在交通运输金融的孕育萌芽阶段，国家或政府颁布的对交通运输金融发展产生重要影响的政策。从理论上讲，政府的交通运输金融政策对促进交通运输金融的发展应该具有关键性作用，但是从世界历史看，几乎看不出哪项政府政策决定了交通运输金融的命运。事实上，资产阶级革命使得新的生产关系确立，为产业革命的爆发扫清了政治障碍，借助产业革命的东风，交通运输业发展壮大并最终形成独立的经济部门，之后交通运输金融孕育萌发，这一切从政策角度看都几乎可以追溯到《权利法案》的实施，因此英国最先明确的《权利法案》应该视作促使交通运输金融发轫的政策标志。

3. 文化标志

1776 年出版的亚当·斯密的名著《国民财富的性质和原因的研究》（简称《国富论》）堪称交通运输金融孕育的文化标志，这部著作较为深入而系统地触及了有关交通运输金融的普遍话题，并给出了积极的解决思路，为日后交通运输金融的发展指明了方向，提供了思想基础。事实上，交通运输金融所采取的各种具体形式和手段，都可以在《国富论》中找到理论根据。如果说《权利法案》在政治上为交通运输金融的开展提供了合法性和制度保障的话，《国富论》则从经济理论上为交通运输金融开展的经济性和可行性提供了理论支撑。

二、交通运输金融的产生与发展

（一）产生

1. 标志性事件

伊利云河的兴建。19 世纪初美国为了修建从伊利湖到纽约的运河，发行了"运河债券"。这实际上是以纽约州政府名义发行的债券，面向社会公众出售，筹集资金用于运河的开掘和建设，因此被称为"运河债券"。这一事件不仅为纽约乃至美国的交通运输发展提供了融资范例，而且其影响远播世界各地，此后很多大型交通运输工程都借鉴了这一做法。

伦敦地铁联网工程的完成。早在 1863 年伦敦就建成了世界上第一条地下铁路，但是直到 20 世纪初，伦敦地铁仍没有形成联通的路网，而是各自为政，造成人们乘坐地铁十分不便，而且地铁运营的成本也非常高昂。与此同时，线路的扩展和改造升级也摆在了人们面前。当时，有关的公司都清楚，万事俱备，唯有资金没有着落。就在这个时候，有一个已经取得伦敦地铁修建特许权的公司，因为没有资金实施它的特许权，把该权利转让给了一位美国金融家——查尔斯·耶吉斯（1837～1906）。这位金融家借此机会，从美国金融市场融得大量资金。终于在1913年伦敦地铁实现了全部联网。

2. 历史背景

早在17世纪英国就已经通过促进运河开凿的办法促进了全国水运网的形成，之后随着轮船航行的成功，铁路的修建，交通运输部门的资金需求急剧增加。尤其是铁路的修建，需要巨额资金支撑，单个企业无力完成，因此交通运输企业的大规模融资就此展开。在19世纪下半叶至20世纪初，基于交通运输事业发行的股票、债券充斥金融市场。交通运输的发展给国家和民众带来的好处立竿见影，迅速被普通民众理解和接受，这也是交通运输金融得以迅速崛起的原因之一。显而易见，交通运输发展给每个人带来了数不清的切身实惠：过去难以到达的地方，借助新式的交通工具轻而易举地就可以前往；过去艰苦的旅途，借助机械动力变得赏心悦目……交通运输发展更给国家带来了巨大影响：政府借此增加财政收入、富国强兵，更能巩固国家的统一……其好处也是数不尽的。事实上，各国越发感到交通运输发展对于增强国力的意义重大，因此往往是以举国之力推动交通运输事业发展。有资料显示，这一时期纽约股票交易所里的上市公司大半与交通运输业有关，尤其是铁路公司。交通运输对资金需求之旺盛、对金融业影响之大可见一斑。

（二）发展历程

1. 第一阶段：偶然的交通运输金融阶段（18世纪中叶～19世纪中叶）

18世纪中叶，交通运输业逐渐成为一个独立的经济部门，自此直到19世纪中叶，交通运输金融处在简单、直接且带有一定偶然性的活动层次，某一交通运输事项的实施之所以想到金融部门，是因为投资者没有足够的资金，如果自有资金充足，或者可以通过其他途径筹措，就不会考虑通过金融部门这一渠道。例如，著名的"运河债券"的发行，最初运河计划者并没有想借助金融部门，而是向联邦政府申请资金支持，结果被联邦政府否决，不得已的情况下，计划者才转而求助于金融部门。同样，金融部门也基本把交通运输部门当成随机的客户，并没有形成固定的模式或组织结构，基本满足于等客上门的状态。例如，著名的"伦敦地铁联网工程"，并非金融家主动搜集信息并积极争取的结果，而是地铁开发商找上门来的一拍即合。

2. 第二阶段：经常的交通运输金融阶段（19世纪中叶～20世纪中叶）

19世纪中叶是个划时代的时点。尽管早在18世纪中叶就出现了现代意义上的交通运输金融，但是正如前文所指出的，它们基本是偶尔为之的应激性活动，而不是经常性的产业化组织。交通运输业方面的种种发明，极少是由科学家们做出的。相反，它们多半是由响应非凡的经济刺激的、有才能的技工完成的。但是19世纪中叶以后，科学开始起了更加重要的作用。渐渐地，它成为所有大工业生产的一个组成部分。工业研究的实验室装备着昂贵的仪器、配备着对指定问题进行系统研究的训练有素的科学家，它们取代了孤独的发明者的阁楼和作坊。过去，发明是个人对机会做出响应的结果，而如今，发明是事先安排好的，实际上是定制的。总之，"人们已发明了做出发明的方法，人们已发现了做出发现的方法。机械的进步不再是碰巧的、偶然的，而成为有系统的、渐增的"。① 人们知道，他们将制造出越来越完善的机器，而这一点是以前的人们所未曾认识到的。在这样的背景下，交通运输金融自然而然地告别了随遇而安的历史，向着有计划的、经常性的业务方向转变。这一趋势一直持续到20世纪中叶。

3. 第三阶段：组合的交通运输金融阶段（20世纪中叶～20世纪末）

20世纪中叶，不仅是交通运输金融发展的一个重要分界点，也是人类历史的重要分水岭，第二次世界大战永久地把这一时期烙在了历史的年轮上。从那时起直到20世纪末长达半个世纪的时间里，人类活动重点围绕两大议题展开：一个是重建，另一个是冷战。世界分裂为两大阵营：一个是以美国为首、各西方发达国家为主要成员的资本主义阵营，另一个是以苏联为首的、各社会主义国家为主要成员的社会主义阵营。

资本主义阵营一边，推出了复兴计划，设计了新的世界金融体系（布雷顿森林体系），成立了国际货币基金组织，组建了世界银行，资本主义制度和市场经济体系进一步巩固和完善，在长达半个世纪的时间里没有出现大的危机。在这样的大趋势下，产业资本和银行资本的融合无论在规模上还是在深度上都是前所未有的，交通运输事业的发展与金融业形成了密不可分的关系，几乎所有大型交通运输项目、交通运输线路、交通运输工具的开发和研制，都有金融的影子和影响。与此同时，交通运输金融的业务也较前一阶段明显丰富和齐全，除了传统的银行和证券业务，保险、信托、租赁及各种组合工具应运而生，层出不穷。尤其需要指出的是，20世纪60年代金融理论发生第一次革命，产生了以CAPM为标志的资产定价理论，20世纪70年代金融理论

---

① 参见沃尔特·李普曼对工业革命的描述。

发生了第二次革命，产生了以 B－S 期权定价模型为标志的现代期权定价理论，这两次革命奠定了现代金融理论的基本范式和理论体系，为金融决策提供了科学的分析方法和工具，反映到交通运输金融领域就是从传统的经验决策转变到理论论证决策。当然，20 世纪 90 年代以行为金融理论的兴起为标志，金融理论进行了第三次革命，但其实际影响直到近来才逐步显现，这一点将在后面述及。

社会主义阵营一边，推行计划经济体制，总体上抑制、排斥甚至取缔了市场经济，金融被作为资本主义的象征遭到批判，因此不可能有任何发展，甚至基本上消亡了，连存在已久的银行业都已经被改造几近消失。这一时期，社会主义国家没有商业银行，只有一身二任的中央银行，历史上的商业银行要么被缩编到中央银行的一个职能部门，要么被编入到财政部的某个职能部门中，总之一般意义上的金融业不复存在了，因此也就谈不上交通运输金融了。这一时期里，交通运输事业由政府规划，再由政府部门做计划，而后上报主管部门审批（通常是上一级计划部门），最后按计划安排划拨资金、付诸实施。

两大阵营冷战的局面在 20 世纪 90 年代初期以苏联的解体而告结束，此后世界经济不可逆转地向国际化和全球化方向发展，原来的各社会主义国家也纷纷建立起市场经济体制，在这样的大背景下，交通运输金融迎来了新的发展时期。

4. 第四阶段：全面寻优的交通运输金融阶段（21 世纪以来）

进入 21 世纪，伴随世界经济一体化向纵深发展，金融自由化渐成趋势，金融创新更加活跃，产业融合兼并更加频繁，在技术创新尤其是信息技术创新的推动下，世界金融进入了空前壮大的时期，成为产业发展和经济增长的主导性力量，反映到交通运输金融领域呈现出以下特征。①交通运输强烈地受到金融活动的影响。投资者们已经不满足于仅仅为交通部门筹措资金、充当交通部门的服务商，而是要起更大的作用，他们更加广泛而深入地加入到交通运输事务中，从线路的规划到交通工具的研发，发挥越来越大的影响力和主动性。他们常常主动提出交通运输发展设想，并借助金融手段加以推行。②交通运输金融的业务更加细化和丰富，业态更加齐全和繁荣。这既包括对交通运输业本身的细分，也包括对金融业务本身的细分，以至于每一个交通运输环节都可以形成一个单独的金融业务或业态，与此同时，连锁的、跨行业及跨国的、广覆盖的交通运输金融业务和业态也突飞猛进。③追求金融方案全局最优性。当下的交通运输金融已经不满足于做出并实施一个可行的金融方案，而是要在尽可能大的范围内论证和确定最优的金融解决方案与措施，兼顾社会效益、经济效益和风险控制，因此交通运输金融方案的制定已经成为一种专门的高超技艺。

第三节　交通运输金融发展现状与趋势

一、发展现状

（一）产业发展现状

1. 业态状况

这里业态是指交通运输金融采取的实现方式，以具体的产业组织形式为标志。交通运输金融从产生至今，已经演化出多种业态，目前下述几种业态具有显著的代表性并居于主导地位。①金融机构内部的事业部形态。在一些银行、保险公司、证券公司、信托公司、租赁公司，尤其是大型银行、保险公司和租赁公司，由于交通运输金融的业务发展需要，设有专门经办交通运输金融业务的部门，通常叫作交通运输金融事业部，这是金融机构经营交通运输金融的典型业态。②交通运输企业内部的金融公司或财务公司业态。大型交通运输企业，包括交通运输工具制造企业，通常设有专门经营金融事务的机构，这些机构早期以销售金融公司的名义出现，现在一般叫作金融公司或财务公司，它们是交通运输部门经营交通运输金融业务的典型形态。③非建制性的"即时处理"形态。在规模相对不大的金融机构、交通运输企业和非交通运输企业，根据交通运输金融业务的实际需要，临时组织人员进行处理，没有固定形式和程序，一事一议，这也是目前非建制性办理交通运输金融业务的普遍形式之一。

2. 业务状况

交通运输金融现行的业务主要包括商业银行业务、证券业务、资产运作业务、保险业务、信托业务和租赁业务。其中商业银行业务又分为资产业务、负债业务、中间业务和表外业务。交通运输金融的商业银行业务中规模最大的是银行向交通运输企业发放贷款，此外交通运输企业在商业银行的存款，以及托收承付、委托付款等也都发展得颇具规模；证券业务从大的方面来说，可分为股权和债权业务，其中交通运输企业的上市融资在交通运输金融中最为常见，同时很多交通运输企业也发行公司债券进行大规模融资；资产运作业务是通过企业兼并、收购等方式实现资产重组的业务形式，主要在交通运输企业之间进行，金融机构作为中介参与，此项业务现在已经成为交通运输部门提高运营效率和营利能力、提升市场竞争力和市场份额的重要手段；保险业务是在交通运输部门与保险机构之间开展的业务形式，主要是保险公司为交通运输企业或其具体业务提供保险服务，该业务很早就得到发展，现在已经成为交通运输活动的重要配套设施；信托业务是信托机构为交通运输企业提供的信托服务，主要有资产托管等，目前该项业务处在迅速扩大时期；租赁业务是指租赁机构开办的交通运输租赁服务，包括交通运输工具租赁、航线与线路租赁等，随着金融业与交通运输业融合的不断深化和广化，租赁业务还将进一步扩大和丰富。

3. 研发与创新状况

交通运输金融的研发和创新主要体现在三个层面。①业态层面的研发与创新。早期这一层面的研发和创新比较缓慢，以至于很长时间都没有明显的变化，但是随着金融全球化和自由化之风盛行以来，局面已经大为改观，尤其是在互联网技术应用的助推下，新业态的研发呈现出加速态势，其结果是新业态的产生和应用推广速度迅速提升，代表性的证据是，包括商业银行的交通运输金融事业部等许多交通运输金融的业态都是近10年来才研发和应用的。②业务与经营模式层面的研发与创新。交通运输金融的业务与经营模式一直适时地进行着变化与更新，近年来研发与创新活动更为积极活跃，包括银行、证券、保险、信托和租赁在内的各种业务和经营模式都在不断研发和创新之中，新业务和新经营模式花样翻新、层出不穷。③产品层面的研发与创新。自20世纪80年代以来，随着金融创新的蓬勃发展，交通运输金融领域的金融产品研发和创新也迅速发展，从基础金融产品到衍生金融品，从货币市场工具到资本市场工具，研发和创新都取得空前发展，产品种类空前丰富，并仍在继续发展之中。

（二）市场竞争现状

1. 市场饱和度

尽管交通运输金融历经了很长时间的发展，但是市场仍很不完善。首先，很多现实需求不能得到满足。例如，不少交通运输企业融资困难、交通建设项目资金短缺，很多投资者想进入交通运输金融领域却找不到合适的渠道。其次，巨大潜在市场尚未开发。无论是交通运输发展本身，还是各类投资者、消费者，都有很多蕴藏的需求没有得到应有的关注和满足，包括消费者对交通运输服务的改善升级需求。投资者进入交通运输领域的金融服务需求，交通运输本身的改、扩建和升级需求。再次，供给结构不合理。在某些金融业务上存在过度供给和不当竞争，比如在一些大宗贷款供给上诸多机构蜂拥而上，但是在很多亟须金融支持的事项上却应者寥寥。比如很多地方或区域交通状况改善方面所需要的资金支持，很少有投资者关注。最后，供给质量不高。这主要表现在金融服务的规范性上，无论是程序上还是服务本身都存在进一步提高质量的问题。上述情况说明，市场远未达到饱和，但是重复性的甚至是恶性的竞争却明显存在。

2. 竞争格局

交通运输金融的竞争格局可以主要从两个维度考察：一是市场主体格局，二是业务种类格局。市场主体根据其地域性可以划分为国际机构和本国机构等，根据其规模可以划分为大、中、小型主体，根据其行业属性可以划分为金融机构、交通运输机构和其他机构等；业务种类根据其行业属性可以划分为银行类业务、证券类业务、保险及信托业务和租赁类业务等，根据资金的融通性质可以分为投资业务和融资业务等，根据业务的范围可以划分为国际业务和国内业务等。

目前，交通运输金融的基本竞争格局是，市场主体方面，国际机构在大型和超大型事项上占据优势，银行在竞争性项目投融资上占据主导地位，证券、保险、信托和租赁机构在自身专业方面具有更强的竞争力，交通运输机构在资金投向上掌握较多主动；业务种类方面，银行类业务占据最大的份额，保险业务也占据可观的份额，国内业务从总量上看居于主导。

3. 竞争形式与手段

交通运输金融领域的基本竞争形式有以下几种。①价格竞争。主要表现为以相对较低的成本提供相同的金融服务，或者以相同的成本提供更多的金融服务。比如提供低息贷款、降低证券承销成本、提供价格优惠的保单等，都属于价格竞争。②技术竞争。随着金融业的发展，尤其是随着金融工程技术的产生和发展，以及先进技术设备在金融业的大量装备，特别是先进信息系统的研发和装备，金融业务和金融产品中的技术含量越来越高，技术条件对于企业的金融竞争力产生越来越显著的影响，因此技术竞争也越来越明显而重要。③服务竞争。主要是通过更周到而令人愉悦的服务来提升客户体验，以此向客户传递积极信息，树立口碑，促进示范效应，包括经营场所环境、设施的改良，员工业务能力的培训，业务办理流程的规范化和科学化，工作人员礼仪方面的培训等。④客户竞争。直接向目标客户发出积极的合作信息，并采取多种形式把优质客户留住，实现扩大客户整体规模、提高优质客户比例的目的。

竞争手段主要有：①广告宣传，通过一定媒介和形式，直接或间接地介绍交通运输金融的业务和产品；②让利促销，通过降低客户的成本或增加其所得，以此吸引客户；③加大研发力度，通过研发新的产品或业务，主要是金融创新活动，增强市场竞争力；④升级硬件设施，包括机器设备的更新、办公条件的改善、应用先进技术等，从而提高业务效率，改进自身形象，增强对客户的吸引力；⑤提高服务质量，主要是提高工作人员的服务意识和服务水平，从而提升客户的满意度，达到吸引客户的目的；⑥吸引优质客户，对一些有突出重要性的客户提供额外的服务或优惠条件，使这些客户愿意保持长期合作关系。

二、发展趋势

(一) 产业发展趋势

1. 业态发展趋势

在金融全球化、放松管制和混业经营浪潮的共同作用下，交通运输金融业态发展朝着多元化、多样化、复合化、专业化的方向开拓发展。

多元化是指企业的利益主体多元共存。利益主体不仅是交通运输部门和金融部门，也不局限于交通本身的视野；不仅考虑经济效益，还要兼顾社会效益、环境效益；不仅考虑投资者的利益，还要考虑公众的利益。

多样化是指企业所经营的业务和产品的种类多样。银行类、证券类、保险类、信托类、租赁类业务和产品分解组合，衍生出更多更高效的金融业务和产品，服务于交通运输发展，惠及投资人和公共福利。

复合化是指企业及其业务和产品具有多功能的情形。企业本身通过混合、联合、参股、控股、兼并、收购等多种方式实现其功能最大化，与此同时丰富和拓宽其业务和产品，使得单个企业具有多种功能。

专业化是指每一业态都表现出专业特色的情形。为了取得竞争优势，每一业态都试图发展出自身的独到之处，有些以投资见长，有些以融资见长，有些以银行业务作为依托向其他领域渗透，有些则以保险业务为龙头开拓其他领域。

在上述业态发展取向的影响下，交通运输金融业态呈现出大融合、高复合、广覆盖的基本趋势。

2. 业务发展趋势

以现代金融技术为依托，着眼交通运输发展的需要，并顺应社会潮流与经济发展的大势，交通运输金融的业务发展呈现出以下趋势：①细化，表现为业务内容越来越明确，技术手段和流程越来越翔实，业务的边界越来越清晰，业务的功能定位越来越精准；②深化，表现为具有更强的生存能力，具有更高的效率，具有更强的专业性；③泛化，表现为交通运输的各个门类、各个品种以至于各个环节都越来越渗入金融元素，整个交通运输领域逐渐被金融活动广泛影响；④广化，是指为所有的交通运输活动配备大致相同的金融服务水平，表现为无歧视、开放、透明的特征。上述业务发展趋势是交通运输金融业务发展到一定阶段的必然结果。

3. 研发与创新发展趋势

从内在逻辑上看，在金融全球化、信息全球化和经济全球化的条件下，交通运输金融的研发与创新呈现出合作竞争、资本主导、技术协同、主动出击的本质趋势。①合作竞争。通俗地说，就是既合作又竞争，你中有我我中有你，相互学习、相互合作、相互赶超。②资本主导。近年来，在研发与创新的过程中，资本的力量越发凸显，创新什么、如何创新等关乎创新的关键问题最终往往由资本决定。③技术协同。金融技术、信息技术和各种相关的理论技术成为研发和创新的主要手段，从可行性论证、业务和产品试行和试制、应用和推广，到评价、改进等，研发与创新的全程都越来越重视技术的作用，使技术的应用成为研发和创新的依托。④主动出击。研发和创新活动越发具有主动性，而不是被动等待需求机会，研发机构或人员越来越主动提出创新目标，引领供给和需求。

在这样的内在趋势和氛围推动下，研发和创新活动呈现出以下显著的外在特征。①系统整合特征。主要表现是一些零散的、不成规模的业务或产品被整合成系统的业务或产品。②开放特征。各种资金、各类投资者都有机会参与到研发与创新活动中，这是因为金融渠道不断拓宽、金融产品不断丰富以及金融、信息、经济全球化的结果。③低门槛。资金无论大小、专业能力无论高低都有机会参与到研发和创新过程中，这也是金融渠道不断拓宽、金融产品不断丰富，以及金融、信息、经济全球化的结果。④周期缩短。研发创新兴起的必然结果是创新的更新换代加快，因此每一项创新很快被更新的创新替代。

（二）市场竞争发展趋势

1. 国际竞争

交通运输金融的国际竞争主要在大型交通运输项目上展开，中小型项目很少涉及国际竞争。参与国际竞争的机构也都是大型、超大型机构。随着金融全球化、产业金融化进程的迅猛发展，参与交通运输金融竞争的机构类型呈现多元化趋势，既有传统的金融机构（银行、保险公司、证券公司、信托公司、租赁公司等）、交通运输企业（航空公司、铁路公司、汽车运输公司、船舶运输公司、管道运输公司等），也有新兴的金融机构（各种基金、风险投资机构等）、大型工商企业（能源企业、制造业企业、电子商务企业等）和各种金融财团（摩根、洛克菲勒、现代、三菱等）。

专业化是国际竞争在交通运输领域的又一趋势。竞争主体之间，除了资本实力方面的较量外，专业水平的竞争也是重要因素，竞争中往往要对比所提方案的可行性及其成本效益。

组织化是近来越发显著的一种趋势。国际竞争越来越成为一种带有前瞻性和有组织的部署和行动，被动等待机会的做法已经愈发不合时宜了。

2. 国内竞争

国内竞争比国际竞争更为盘根错节，一方面人际因素对国内竞争比国际竞争有更为潜移默化的影响，另一方面参与竞争的机构的成分更为多样、复杂。尽管如此，其基本趋势是明朗的：首先是专业化，尽管各种因素都产生作用，但是专业因素的影响力在持续上升，未来将成为决定竞争力的关键因素之一；其次是公平化，能否给相关各方带来最大化的利益越发成为竞争成败的决定性因素，从市场竞争的角度看这是一种公平的趋势；最后是透明化，无论是项目信息的发布，竞标、投标的过程，以及相关活动的展开，都朝着的透明的方向迈进，这一方面是法治和商业规范的要求，另一方面也是互联网等信息手段大众化的结果。

3. 产业间竞争

交通运输金融的产业间竞争有两层含义。一是金融业与交通运输业的竞争，主要表现为两个产业对主导权的竞争。通俗地说，交通运输产业希望交通运输金融按照交通运输发展的逻辑与需要来布局和调整，而金融产业希望交通运输金融遵循金融发展的规律和要求来布局和调整，于是产生权利争夺，这种竞争是内在的、隐性的。但是，随着交通运输金融产业的不断发展壮大，这种竞争将越来越凸显。二是交通运输金融作为一个整体与其他产业的竞争。资源的相对稀缺性是竞争的根源，交通运输金融作为一个行业或产业，面临着与其他行业和产业竞争有限资源的问题，尤其是竞争以资本资产为代表的金融资源，以及人才资源、物质资源等，这种竞争是必然的、显性的。由于金融资源的有限性，随着世界经济的不断增长，资源会越发显得相对稀缺，产业间的这种竞争也会越来越激烈。

本章主要参考资料

[1] 公孙愚. 论我国交通运输的市场化 [J]. 宏观经济管理，2009 (4)：46 – 47.

[2] 胡俊南，何宜庆. 企业实业投资与金融投资关系的系统动力学研究 [J]. 山东社会科学，2012 (1)：139 – 141.

[3] 黄诒蓉. 金融研究中的新闻分析框架及应用 [J]. 证券市场导报，2013 (1)：37 – 44.

[4] 周雪峰. 银行贷款对非效率投资的影响: 融资抑或治理? [J].
经济与管理研究, 2014 (2): 86-94.

[5] 李芬, 冯凤玲. 综合交通运输建设规模与经济增长的关系研究
[J]. 河北经贸大学学报, 2014, 35 (3): 110-115.

[6] 宏观经济研究院综合运输研究所. "十一五" 时期综合交通运输
发展规划思路研究 [J]. 宏观经济研究, 2005 (3): 18-22.

[7] 梅德平. 非公有制经济投资领域拓展的障碍与策略 [J]. 中央财
经大学学报, 2005 (11): 38-41.

[8] 马新辉. 交通运输业与经济社会发展关系实证研究 [J]. 学习与
探索, 2013 (5): 110-112.

[9] 肖作平, 张樱. 社会资本对银行贷款契约的影响 [J]. 证券市场
导报, 2014 (12): 32-40.

[10] 吴爱华, 李凤霞, 柳新华. 我国交通运输投资的经济贡献率研
究 [J]. 商业研究, 2009 (9): 27-30.

[11] 卢朋. 基于 DEA - TOBIT 的大型工程项目风险管控效率研究
[J]. 云南财经大学学报, 2014 (6): 154-160.

[12] 贾利军, 蒋映泉. 资源配置与生产效率——西方经济理论中关
于金融系统功能的解释与比较 [J]. 河北经贸大学学报, 2015
(1): 14-18.

[13] 帅斌. 交通运输经济 [M]. 成都: 西南交通大学出版社, 2007.

[14] 薛茹. 汽车金融公司在中国的发展进程与对策思考 [J]. 上海
金融, 2007 (8).

[15] 于长春, 吴照云, 程月明. 汽车金融服务业服务模块化运行的
价值创造路径——基于案例研究的视角 [J]. 华东经济管理,
2013 (8): 159-164.

[16] 牛大勇, 李柏洲. 基于价值链的商业银行汽车金融业务战略设
计 [J]. 金融论坛, 2009 (2): 55-61.

[17] 陶冶. 浅析我国汽车金融服务业 [J]. 中国流通经济, 2007
(12): 55-57.

[18] 姚天恩. 在发展中借鉴让交通运输业走向成熟 [J]. 宏观经济
管理, 2005 (5): 48-50.

[19] 罗美娟. 证券融资中的产业选择 [J]. 经济管理, 2001 (16):
56-61.

[20] 张增臣. 我国证券融资的使用状况 [J]. 统计与决策, 2005

（16）：97－99.

［21］李媛媛，金浩，张玉苗.金融创新与产业结构调整：理论与实证［J］.经济问题探索，2015（3）：140－147.

［22］李坤.促进交通运输又好又快发展［J］.宏观经济管理，2009（1）：55－56.

［23］张丽平，蓝庆新.以资本运作推动"一带一路"的互联互通建设［J］.南开学报，2016（1）：71－76.

［24］张跃胜.信息化与中国经济增长：理论与经验分析［J］.经济与管理研究，2015，36（4）：63－69.

［25］寒令香，李东兵.基于DEA模型的企业自营物流能力评价研究［J］.求索，2008（5）：17－19.

第二章

交通运输金融的具体业务

第一节　交通运输金融业务种类

一、商业银行业务

（一）资产业务

1. 贷款业务

这里贷款业务是指商业银行向交通运输部门发放贷款的业务。通常采用按贷款期限长短和按贷款用途两种方式分类。

按照期限长短，可以把贷款业务分为长期、中期和短期贷款业务。长期贷款主要用于解决企业的基础设施建设、技术改造等长期资金需求，期限一般为 5 年以上；短期贷款主要用于解决企业的流动资金需要，期限一般在 1 年以内；中期贷款的期限介于长期和短期之间，一般指期限为 1～5 年的贷款，也主要用于解决企业的基本建设投资需求，相对于长期贷款，企业还款的压力更大一些。

按用途分，主要有流动资金贷款、技术改造贷款和固定资产投资贷款。流动资金贷款的主要用途是解决企业的短期资金需求，通常用于经营过程中的资金周转、购买生产资料和存货、财务结算和证券交易等；技术改造贷款的主要用途是解决企业技术更新的资金需求，通常用于技改项目、设备更新和技术研发等；固定资产投资贷款的主要用途是解决企业固定资产投资的资金需求，通常用于企业兴建或改造厂房、购买土地和房产、购置大型设备等。

2. 证券业务

这里的证券业务一方面是指商业银行的证券投资活动，另一方面也可以理解为商业银行的证券贷款。

商业银行的证券投资活动是指银行购买有价证券的一种活动，分为国内证券投资和国外证券投资。其中国内证券投资还可以大体分为政府证券投资、地方政府证券投资和公司证券投资。这里的商业银行证券投资活动即是公司证券投资的一种，即商业银行通过购买交通运输企业发行的公司债来达到商业银行营利的目的。

商业银行的证券贷款是指银行发放给企业的货款中，以各种证券特别是公司发行的股票和债券作为抵押的贷款。具体到交通运输金融业务，是指商业银行以交通运输企业发行的股票、债券作为抵押来为企业放款。

3. 现金业务

商业银行的现金业务是银行最基础的业务，与人民群众生产生活密切相关，其包括但不限于交通运输企业现金开户、现金存款、大额取现、旧币换新、零整兑换等。

（二）负债业务

1. 存款业务

交通运输金融的商业银行存款业务，即是指交通运输企业通过与商业银行的合作，将其资金存入银行并可以随时或者按照约定支取款项的一种信用行为，其包括活期存款和定期存款两种方式。

交通运输行业作为国民经济的重要组成部分，其现金流稳定，发展前景良好。比如道路运输经营作为综合运输网络中的基础性和先导性运输方式，是人民群众出行必不可少的方式，是货畅其流不可或缺的环节，客货运场站更是人流、物流、信息流聚点。因此道路运输业经营具有相对稳定的市场需求，具备稳定收入预期。所以商业银行应该积极地与交通运输企业合作，来获得稳定的存款业务。

2. 借款业务

商业银行的借款业务是指商业银行向中央银行、同业银行机构等借入资金，以缓解资金周转的困难。在交通运输金融领域，这一业务主要指商业银行向交通运输企业的借款等。

在这里顺便介绍一下通过发行金融债券向交通运输企业借款的操作。金融债券是商业银行为取得比较稳定的资金来源，通过向社会公开发行银行的债务证书而形成的负债。一般地，较大的商业银行的信誉都有一定的保障，而且金融债券的发行利息一般都要高于同期的存款利息，交通运输企业可以通过购买金融债券的方式来与银行合作，为短期富余资金寻找出路。

（三）中间业务和表外业务

1. 结算业务

银行结算业务即转账结算业务，简称结算，也叫支付结算，是以信用收付代替现金收付的业务。具体是指通过银行账户的资金转移来实现收付的行为，即银行接受客户委托代收代付，从付款单位存款账户划出款项，转入收款单位存款账户，以此完成经济之间债权债务的清算或资金的调拨。支付结算是单位、个人在社会经济活动中使用票据、信用卡和汇兑、托收承付、委托收款等结算方式进行货币给付及资金清算的行为。银行是支付结算和资金清算的中介机构。通过该方式，除了可以利用银行的专有机构来减轻工作量以外，还可以以银行信誉作为保证加速企业的发展。

2. 信用卡业务

信用卡，又叫贷记卡，是一种非现金交易付款的方式，是简单的信贷服务。信用卡的分类方式多种多样，其中按发卡对象的不同，可分为公司卡和个人卡。公司卡的发行对象为各类工商企业、科研教育等事业单位、国家党政机关、部队、团体等法人组织。个人卡的发行对象则为有稳定收入来源的城乡居民。

交通运输企业可以通过申请单位信用卡的方式来完成非现金交易付款。其优点如下：它可在一定范围内替代传统现金流通；持卡人除可用其购买商品或享受服务，还可通过使用信用卡从发卡机构获得一定的贷款；信用卡能减少现金货币的使用；信用卡能提供结算服务，方便交易，更具安全性；信用卡能简化收款手续，节约社会劳动力；信用卡能促进商品销售，刺激社会需求。

3. 备用信用证业务

备用信用证简称 SBLC（Stand by Letters of Credit），又称担保信用证、履约信用证、商业票据信用证，它是开证行根据申请人的请求，对受益人开立的承诺承担某项义务的凭证，即开证行保证在开证申请人未履行其应履行的义务时，受益人只要按照备用信用证的规定向开证银行开具汇票（或不开汇票），并提交开证申请人未履行义务的声明或证明文件，即可取得开证行的偿付。如果开证申请人履行了约定的义务，该信用证则不必使用。因此，备用信用证对于受益人来说，是备用于开证申请人发生违约时取得补偿的一种方式，其具有担保的性质。且其独立于作为其开立基础的其所担保的交易合同，开证行处理的是与信用证有关的文件，而与交易合同无关。

对于交通运输企业而言，若是其作为开证申请人，则可以为对方公司提供一份保障，这样更有利于交通运输企业的扩大。若是其作为受益人，同样可以受到这样的保障。

4. 贷款承诺业务

贷款承诺是指银行同客户签订一种具有法律约束力的合约，规定在有效期内，银行要按照约定的金额、利率等，随时准备满足客户借款需求，客户向银行支付承诺金额一定比例的费用。其特点有：银行必须保证随时满足客户资金需求；不借款也要收取承诺费，一般收取承诺额度的 0.25% ~0.75%。

贷款承诺适用范围为符合国家有关规定的基本建设或技术改造项目，存在资金缺口，按国家项目审批规定，须由银行对项目资金缺口出具贷款承诺的项目。

交通运输行业基础建设的比例很高，所以在贷款承诺业务方面，交通运输企业申请成功的可能性较大，若申请成功，则该企业未来获得可靠现金来源的可能性大大提高，竞争优势也随即增强。但是考虑到承诺费的问题，所以交通运输企业在申请该贷款承诺时，应该做好准备，找到更适合自己的融资方式。

5. 贷款销售业务

贷款销售，也叫二次参与贷款，简言之就是把已经存在的贷款合约出售。理论上，既可以出售某笔贷款的部分现金流，也可以把整笔贷款出售出去，从而把它从资产负债表中减掉。交通运输金融涉及的贷款销售业务是指商业银行把贷款销售给交通运输金融企业的业务，包括直接出售和间接出售两种方式，间接出售主要以证券化方式进行。通过贷款销售，银行既可以实现资产形式的转换，即把贷款资产转换成现金资产等，也可以实现资产期限的转换，即把期限较长的资产转换成现金资产等，从而更好地管理资产、降低风险，还可以通过为购买者提供相关服务获得额外收入，并增进与购买者的合作关系。

6. 资产托管业务

资产托管业务是指具备一定资格的商业银行作为托管人，依据有关法律法规，与交通运输企业签订委托资产托管合同，安全保管委托投资的资产，履行托管人相关职责的业务。商业银行的托管业务范围广泛，主要有：安全保管委托资产；委托资产名下的资金清算和证券交割；监督委托资产的投资运作；及时向有关部门和委托人报告委托资产的投资运作情况和相关信息；对委托资产的资产、负债及投资情况进行会计记录；按有关要求对委托资产持有的有价证券进行估值；客观公正地分析委托资产的投资运作情况，并向委托人提供相关分析信息；其他与委托资产托管相关的业务。

委托资产托管业务对于交通运输企业而言，投资的收益性与安全性兼顾，并可享受托管方提供的金融服务。同时，由于资金的出账和清算由托管方负责，可以有效地避免委托理财过程中的一些纠纷。

二、证券市场业务

（一）证券投资业务

1. 股权投资业务

证券投资业务中的股权投资，指投资以获得股权性质的证券的业务，主要投资对象是普通股。严格地讲，仅指一般投资人对交通运输企业股权类证券的投资，不包括交通运输企业投资其他企业的股权型证券。从实现形式上看，既可以是以货币资金购买股票，也可以是非货币资产兑换股权型证券；既可以是在一级市场上购买，也可以是在二级市场或场外市场上购买；既可以是公开发行的股票，也可以是非公开发行的股权凭证。

2. 债权投资业务

证券投资业务中的债权投资，是指为取得债权型证券所进行的投资，主要投资对象是债券、商业票据、可转让定期存单等，其中公司债券最为普遍。严格地讲，可作为交通运输金融的债权投资业务仅指一般投资人对交通运输企业债权类证券的投资，不包括交通运输企业投资其他企业的债权型证券。从实现形式上看，既可以是以货币资金购买债券，也可以是非货币资产兑换债权型证券；既可以是在一级市场上购买，也可以是在二级市场或场外市场上购买；既可以是公开发行的公司债券，也可以是非公开发行的债权凭证。

3. 衍生品投资业务

交通运输金融中涉及的金融衍生品，是指一种金融合约，其价值取决于一种或多种基础资产或指数。合约的基本种类包括远期、期货、掉期（互换）和期权，还包括具有远期、期货、掉期（互换）和期权中一种或多种特征的混合金融工具。

这种合约可以是标准化的，也可以是非标准化的。标准化合约是指其标的物（基础资产）的交易价格、交易时间、资产特征、交易方式等都是事先标准化的，因此此类合约大多在交易所上市交易，如期货。非标准化合约是指以上各项由交易的双方自行约定，因此具有很强的灵活性，如远期协议。严格地讲，交通运输金融的衍生品投资业务仅指针对交通运输企业或项目发行或设立的金融衍生品进行的投资，不包括交通运输企业投资于其他领域金融衍生品的活动。

（二）证券融资业务

1. 股权融资业务

股权融资是指交通运输企业通过发行或出售股份来获得资金的业务，不包括一般投资人出售交通运输类股权证券的融资活动。注意，这里股权融资业务的主体必须是交通运输企业或机构。股权融资的范围包括一级市场、二级市场和场外市场，既可以是首发（IPO），也可以是增发（SEO）。股权融资所获得的资金，企业无须还本付息，但新股东将与老股东同样分享企业的利润。其特点如下：长期性，股权融资筹措的资金具有永久性，无到期日，不须归还；不可逆性，企业采用股权融资无须还本，投资人欲收回本金，需借助于流通市场；无负担性，股权融资没有固定的股利负担，股利的支付与否和支付多少视公司的经营需要而定。股权融资的特点决定了其用途的广泛性，既可以充实企业的营运资金，也可以用于企业的投资活动。

2. 债权融资业务

在交通运输金融证券市场业务中，债权融资是指交通运输企业通过发行或出售债务凭证的方式进行融资。注意，不包括一般投资人出售交通运输类债权型证券的融资活动。对于债权融资所获得的资金，企业首先要承担资金的利息，另外在债务合约到期时要向债权人偿还资金的本金。其特点是：债权融资获得的只是资金的使用权而不是所有权，负债资金的使用是有成本的，企业必须支付利息，并且债务到期时须归还本金；债权融资能够提高企业所有权资金的资金回报率，具有财务杠杆作用；与股权融资相比，债权融资除在一些特定的情况下可能带来债权人对企业的控制和干预问题，一般不会产生对企业的控制权问题。债权融资的特点决定了其用途主要是解决企业营运资金短缺的问题，而不是用于资本项下的开支。

3. 衍生品融资业务

交通运输金融的衍生品融资业务是指交通运输企业为拓展交通运输业务，通过交易金融衍生品来融入资金的一种金融活动。通常用到的金融工具有期货、期权、远期和互换，范围上既可以是一级市场，也可以是二级市场和场外市场。需注意，不包括一般投资人出售交通运输类衍生证券的融资活动。

三、资本运作业务

（一）资本运作的含义

1. 资本运作的定义

资本运作是指针对企业本身进行交易的金融活动，表现为企业之间为实现控制权的转移而对企业本身进行的买卖活动，主要形式是兼并和收购。它与一般的资本交易的主要区别是：资本运作的目的是改变企业本身的所有权和控制权，而一般的资本交易不以此为目的。例如，一般的股票交易并不以获得公司的所有权或控制权为目的，而仅以获得投资收益为目的。

在交通运输金融领域，资本运作通常指交通运输企业之间发生的兼并、收购活动，银行等金融机构以提供金融支持的方式参与其中，包括提供贷款、清算、托管等服务。资本运作的一般结果是被兼并或收购的企业丧失原有的自主权，接受并购方的控制。

2. 资本运作的特征

资本运作的基本特征是：①资本运作的主体应该具有独立法人资格，因为只有这样双方才享有独立的民事权利、独立地承担民事责任，进而双方的交易才具有法律效力，保证其所有权和控制权有效转移；②资本运作完成后，出售所有权或控制权的一方成为购买方的从属，受购买方的控制；③资本运作的目的是实现企业所有权或控制权的转移；④资本运作必须遵循一定法律法规。

通常有专门的市场（一般由银行、证券公司等中介机构组成）提供资本运作服务，帮助交易双方通过磋商确定交易方案。但需要注意的是，资本运作通常有一些法律上的限制和监管部门的规制要求。

3. 资本运作的方法

资本运作最基本的方法有三种。①现金型资本运作：以现金作为资本运作的支付手段，完成企业所有权或控制权的转移，即获取权利的一方向出让权利的一方支付约定数量的现金；②股权型资本运作：以股权作为资本运作的支付手段完成企业所有权或控制权的转移，即获取权利的一方向出让权利的一方支付约定数量的股权；③债权型资本运作：以收购企业的债务作为条件，完成企业所有权或控制权的转移，即获取权利的一方为出让权利的一方偿还或承担债务。这些基本方法现实中既可以单独使用也可以组合使用。

（二）资本运作业务的基本形式

1. 兼并业务

兼并（Merger），也可以叫吸收合并，是指一家企业（兼并方）以取得另一家或一家以上企业（被兼并方）的所有权和控制权为目的，按照一定的法律程序完成所有权和控制权的转移，同时去除被兼并方的名称和法人地位，被兼并企业的全部财产、负债、责任和权利等均由兼并方拥有和承担。兼并的结果是企业的数量减少了，企业的规模扩大了，产业的集中度提高了。一般来说，兼并是资产优化配置的一种现实途径，正常情况下，兼并方通常是更具市场竞争力的企业，因此有利于资源配置效率的提高。

交通运输是一个庞大而复杂的部门，产业链条长且头绪繁多，给兼并活动提供了宽阔空间，合理兼并将有力地促进产业资源的整合和效率提高，这是发挥金融力量提升产业水平的有效手段。

2. 收购业务

收购（Acquisition），是指一家企业（收购方）以获取其他企业（被收购方）一定程度的控制权为目的，通过一定的市场机制，以市场买卖的方式把被收购方的全部或部分控制权转归己有，同时保留被收购方的名称和独立法人地位。收购的结果是收购方和被收购方仍然并存，而且收购方对被收购方不负连带责任，二者只是控制与被控制、母公司与子公司的关系，企业的数量和规模并不因此而发生改变，但是企业之间的关联度则发生显著改变，这对于产业整合依然具有重要作用。

前已指出，交通运输是一个庞大而复杂的部门，产业链条长且头绪繁多，利益的不一致性时常会给产业发展造成钳制。收购业务将有助于企业之间协调性的提高，从而促进产业资源的整合和效率提高，这是发挥金融力量提升产业水平的又一有效手段。

四、保险、信托与租赁业务

（一）保险业务

1. 社会保险业务

社会保险是指国家或政府根据法律相关规定指令性实施的保险业务，通常带有一定的强制性和公益性。社会保险的资金按照法律法令的要求设立并筹集，一般由政府、企事业单位和受益人按一定比例分担。需要注意的是，尽管社会保险受政府的直接管控，但是其运营依然遵循一般的商业原则，因而带有显著的金融色彩。

在交通运输领域，很多业务活动或经营环节都面临明显的风险，因此设立相应的社会保险有助于降低产业的整体风险水平，能促进产业健康发展。最普遍的交通运输类社会保险有交通运输人身、财产意外强制险，交通工具意外强制险等。

2. 商业保险业务

商业保险是指根据自愿原则由当事人（含机构）订立的保险合同和业务，按商业原则经营。这是保险公司的主要业务品种。商业保险关系是由当事人自愿缔结的合同关系，投保人根据合同约定，向保险公司支付保险费，保险公司根据合同约定的可能发生的事故及其发生所造成的财产损失承担赔偿保险金责任，或者当被保险人死亡、伤残、疾病或达到约定的年龄、期限时承担给付保险金责任。

在交通运输领域，适合开发商业保险的业务和内容很多，从各种交通服务的人身、财产安全到交通运输工具本身的安全，从交通运输研发的风险到交通运输运营的风险，都需要进行适当形式和程度的保险，这对于促进交通运输健康发展和增进社会福利都很有益处，也为交通运输金融发展提供了机遇。

3. 合作保险业务

合作保险是由被保险人集资合办以实现自我保险为目的的保险形式。在交通运输领域，这类保险曾经有一定的市场，如船舶航运领域的船东相互保障协会、公路运输中车主间的互助保险社等。但是随着保险业的不断专业化，合作保险的价值在降低、活动空间在缩小，一般仅存在于商业保险覆盖不到的部位，如特殊的保险需求、办理商业保险不方便的地域等。由于个性化需求的存在，合作保险仍有其合理性。

（二）信托业务

1. 信托投资业务

信托投资（Trust Investment），也称投资信托，是指委托人以信托方式把资金交付受托人，由受托人以自己的名义，按委托人的要求进行投资的业务活动。信托投资业务形式有多种类型，实际经营中应注意不同类型的区别。

按委托条件和受托人承担的责任不同，信托投资可以划分为特约信托投资和普通信托投资：特约信托投资又叫甲类信托投资，是委托人指定信托资金的具体投资对象，受托人只收取手续费而不承担投资风险的一种信托业务形式；普通信托投资又叫乙类信托投资，是委托人不指定具体投资对象，只提出一般的增值幅度要求，受托人自主选择投资对象并承担投资风险的一种信托业务形式。按照投资与生产的关系，信托投资可以划分为企业投资和证券投资两种业务形式：企业投资业务也可以叫直接投资业务，是受托人把信托资金直接投在企业或具体项目上；证券投资业务也可以叫间接投资业务，是受托人把信托资金投资于有价证券。

在交通运输领域，有些建设项目或工程的建设周期长，经常存在资金相对于工期的富余情况，信托投资不失为一条可供选择的处置富余资金的途径。

2. 信托融资业务

根据《中华人民共和国信托法》，委托人将自己合法拥有的财产委托给受托人，由受托人按委托人的意愿或按双方的约定对委托财产进行处置，处置完成后委托人获得事先约定数额的资金，受托人获得相应的手续费。其结果是委托人得到需要的资金，因此这是一种融资活动。

信托融资方式筹资灵活、筹资能力强、安全性相对较高、进入壁垒相对较低且报批程序与后续管理便捷的特点可满足交通运输业项目多样性的需要。信托公司可以根据市场需要，按照信托意愿、信托财产的种类和信托财产管理方式的不同，开发各种类型的交通运输信托产品。

（三）租赁业务

1. 融资性租赁业务

融资租赁是指出租人根据承租人对出卖人（供货商）的选择，向出卖人购买租赁物，提供给承租人使用，承租人支付租金，承租期满，货物所有权通常归属于承租人的交易，是典型的设备租赁所采用的基本形式。

交通运输建设项目往往需要巨额资金，融资租赁是集融资和融物于一体的新型融资方式，在融资、引进外资等各方面有着巨大优势。作为一项交通运输金融业务，融资性租赁的价值是：①为交通运输企业解决了资金短缺的难题，促进其设备的更新换代和企业发展；②为投资者提供了新的投资渠道。融资租赁一般有稳定现金（租金）回流，因此风险相对较小。

经过 30 多年的发展，融资租赁在我国交通行业的一些领域已有广泛应用，飞机、船舶等交通工具和工程机械设备的金融租赁活动正逐步成为一种普遍的做法。通过开展多种形式的金融租赁业务，为我国交通建设利用外资引进先进设备，提高资金使用效率、降低资本运营风险、缓解资金需求压力和改善财务状况做出了巨大的贡献。

2. 经营性租赁业务

经营性租赁，又称服务租赁、管理租赁或操作性租赁，是指出租人将自己经营的租赁资产反复出租给不同承租人使用，由承租人支付租金，直至资产报废或淘汰为止的一种租赁方式。原则上，融资性租赁以外的租赁都属于经营性租赁。这种租赁的出租人除提供租赁物外，还往往负责租赁物的维修和保养等服务。其特点是：租赁物由出租人采购；租期较短；出租人不但提供融资便利，还提供维修、保养等技术性服务；经营性租赁合同是可撤销的。基于其特点可知它是一种以提供租赁物件的短期使用权为特点的租赁形式，通常适用于一些需要专门技术进行维修保养、技术更新较快的设备。

第二节　交通运输金融业务模式

一、业务模式概述

（一）业务模式的内涵

1. 业务模式定义

业务模式是一种包含了一系列要素及其关系的概念性工具，用以阐明某个特定实体的商业逻辑，它描述了企业所能为客户提供的价值，以及企业的内部结构、合作伙伴网络和关系资本等用以实现（创造、推销和交付）这一价值并产生可持续利润收入的要素。从整体上来看，业务模式主要是帮助企业解决以下三个问题：企业为目标顾客提供什么样的产品或服务；企业如何将产品和服务传递给目标顾客；企业在其所处的商业生态网络中该如何定位自己的角色。换言之，业务模式是企业所采取的具体的、行之有效的产品或者服务提供方式，这种方式有效满足了特定顾客的需求，构成企业竞争优势的核心。业务模式的本质是提供某种业务的标准形式或使人可以参照的标准样式。

2. 业务模式与业务种类的区别

业务模式是企业采取的独特的、行之有效的产品或者服务提供方式，业务种类的意思则是对各行业中需要处理的事务的不同所进行的类别划分。业务模式是一种方法，而业务种类是依据分类方法进行划分后的结果。举例来说，商业银行业务主要有三类：负债业务、资产业务和中间业务。PPP融资模式即公共民营合伙制模式，它是指政府、营利性企业和非营利性企业基于某个项目而形成的相互合作关系的形式。PPP融资模式是商业银行为政府或者营利性企业提供资产业务种类产品的资金提供方式。业务模式是企业为顾客提供产品或服务的具体方案，业务种类是依据业务本身性质进行划分的结果。业务模式和业务种类在定义上有本质区别。

（二）业务模式分类

1. 分类方法

不同产业部门的业务模式分类方法很不相同。对于一般的工商企业，业务模式通常可分为资源垄断模式、规模效应模式、市场份额模式、客户培养模式、高低端结合模式、速度领先模式、重复获利模式、渠道整合模式、行业标准模式、品牌制胜模式、瓶颈控制模式、周期利润模式、价值延伸模式、文化传播模式、低成本模式、电子商务模式等基本业务模式。但是对于金融部门，一般根据资金或资产的来源、运用、性质对相关业务进行分类。交通运输金融属于金融业务，因此其分类方法宜遵循金融部门的分类习惯。

2. 主要类型

按资金的来源分，交通运输金融的业务模式有直接融资业务和间接融资业务之分。这里直接融资是交易双方直接建立权利义务关系的业务模式，间接融资是交易双方之间没有权利义务关系而分别与金融中介机构建立权利义务关系的业务模式。

按资金的运用分，有直接投资和间接投资。这里直接投资是把金融资产转化为实物资产的投资模式，间接投资一般是用货币资产购买债券、股票等金融工具的投资模式。

按金融工具的性质分,有股权业务和债权业务。这里股权业务包括以股权为媒介获取其他资产的业务模式,以及以其他资产为工具获取股权资产的业务模式,债权业务包括以债权为媒介获取其他资产的业务模式,以及以其他资产为工具获取债权资产的业务模式。

在实际应用中,以这些基本业务类型为基础,可以分解组合出更多适用的业务模式。

二、投资模式

(一)直接投资模式

1. 股权模式

直接投资是指投资者将金融资产转化为实物资产的投资行为。根据投资工具和方式的不同,直接投资可以划分为股权投资、债权投资及其他投资模式。这里,股权投资是指投资者以所拥有的股权资产为工具取得目标企业的控制权的投资模式。例如,投资者以所持有的股票为条件,作价转换为对目标公司的经营控制权,这就是典型的股权直接投资模式。股权投资模式的价值在于可以直接把股权型金融资产直接转换为对实物资产或企业的经营控制权,降低了交易成本。

在交通运输领域,企业和项目经常需要对资产和相关业务进行拆分和重组,往往需要直接投资的介入。股权直接投资模式可以直接把股权资产转化为直接投资,为拥有股权资产的金融机构和一般投资者投资交通运输部门打开了方便之门。

2. 债权模式

在交通运输金融中,如果投资者把债权资产转化为对交通运输企业实物资产或业务的所有权和经营权,那就是债权模式的直接投资。注意,投资者购买企业的债券但没有直接获得实物资产的所有权和经营权,则不属于直接投资。例如,某港口企业有一个港口新建项目,但是资金不足,如果有投资者把此前持有的该企业的债权转化为对该企业相应份额的所有权和经营权,则就是一种债权型直接投资;如果投资者仅仅购买了该企业的债券而没有获得直接的经营权,则不属于直接投资。

3. 其他模式

除股权模式、债权模式外,对交通运输业进行直接投资还有其他一些模式,最普通的就是现金投资,即以现金直接进行投资的模式。这种模式适合于投资者货币资产充足或投资项目要求的资金数量不大的情形。此外,以知识产权等无形资产，或以土地、设备等生产资料作价进行直接投资的模式，在实际中也常常使用。

（二）间接投资模式

1. 股权模式

在交通运输金融中，股权间接投资主要指各类投资者针对交通运输类股权金融资产进行投资的行为，包括一级市场、二级市场和场外市场的投资活动。具体的情形有：①在公开市场上购买交通运输企业的股票；②通过金融机构在非公开市场购买交通运输企业的股票（非流通股、内部股等）。股票投资的收益由"股利收益"和"资本利得"两部分构成。股利收益是指股票投资者以股东身份，按照持股的份额，在公司收益分配中得到的股息和红利的收益。资本利得是指投资者在股票价格的变化中所得到的收益，即股票卖出与买进的差价部分。

2. 债权模式

这里，债权投资主要指投资者购买交通运输类债权金融资产进行投资的行为。注意，债权既可以是公开发行的债券，也可以是具有债券性质的贷款、协议、票据等。具体的情形主要有：①在公开市场上购买交通运输企业的债券等可流通的债务合约；②通过金融机构在非公开市场取得交通运输企业的债务合约（贷款、协议、票据等）。对于可交易的债权投资者可以获取固定的利息收入，也可以在市场买卖中赚取差价。随着利率的升降，投资者如果能适时地买进卖出，就可获取较大收益。

3. 其他模式

股权和债权模式是目前交通运输金融中最主要的间接投资模式，除此以外，也还存在一些不太重要或者不经常使用的模式，最典型的是对交通运输相关的金融衍生品的投资，如股票期权等。还有对交通运输相关的收益凭证的投资，如不还本且无股权的收益凭证等。

三、融资模式

（一）直接融资模式

1. 股权模式

在交通运输金融领域，直接融资是指为了发展交通运输事业而进行的直接融资，一般由交通运输企业发起。股权直接融资的模式主要有两种：公开市场发行股票和私募发售股票。所谓公开市场发行就是通过股票市场向公众投资者发行交通运输企业的股票来募集资金，常说的企业上市、上市企业增发和配股都是利用公开市场进行股权融资的具体形式。所谓私募发售，是指交通运输企业自行寻找特定的投资人，以入股方式实现融资。

2. 债权模式

交通运输企业进行债权直接融资的主要模式有：①在公开市场上发行债券，债券种类包含企业债、公司债、短期融资券、中期票据等债券工具；②不公开地出售或转让债权，即面向少数特定的投资者出售或转让，一般以少数关系密切的单位和个人为融资对象。注意，通常向银行等金融中介机构融资属于间接融资，如向银行贷款等。

3. 其他模式

股权融资和债权融资是交通运输金融中最主要的两种直接融资模式，除此以外，还有一些不太重要或者不太经常使用的模式，最典型的是发行或出售交通运输相关的金融衍生品，如股票期权等。

（二）间接融资模式

1. 股权模式

这里股权融资，主要是指交通运输部门把股权金融资产出售给金融机构，从而实现融资的模式。具体形式主要有：①把持有的可流通股票出售给金融机构来融资，可流通股票既可以是本公司发行的股票，也可以是其他公司发行的股票；②把持有的非流通股权转让给金融机构来融资，非流通股权既可以是本公司的股权，也可以是其他公司的股权。注意，不要把这里的股权融资模式与直接融资中股权融资模式相混淆，二者存在明显区别：前者是定向向金融机构出售或转让股权，因此是间接融资；后者是直接向公众出售或转让股权，因此是直接融资。另外，在实际操作中，借助资产证券化技术会使这些模式更易于实施。

2. 债权模式

这里债权模式，主要是指交通运输部门以债务合约的形式，以及以出售或转让债权资产的形式，从金融机构募集资金的融资模式。具体形式主要有：①贷款，这是债权融资最主要的模式，即企业直接向金融机构申请贷款；②把所持有的债权型资产转让给金融机构来融资，这些债权资产包括国债、企业债和一般性债权，实际操作中借助资产证券化技术会使这种模式更易于实施。注意，不要把这里的债权融资模式与直接融资中债权融资模式相混淆，二者存在明显区别：前者是向金融机构贷款，以及出售或转让债务合约，因此是间接融资；后者是直接向公众出售债务合约，因此是直接融资。

3. 其他模式

以债权和股权方式向金融机构融资是交通运输金融中最主要的间接融资

模式，除此以外，还有一些不太重要或者不太经常使用的模式，最典型的是向金融机构出售或转让交通运输相关的金融衍生品，如期权、期货等。表面上这些金融工具与股票、债券等都属于有价证券，但是它们既不属于股权也不属于债权，需要注意区分，不可混淆。

第三节　交通运输金融业务工具

一、交通运输金融业务工具概述

（一）交通运输金融工具的种类

1. 按用途或功能分类

金融业务工具，简称金融工具，也叫信用工具，是发行人与投资人之间权利义务关系的一种金融凭证，该凭证一般需要明确规定权利和义务的形式和数量，需要遵循一定的法律程序和规范达成，具有法律效力。最常见的金融工具是各种债务合约和所有权凭证。

根据用途或功能的差异可以把当前主要的金融工具划分为三大类：①债务类金融工具，主要有债券、票据、存单等；②产权类金融工具，主要有股票、股份凭证等；③衍生类金融工具，这类工具既不是债权凭证也不是所有权凭证，是一种权益凭证，主要有期权、期货、远期、互换等；④货币类金融工具，主要是本币、外币、货币市场互助基金等。

2. 按渠道分类

根据流通渠道的差异可以把当前主要的金融工具划分为四大类。①银行类金融工具。这里银行是对存款性金融机构的简称。存款性金融机构经营的金融工具主要有存款、贷款、国库券、商业票据、CDs、回购协议、银行承兑票据、联邦基金等。②证券类金融工具，指由证券机构经营的金融工具，主要有股票、债券、金融衍生工具、基金账户等。③保险类金融工具，指由保险机构经营的金融工具，主要是保单，广义的保单包括各类保险合同。④信托、租赁类金融工具，主要是信托凭证和租赁凭证。信托凭证通常以信托合同的形式存在，租赁凭证通常以租赁合同的形式存在。

（二）交通运输金融工具与一般金融工具的异同

1. 交通运输金融工具的特点

（1）受交通运输行业状况的显著影响

交通运输金融工具是针对交通运输发展出来的金融产品，因此与交通运输本身有必然的联系，包括产品的价值、交易和经营管理都会受到交通运输行业总体状况的影响。例如，在交通运输处于繁荣上升时期，交通运输金融工具的价值就会受到积极影响，交易活动也会更加热烈，业务量也会增多，而在交通运输处于衰退下降时期，交通运输金融工具的价值可能会受到压抑，交易会趋于相对冷淡。

（2）带有交通运输的专业性

首先，由于交通运输金融工具是针对交通运输企业或项目开办的，工具本身的设计就必须满足交通运输的一些具体要求或特点，否则就会失去对交通运输部门的吸引力。例如，交通运输保险与一般的人身和财物保险就具有明显的区别，其他类型的交通运输金融工具也存在同样情况。其次，在交易规则和流程方面也会尽量契合交通运输的需求或习惯，这一点很早就被注意到了。例如，铁路建设贷款会根据铁路建设的特点确定偿还期限及交换、转让的规则等，其他类型的交通运输金融工具也不同程度地存在类似情况。

2. 交通运输金融工具与一般金融工具的差别

（1）与交通运输建设及其业务相关

首先，交通运输金融工具受交通运输行业发展状况的显著影响，这与其他金融工具形成明显差别。交通运输业发展高涨时期，交通运输金融工具就会受到格外的欢迎，价值会因此上升，交易规模也会增加；衰退时期 就会受到冷落，价值会下跌，交易相对萎缩。其次，工具本身及交易规则和流程会带有应对交通运输特点或习惯的技术处理，包括产品的期限设计、权利义务关系规定、交易方式设计、交易规则制定都考虑了交通运输的规律。

（2）交易范围有所限制

交通运输金融工具的交易范围与一般金融工具在交易范围上有时会有所差异，主要包括两方面。一是流通领域有所限制，这是由有关规范交通运输金融活动的法规和政策决定的，如有些政策在某些时期规定了交通运输金融工具的流通范围。二是交易主体有所限制：一方面，有些政策限制了某些投资者对交通运输金融工具的交易；另一方面，理论上界定交通运输金融工具时就把交易主体作为一个相关的因素，一些金融工具可能会因交易主体的不同而被排除在交通运输金融工具之外。

3. 交通运输金融工具与一般金融工具的共性

（1）金融性

交通运输金融工具与一般金融工具都是沟通资金供给者和资金需求者的媒介，是资金融通和信用活动的载体，这是交通运输金融工具的根本属性，即金融性，不因它的行业特征而改变。所谓金融性，指它的存在和经营都遵循金融的规律和要求，其本质是金融品。因此，在实际中，只有把握住其金融属性，才可能正确运用。

（2）流动性

交通运输金融工具与一般金融工具一样具有一定的流动性，即可以被买卖和交换。这是所有金融工具的基本特征，尽管不同金融工具的流动性不同。具备一定的流动性是对金融工具的基本要求，否则便不能交易，也就无法实现金融工具的功能。因此，在实际中，无论是进行相关的交易还是从事相关的业务，都必须对流动性予以重视。

（3）风险性

任何金融工具都存在一定的风险，交通运输金融工具也不例外。最普遍的风险是信用风险、市场风险和操作风险。其中，信用风险是由于存在违约的可能性造成的，市场风险来自于市场波动，操作风险则由内部程序、人员及系统存在的问题、外部冲击所引起。此外，流动性风险、法律风险也是广泛存在的。因此，在实际中应该切实做好风险管理工作。

（4）收益性

所有的金融工具都具有一定的收益性，即给持有者或交易者带来一定利益的功能，交通运输金融工具也不例外。这种利益主要是以货币化回报的多少来衡量的，但有时也会考虑隐性的、非货币化的益处，如规避某种风险、进行期限调整等。这是金融工具得以存在的基础，否则它将因缺乏必要的吸引力而消失。人们投资金融工具的主要目的就是获得收益。

（三）交通运输金融工具的发展历程

1. 交通运输金融工具的产生及其背景

早在交通运输业从其他工商业部门中分离出来成为一个专门的经济部门之前，交通运输金融工具就已经产生了。后来，随着交通运输业成为独立的经济部门，交通运输金融行业得以形成，但是并没有形成交通运输金融的专门行业，而且这些交通运输金融工具只在实际中起到了为交通运输提供服务的作用，并没有被刻意地发展为专门行业。早期交通运输金融工具是由贸易活动促成的，交通运输为贸易提供服务，当需要资金支持或保险服务时，就出现了交通运输金融工具，尽管当时人们并没有意识到这一点。由于早期社会发展十分缓慢，交通运输金融工具的种类、规模和应用范围都极其有限。促使交通运输工具大量应用的直接原因是国际贸易的发展，尤其是 15～16 世纪地理大发现，以及 18 世纪产业革命的爆发，使国际贸易的范围和规模空前扩大，对交通运输提出了更多的要求。在这样的背景下，交通运输金融工具被广泛应用，规模和范围迅速扩大，种类也有明显增加，在早期的简单借贷和航运保险之外，又产生了证券融资等形式。很多著名的交通运输工程设施就是靠债券融资建成的。

2. 交通运输金融工具的主要发展阶段

（1）孕育、萌芽期（第一次产业革命以前）

15、16 世纪，伴随地理大发现和新航线的建立，国际的贸易范围空前扩大，对交通工具（主要是帆船）建造和运费融资的需求大量增加，同时航运保险得到迅速发展，并促进了相关立法的产生，甚至产生了一些行业规范，如保单的格式逐渐统一等。

16 世纪中后期，金融交易所有所发展，并开始经营票据贴现业务。但是直到产业革命爆发前，金融交易所里进行的交易都以债券为主，而且期限很短，股票交易几乎没有。银行业务基本没有明显的变化，直到 1694 年才诞生了第一家股份制商业银行——英格兰银行。

（2）成长期（第一次产业革命至第二次产业革命）

18 世纪中叶第一次产业革命爆发，蒸汽机的发明产生了以蒸汽机为动力的交通运输工具，引发了交通运输革命，使交通运输能力产生了质的飞跃。以轮船和火车为代表的新式交通运输工具不仅为商贸活动带来了巨大便利，而且成为经济增长和社会发展的有力推动力量。很快，修建铁路、兴办航运不仅成为各国政府的重要议题，也成为普通民众的热切向往，于是发展以铁路、航运为代表的交通运输事业蔚然成风、席卷全球。由于兴办铁路和航运，尤其是铁路，需要庞大的投资，这是各国政府仅靠财政收入难以承担的。于是人们开动脑筋，想出各种办法为发展交通运输事业融资。最初主要是靠发行债券融资，渐渐地，随着铁路、航运的收益蒸蒸日上，人们由开始的排斥股票转为后来的追逐股票，于是股票融资随之兴起。随着人们对交通运输业的信心不断增强，早期较难形成规模的金融工具也开始大量使用，包括银行贷款、商业票据贴现等。到 19 世纪中叶，几乎所有的传统金融工具都被广泛地应用于交通运输金融领域。

（3）扩张期（第二次产业革命至 20 世纪中叶）

19 世纪中后期，随着发电机、内燃机的产生，人类迎来了一场新的产业革命。在这场产业革命中，交通运输仍然是主要的革命性力量。随着汽车、飞机的应用，以及以内燃机为动力对火车和轮船的革新，交通运输迎来了新的革命，也揭开了新一轮交通运输投资热潮的大幕，公路的修建、铁路的改造、新式交通运输工具的制造，都需要大规模的资金支持。人们从第一次交通运输革命中已经积累了大量经验，面对新的历史机遇驾轻就熟地展开了新一轮的投资浪潮。建立在第一次产业革命已经积累起来的物质和财富基础之上，新一轮的交通运输投资规模更加庞大，所使用的金融工具更加广泛。这一时期的典型特征：一是证券业务大幅扩张；二是证券公司成为主导的金融力量；三是信托、保险、储蓄机构兴起；四是金融垄断财团形成。

（4）成熟期（20世纪中叶至今）

20世纪中叶，以物理学领域的若干重大科学发现为基础，在新科学体制和商业模式的共同作用下，爆发了以原子能、微电子和空间技术为主要标志的第三次产业革命。这次产业革命没有引发交通运输革命，而是促进了交通运输业装备水平的现代化。与前两次在产业革命中处于领导地位不同，第三次产业革命中交通运输业不是领导行业，而是一个跟随和配合行业，扮演领导角色的是计算机、通信、新材料等新独立出来的经济部门。在这样的背景下，交通运输业进入到提高技术和服务水平的新阶段，从剧烈扩张转为稳健提升的状态。这决定了交通运输金融必然由急剧膨胀过渡到内涵式发展的路线上来。

同时，金融理论在这一时期取得了突飞猛进的发展，先是在20世纪60年代前后诞生了以CAPM等一系列成果为标志的现代资产定价理论，后又在20世纪70年代产生了以B－S期权定价理论等一系列成果为标志的金融理论，这为金融工具向精细化发展提供了理论指导。从实际情况看，20世纪后期以来，金融创新异常活跃，开发出的新型金融工具数以千计，资产组合技术、风险控制技术、资产证券化技术得到广泛应用。

3. 交通运输金融工具的发展趋势

（1）多样化

随着交通运输业的不断创新和进步，对交通运输金融的需求体现出多样化的趋势，对金融产品的类型、成本、风险、期限、流动性、安全性等多方面都会提出要求。同时，投资者也对相关金融工具提出了更高的要求，包括交易的便捷性、安全性等。这些现实需求推动着交通运输金融领域的创新活动，结果促进了金融工具的多样化。

（2）个性化

在交通运输进入相对平稳的发展阶段后，大规模、标准化的金融业务呈现衰减的趋势，个性化的、细化的、规模不大的投融资需求则大量涌现，这推动金融产品朝个性化方向发展。

（3）证券化

由于证券化能够明显增加金融工具的流动性，而且易于结算和拆分，易于满足投融资多方面的要求，因此证券化成为交通运输金融工具发展的一个重要趋势。

（4）电子化

随着现代电子信息技术的日新月异，以及人们对交易的便捷性、舒适性、私密性、广泛性、精准性提出了越来越高的要求，同时，减少环境压力、应对气候变化的国际行动促使无纸化交易成为社会风尚，凡此种种使金融工具的电子化成为大势所趋。

二、交通运输金融工具的应用

（一）交通运输金融工具应用的一般原则

1. 金融工具选择的原则

选择金融工具时需要考虑的因素很多，需要注意的问题不胜枚举，但是其中存在一些普遍的、需要予以高度重视的基本原则，它们是安全性、适用性、流动性和收益性。在实际中，由于具体情况不同，还有其他原则需要加以考虑，但是这些原则往往不具有普遍性，而且重要性也相对微弱，故略去。

（1）安全性

金融工具因其发行人、交易机制、业务流程及政治环境的不同而安全性明显不同，因此在选择金融工具时应该高度关注、全面考虑，把安全作为首要条件加以评估。这不是说越安全越好，因为安全性往往与收益性成反比，因此不可能过度追求安全，而只能在安全与收益等多种因素之间做出权衡和取舍。但是，对那些明显存在安全隐患的金融工具必须保持高度警惕，否则一旦出现问题，则会蒙受巨大损失，此类教训屡见不鲜。必须指出的是，这里的安全性与一般的风险性有所区别：前者指缺乏安全保障的情形，一旦出现问题难以维护权益，如发行人信誉没有保证、法律上不予保护等；后者指存在一定程度的不确定性。基本的原则是，在其他条件相同的情况下，越安全越好。

（2）适用性

金融工具的选择不宜过分迎合市场潮流，新概念、新模式不一定代表能最大化地满足自己的需要。比较稳健的做法是根据自身需要选择适用、安全的金融工具。总的原则是，在其他条件相同时，越适用越好。

（3）流动性

即使从安全性和适用性角度考察可以接受的金融工具，也要再根据自身的情况对其流动性做出评估，因为流动性使持有者在需要的时候能够变现或转手，这是有效管理自己资产的必要条件。注意，尽管一定的流动性是必要的，但是并非流动性越高越好，应该对各项指标做出综合权衡。总的原则是，在其他条件相同时，流动性越高越好。

（4）收益性

收益是指金融工具能够给当事人带来某种利益的功能，这里的利益主要但不限于货币收益，有时可能是风险的降低或结构的优化等。由于不同的金融工具带来的收益存在很大的差别，因此当事人必须慎重且全面衡量。总的原则是，在其他条件相同时，收益越高越好。

2. 合作对象选择的原则

关于合作对象的选择，其核心问题是如何识别和找到优质的、愿意合作的机构或个人。一些指标能够提供相关的重要信息，主要有品质、能力、资产、环境和稳健性。在实际中，由于具体情况不同，还有其他一些指标也具有这样的功能，但是这些原则往往不具有普遍性，而且重要性也相对微弱，故略去。

（1）品质原则

品质是金融活动安全性的基础，选择信誉好的合作对象是从根本上防止安全隐患的内在要求。为了对备选合作者的品质有所了解，应该进行必要的调查、征信工作，以便对考察对象的品质有比较全面准确的把握。

（2）能力原则

这里能力主要指营利能力和偿付能力。由于金融工具的使用总是伴随着一定的风险的，营利能力和偿付能力在金融工具需要兑现的时候起着重要的保障作用，因此在选择合作对象时，应该对其能力予以重视。

（3）资产原则

资产，尤其是净资产，是衡量当事人信用水平的重要指标。一般来说，净资产状况好的人，履约程度也高。因此在选择合作对象时，应该对其资产状况有所了解。其他条件相同的情况下，尽可能选择资产状况好的合作者。

（4）环境原则

当事人的行为通常会受其所处的环境影响，一个自身状况不错的企业在不讲诚信的环境下也可能被感染而诚信水平下降。因此，在选择合作伙伴时应该对其所处的环境，如地域文化、行业文化、社会关系状况等，做出较为全面的了解。尽可能选择那些地域文化正直、行业文化健康、社会关系清明的对象。

（5）稳健性原则

稳健性主要指当事人事业上的连续性、成长性、进取性等，它一般能反映当事人的可靠程度。中国有句古话叫"路遥知马力，日久见人心"，就是这个道理。这种稳健性与品质还不同，品质更强调当事人的主观动机，而稳健性着重其行动模式。

3. 过程控制原则

一般情况下，金融活动是一系列决策和行动的序贯过程，而且受双方或多方的决策和行动的影响。要想收到预期效果，过程控制十分必要，其基本原则有及时性、完整性、针对性。

（1）及时性

对于金融活动的进度要及时观察，对各种情况，包括预料中的和预料外的，要及时处理、及时反馈。

（2）完整性

对每一金融活动要自始至终予以管控，不能存在疏漏，更不应因侥幸心理而使应有的程序被废弃。

（3）针对性

过程控制的措施要指向实际问题，而且要切实有效，不能满足于一般性的空泛原则。

（二）交通运输金融工具应用中的常见问题

1. 工具选择不当

由于交通运输金融产品本身存在一定复杂性，常常遇到当事人对金融工具的功能、价值和特点等重要信息不甚了解或了解不充分的情况，主要包括以下情形：①未能充分了解金融产品的运作模式、投资资产种类及比例、收益状况、投资期限，以及可能存在的各类风险；②未能意识到金融工具存在问题或缺陷；③所选择的工具不能满足自己的预期要求；④给投资者造成不应有的损失。因此，金融工具的应用要重视工具的选择，认真执行工具选择的基本原则。

2. 合作对象选择不当

前面已阐明合作对象选择的基本原则，但现实中依然存在大量因合作对象选择不当而遭受损失的情况。一方面，这是因为甄别人的品质、能力、风格等特征本来就是很难的事情，不仅需要很多理论知识，而且需要丰富的经验和阅历；另一方面，很多时候人们并没有真正重视合作对象的选择，常常对应该遵循的基本原则掉以轻心。为了减少选择不当的发生，应该坚持合作对象选择的基本原则，并注意积累相应的知识和经验。

在交通运输企业开展交通运输金融工具交易时，要冷静地想明白两个问题：第一，不是看到别人都合作了，自己就一定要合作。每家交通运输金融企业的资源禀赋、优势业务都不尽相同，有必要深度内观并讨论之后再做出决策。第二，不是看到别人已合作了，自己就不能去合作，这是个认清大势和摆正立场的问题。交通运输企业发展交通运输金融必须要走出去，与互联网企业、金融科技公司合作，避免由于合作对象选择不当给自身带来损失。

3. 过程控制不当

大多数过程控制不当的案例都源于对过程控制缺乏正确的认识，包括重视不够并缺乏有效的组织程序。很多当事人对过程控制漫不经心，抱着只要播下种子就自然会获得丰收的想法。殊不知，没有严格的过程控制常常会使本来良好的势头发生偏离甚至逆转。缺乏有效组织程序是另一个严重隐患，看似制定了很多规章和制度，但是没有组织程序保障，使过程控制成为空谈。

（三）应用举例

1. 投资应用举例

北京地铁四号线是一项投资超过百亿元人民币的大型交通运输建设项目。其建设内容分为 A、B 两部分：A 部分主要是征地拆迁、洞体结构、轨道建设等土建工程建设，B 部分主要是与运营有关的车辆、信号和自动售检票系统等机电设备的采购、安装和调试。B 部分相对于 A 部分投资金额小，投资回报率高，且可以产生稳定的现金流。

港铁公司是由香港特别行政区政府控制的上市公司，它很想投资北京地铁四号线的建设，但是资金实力并不雄厚。经过认真分析，港铁公司决定联合首创集团、京投公司共同投资。尽管如此，它们的资金实力也很有限，于是它们投标四号线 B 部分的建设，并且最终中标。为了缓解资金的压力，它们成立了 PPP 项目公司，三方股权比例分别为 49%、49% 和 2%。

在地铁四号线建设过程中，B 部分总投资共计 46 亿元，由项目公司负责筹集，其中股权投资约 15 亿元，港铁公司按投资比例出资数额仅约 7.35 亿元。此外，港铁公司为了保证投资安全，特意与北京市政府签署《特许经营协议》，特许经营期限是 30 年，并商定了提前回购的协议。协议规定，如果地铁四号线开通后客流量持续 3 年低于认可的预测客流的一定比例，导致特许公司无法维持正常经营，北京市政府将根据《特许经营协议》的规定按市场公允价格回购 B 部分项目资产，但特许公司应自行承担前 3 年的经营亏损。这样港铁公司成功地实现了用较少投资撬动大项目的计划，并有效地规避了投资风险。

2. 融资应用举例

历史上用金融工具为交通运输融资的例子比比皆是，前文已经提及。这里举一个时间较晚但影响很大的实例——英吉利海峡隧道建设融资。

英吉利海峡把英国与欧洲大陆分开，欧洲人，尤其是英国人，很早就盼望在两地之间修建桥梁或隧道，把英国与欧洲大陆连接起来。20 世纪 80 年代初，在英法两国之间修建海底隧道的方案获得两国政府的支持，这是一项耗资巨大的项目，耗资超过 100 亿英镑。因此筹备建设之初面临的最大问题就是融资问题。

如何解决这个问题呢？该项目的融资问题主要是靠银行贷款和发行股票这两种金融工具来解决的。事实上，正是这两种司空见惯的金融工具，成就了举世瞩目且令人惊叹不已的浩大工程，可见金融工具的惊人力量。

本章主要参考资料

[1] 张弢，范龙振. 低碳经济与商业银行业务模式的转变 [J]. 金融论坛，2010（8）：76-80.

[2] 利明献. 创新商业银行零售业务模式 [J]. 中国金融，2013（22）：47-49.

[3] 童玮，许峰. 推进交通投融资平台改革转型 [J]. 宏观经济管理，2012（6）：66-68.

[4] 张泓. 城市轨道交通准市场化投融资模式研究 [J]. 经济学家，2012（10）：101-104.

[5] 童玮，许峰. 推进交通投融资平台改革转型 [J]. 宏观经济管理，2012（6）：66-68.

[6] 王守清，伍迪，梁伟. 城市轨道交通融资模式要素：从理论到实践 [J]. 城市发展研究，2015，22（5）：85-90.

[7] 蔡蔚. 上海轨道交通投融资体制改革的实践与内涵：市场化选择与交易费用的困惑 [J]. 上海经济研究，2011（12）：107-112.

[8] 杨斌. 重视金融衍生品与全球民众存款面临掠夺威胁的问题 [J]. 探索，2015（2）：182-187.

[9] 王晓亮，田昆儒. 股权结构对股票流动性影响的实证研究——基于公开发行与定向增发的经验证据 [J]. 河北经贸大学学报，2014（1）：77-84.

[10] 黄文青. 债权融资结构与公司治理效率——来自中国上市公司的经验证据 [J]. 财经理论与实践，2011（2）：46-50.

[11] 徐景浙. 兼并重组能够促进经济结构调整吗？[J]. 上海金融，2013（12）：15-18.

[12] 邓旭升，王聪. 我国信托业与银行业资本配置效率比较 [J]. 财经问题研究，2015（2）：59-64.

[13] 张志坚. 我国融资租赁发展的问题与对策 [J]. 山东社会科学，2015（3）：123-126.

［14］柴正猛，段黎黎．供应链金融风险控制研究［J］．特区经济，2016（2）：88－89．

［15］李飞．北京兴延高速公路PPP项目的成功实践［J］．中国财政，2016（22）：14－16．

［16］胡杰明．英吉利海峡隧道在可持续发展方面的启示［J］．综合运输，2012（1）：77－79．

第三章

交通运输金融业务开办与运营

第一节　开办交通运输金融业务的条件

一、银行业务的开办条件

（一）资产业务的开办条件

1. 贷款业务条件

通常，贷款业务属于传统的商业银行职能，具体到交通运输企业或项目的贷款，则存在一些特殊的限制，这主要体现在对大型交通运输项目的贷款上。对于中小型交通运输项目，凡是合规的银行都可以自行经营。大型交通运输项目获得银行贷款的先决条件是，该项目必须获得政府和相关主管部门的批准或许可，否则银行不能向其提供贷款。

2. 证券业务条件

这里必须先明确一点，在很多国家和地区长期以来实行的是银行业务与证券业务的分离，即分业经营。尽管近年来有混业经营的趋势，但是界限并未完全消失，因此不可把这里的证券业务与混业经营混为一谈，直到目前，分业经营依然是主体。由于这一缘故，银行可开办的交通运输证券业务通常为代理发行和承销交通运输企业证券，这与证券机构开办的证券业务存在根本区别。银行证券代销业务开办条件如下：银行开展交通运输证券发行与承销业务需要报请银行业监督管理机构批准；银行开展交通运输证券代理发行与承销业务需与其他业务之间建立风险隔离的制度，确保代理发行与代销业务与其他业务在账户、资金和会计核算等方面严格分离。在我国，银行开展交通运输证券代理发行与代销业务，应当符合国务院金融监督管理机构关于代销有关证券产品的资质要求。银行开展证券代理发行与代销业务，应当加强投资者适当性管理，充分揭示代销产品风险，向客户销售与其风险承受能力相匹配的证券产品。

3. 现金业务条件

银行的现金业务主要包括现金开户、现金存款、大额取现、旧币换新、零整兑换、大额转账汇款等具体内容。针对交通运输部门开办现金业务，在一般情况下没有什么格外的规定，直接按日常的程序办理即可。但有一点需要注意，交通运输领域的资金往往数额很大，这时应该按照有关要求，防止非法交易。依据《中华人民共和国商业银行法》，商业银行具有开办吸收公众存款、办理票据承兑与贴现等业务的权利。对于开办交通运输大额取现、大额转账汇款业务需要遵守《人民币大额和可疑支付交易报告管理办法》设立专门的反洗钱岗位，建立岗位责任制，明确专人负责对大额支付交易和可疑支付交易进行记录、分析和报告。

（二）负债业务的开办条件

1. 存款业务条件

银行开办有关交通运输的存款业务，不同国家不同时期的要求差异很大，但大体上可以概括为一个基本条件，即取得政府相关部门的批准或许可。在中国，商业银行开办交通运输的机构存款业务须经中国人民银行的批准，同时遵守《人民币单位存款管理办法》的有关规定。财政拨款、预算内资金及银行贷款不得作为交通运输单位定期存款存入商业银行。交通运输单位和个人不得将公款以个人名义转为储蓄存款，任何个人不得将私款以交通运输单位名义存入金融机构，交通运输单位不得将个人或其他单位的款项以本单位名义存入金融机构。

2. 借款业务条件

这里借款业务是指银行向交通运输部门借款。银行向企业借款在形式上受到一定限制，通常要通过一些特定工具才能达到借款目的。主要的借款形式有回购协议、发行债券等。一般情况下，这些业务属于银行的常规业务，不需要格外的条件。需要注意的是，当涉及向交通运输部门大额借款时，可能需要获得相关政府管理部门的许可或批准。

（三）中间业务和表外业务

1. 结算业务条件

银行结算业务是以银行为媒介完成当事人之间收付结算事宜的业务。它属于银行的常规业务，一般不需要额外的手续就可开办。但是为交通运输企业开办结算业务时，应该明确了解交通部门的相关规定，或者要求企业提供开办此类业务的许可或批准文件。此外，有些具体业务的开办监管机构或政府部门会发布相关的文件，银行应及时采取行动加以落实。

2. 信用卡业务条件

信用卡业务不属于银行的常规业务，通常需要专门申请，获得批准或许可后才能开办。开办信用卡业务要求的条件比普通银行业务的要求要高一些，通常体现在以下几个方面：①注册资本金数额高于普通银行机构的最低要求；②对经营状况有所要求；③需要符合开办信用卡业务的专门系统和配套设施。在中国，信用卡业务的开办需要得到中国银行业监督管理委员会的批准，涉及其他部门管辖范围的信用卡业务还必须获得相应的批准或许可。针对交通运输部门开办信用卡业务，除了要符合银行监管当局的要求，还要符合交通运输相关的法律、法规要求。

3. 备用信用证业务条件

备用信用证本身是一项由国际惯例规定其使用原则的金融工具，对这一工具的使用方法由国际商会发布文件说明，开办此业务的机构必须执行国际商会的规定。各国银行能否开办这一业务，由各国银行业主管部门审批决定。有权开办备用信用证业务的银行在受理企业申请备用信用证时，必须对申请人的资信能力、财务状况，和交易项目的可行性与效益等重要事项进行认真审核，以降低经营风险。交通运输企业是备用信用证的使用大户，备用信用证对于保护交通运输企业利益很有价值。因此，通常交通运输部门对于银行为交通运输企业开办备用信用证业务是持积极态度的，很少设定限制。

4. 贷款承诺业务条件

贷款承诺业务属于银行的常规业务，在符合银行业务范围内由银行自行决定，但是应该按照政府有关主管部门的要求开展业务。对于向交通运输部门开办贷款承诺业务，除了银行本身出于经营管理的需要，应该对目标企业的相关资质进行严格审核外，还应该遵守交通运输主管部门的有关政策和规定，开办业务前应该认真了解或者要求申请企业提供相关的证明。

5. 贷款销售业务条件

不同国家对开办此业务的具体规定有明显差别：金融比较开放的国家把它视为常规业务，一般银行都可自行经营；而金融管制较多的国家往往在银行满足格外条件后才允许开办此业务，这些条件主要包括银行的内控、资产、不良贷款率、信誉状况等。在交通运输金融领域，相关贷款的销售需同时满足交通运输部门的一些规定。

6. 资产托管业务条件

一般地，银行需要取得有关监管部门的批准或许可才能开办资产托管业务，需要具备的条件主要包括：①开办业务所需要的专门机构和专业人员；②具备相应的设施和条件；③配备专门的业务系统；④建立相应的托管业务管理制度和健全的风险控制体系。此外，具有资产托管资质的银行在开展交通运输相关资产托管业务时，应该注意交通运输主管部门的相关规定。

二、证券市场业务的开办条件

（一）证券投资业务的开办条件

1. 股权投资业务条件

根据前文定义，这里股权投资指一般投资人对交通运输部门股权证券的投资。开办此业务的金融机构除了满足金融管理部门的一般规定外，还要对交通运输部门的相关规定及时了解和处理，以防止因不了解相关政策而影响业务开展。金融管理部门的规定主要是要具有开展相关业务的资质和能力（包括证券业务资格、基础设施、组织管理、人员队伍等），以及信誉状况良好。交通运输部门的相关规定多是临时性政策，但是涉及大额证券交易时通常需要主管部门甚至政府部门的批准或许可。

2. 债权投资业务条件

根据前文定义，这里债权投资指一般投资人对交通运输部门债权型证券的投资。开办此业务的金融机构除了满足金融管理部门的一般规定外，还必须关注交通运输部门的相关规定，以便业务顺利开展。金融管理部门的规定主要包括证券业务资质的合规性（必须具有证券营业资格）、基础设施的完备性、组织管理的健全性、人员和专业队伍的合理性和以往经营的诚信状况。交通运输部门最主要相关规定是对有些债权型证券的投资人有所限制，尤其涉及大额的证券交易，通常需要主管部门甚至政府部门的批准或许可。

3. 衍生品投资业务条件

根据前文定义，这里衍生品投资指一般投资人对交通运输相关衍生证券的投资。衍生证券一般是金融机构开发的以实际证券或指标为定价基础的金融工具，虽然基于实际证券或指标，但是衍生品与其基础证券或指标没有直接联系。因此，衍生品投资通常只受证券管理部门的监管，与交通运输部门无关。金融管理部门的要求主要包括衍生品经营资格、基础设施的完备性、组织管理的健全性、人员和专业队伍的合理性和以往经营的诚信状况。

（二）证券融资业务的开办条件

1. 股权融资业务条件

前文已界定，在交通运输金融领域，股权融资仅指交通运输部门以股权为工具进行的融资。开办此项业务的金融机构必须符合证券业监管部门的有关规定，包括经营资格、组织管理水平、专业化水平、诚信记录等。在满足金融监管要求的情况下，证券经营机构一般可以自主经营交通运输企业的股权融资业务，但是遇有交通运输主管部门或政府部门特殊规定的融资事宜，需要遵照这些规定执行。

2. 债权融资业务条件

本书中，债权融资的主体是交通运输部门，金融机构提供相关的中介服务，主要是代理或承销等业务。一般从事此类业务的金融机构必须是具有开办证券业务资格的机构，如证券公司，或者获得相关经营许可的银行。取得证券经营资格的基本条件主要包括资本金、经营管理能力、专业水平、诚信记录等。具备证券经营资格的金融机构，原则上都可以开办交通运输部门的债权融资业务。需要注意的是，应该及时了解交通运输部门的相关政策和规定，尤其涉及大宗业务时，防止与政策或规定发生抵触。

3. 衍生品融资业务条件

衍生品融资是指交通运输部门通过出售衍生金融资产进行融资的活动。由于衍生金融品属于一类特殊的金融工具，它既不是股权也不是债权，而且有非常严格明确的交割规则限制，因此交通运输企业出售此类证券融资，一般没有本部门的政策限制。金融机构经办此类业务只要执行衍生品交易的相关法律法规即可。

三、资本运作业务的开办条件

（一）兼并业务的条件

1. 现金兼并条件

在现金兼并活动中，金融机构可通过为兼并方提供资金或中介服务等形式介入其中。所谓现金兼并的条件，是指金融机构为兼并活动提供现金时需要满足的要求。一般来说，金融机构首先要审查兼并活动的合法性，包括是否符合兼并活动的法律规定，以及是否得到交通运输主管部门的批准或许可（主要对规模较大兼并活动而言），确定兼并确实有效方可予以贷款。对金融机构自身的要求主要有风险管控能力、专业能力等。

2. 股权兼并条件

股权兼并是指兼并方以股权为条件兼并其他企业的行为，即与交通运输企业有关的股权兼并活动。金融机构在其中起着中介的作用，包括资金或股权的融通，以及兼并程序的执行等。一般来说，金融机构首先要审查兼并活动的合法性，包括是否符合兼并活动的法律规定，以及是否得到交通运输主管部门的批准或许可（主要对规模较大兼并活动而言），确定兼并确实合规有效。对金融机构自身的要求主要有风险管控能力、专业能力等。

3. 债权兼并条件

债权兼并是指兼并方以债权为工具兼并其他企业的行为，即与交通运输企业有关的债权兼并活动，包括交通运输企业之间的兼并，以及交通运输企业对非交通运输企业的兼并。金融机构在其中起着中介的作用，包括资金或债权的融通，以及兼并程序的执行等。一般来说，金融机构首先要审查兼并活动的合法性，包括是否符合兼并活动的法律规定，以及是否得到交通运输主管部门的批准或许可（主要对规模较大兼并活动而言），确定兼并确实合规有效。对金融机构自身的要求主要有风险管控能力、专业能力等。

（二）收购业务的条件

1. 现金收购条件

这里现金收购指收购方以现金形式收购其他企业全部或部分经营控制权的行为，包括交通运输企业之间的相互收购，以及交通运输企业对非交通运输企业的收购。金融机构在其中起着中介的作用，包括资金的融通，以及收购程序的执行等。一般来说，金融机构首先要审查收购活动的合法性，包括是否符合收购活动的法律规定，以及是否得到交通运输主管部门的批准或许可（主要对规模较大兼并活动而言），确定收购确实合规有效。对金融机构自身的要求主要有风险管控能力、专业能力等。

现金收购交易价款中现金收购贷款所占比例不应高于 60%。现金收购贷款期限一般不超过 7 年。商业银行应具有与本行现金收购贷款业务规模和复杂程度相适应的熟悉现金收购相关法律、财务、行业等知识的专业人员。商业银行应在内部组织现金收购贷款尽职调查和风险评估的专业团队，进行调查、分析和评估，并形成书面报告。收购业务专业团队的负责人应有 3 年以上现金收购从业经验，成员可包括但不限于现金收购专家、信贷专家、行业专家、法律专家和财务专家等。

2. 股权收购条件

这里股权收购指收购方以股权形式收购其他企业全部或部分经营控制权的行为，包括交通运输企业之间的相互收购，以及交通运输企业对非交通运输企业的收购。金融机构在其中起着中介的作用，包括资金和股权的融通，以及收购程序的执行等。一般来说，金融机构首先要审查收购活动的合法性，包括是否符合收购活动的法律规定，以及是否得到交通运输主管部门的批准或许可（主要对规模较大兼并活动而言），确定收购确实合规有效。对金融机构自身的要求主要有风险管控能力、专业能力等。

商业银行受理的股权收购贷款申请应符合以下基本条件。

1）股权收购方依法合规经营，信用状况良好，没有信贷违约、逃废银行债务等不良记录。

2）股权收购交易合法合规，涉及国家产业政策、行业准入、反垄断、国有资产转让等事项的，应按相关法律法规和政策要求，取得有关方面的批准和履行相关手续。

3）股权收购方与目标企业之间具有较高的产业相关度或战略相关性，股权收购方通过股权收购能够获得目标企业的研发能力、关键技术与工艺、商标、特许权、供应或分销网络等战略性资源以提高其核心竞争能力。

3. 债权收购条件

这里债权收购指收购方以债权形式收购其他企业全部或部分经营控制权的行为，包括交通运输企业之间的相互收购，以及交通运输企业对非交通运输企业的收购。金融机构在其中起着中介的作用，包括资金和债权的融通，以及收购程序的执行等。一般来说，金融机构首先应审查收购活动的合法性，包括是否符合收购活动的法律规定，以及是否得到交通运输主管部门的批准或许可（主要对规模较大兼并活动而言），确定收购确实合规有效。对金融机构自身的要求主要有风险管控能力、专业能力等。

商业银行应在全面分析战略风险、法律合规风险、整合风险、经营风险和财务风险等与债权收购有关的各项风险的基础上评估债权收购贷款的风险。商业银行债权收购贷款涉及跨境交易的，还应分析国别风险、汇率风险和资金过境风险等。商业银行评估战略风险，应从债权收购双方行业前景、市场结构、经营战略、管理团队、企业文化和股东支持等方面，包括但不限于分析以下内容。

1）债权收购双方的产业相关度和战略相关性，以及可能形成的协同效应。

2）债权收购双方从战略、管理、技术和市场整合等方面取得额外回报的机会。

3）债权收购后的预期战略成效及企业价值增长的动力来源。

4）债权收购后新的管理团队实现新战略目标的可能性。

5）债权收购的投机性及相应风险控制对策。

6）协同效应未能实现时债权收购方可能采取的风险控制措施或退出策略。

四、保险、信托与租赁业务的开办条件

（一）保险业务的开办条件

1. 社会保险业务条件

这里社会保险的开办条件是指有保险执业资格的企业或个人需要具备何种条件才能开办交通运输相关的社会保险业务。保险业务主要由保险公司开

办，除了必须符合保险行业的通行规定外，开办交通运输相关的社会保险业务一般需要得到相关主管部门的批准或许可，包括保险主管部门和交通运输主管部门。主要的业务条件是资信状况、专业能力等。

2. 商业保险业务条件

商业保险是指投保人可以自由选择的保险。开办交通运输相关商业保险的条件基本上与保险业通行的条件相同，很少有额外来自交通运输主管部门的要求。因此只要符合保险业准入条件的金融机构都可以申请开办此类业务。主要的业务条件是资信状况、专业能力等。

3. 合作保险业务条件

合作保险是指被保险人之间的风险分摊保险形式。由于合作保险的权利义务关系是在被保险人之间建立的，因此通常的保险机构，如保险公司，一般不能充当保险人介入，但是金融机构，尤其是保险公司，仍能以提供相关服务的方式介入其中，如资金保管、理赔顾问等。这些业务只要符合金融监管机构的相关要求即可开办，主要包括资质合规性、专业水平、诚信记录等。

（二）信托业务的开办条件

1. 信托投资业务条件

金融机构开办信托业务必须得到相关的政府监管部门的批准。取得信托经营许可的金融机构在开办针对交通运输部门的信托投资业务时，还需要根据涉及的具体业务种类检查其合规性，主要有两种情况。①交通运输企业作为委托人。这时信托机构作为受托人要为交通运输企业委托的资产进行投资，涉及的问题是信托机构应该确定该委托的合规性，防止法律风险。②交通运输企业作为投资对象。这时信托机构代理委托人向交通运输企业投资，涉及的问题是信托机构应该确定该投资的合规性，防止与交通运输的相关规定抵触。

2. 信托融资业务条件

信托融资包括两方面：一是金融机构以信托的方式吸收交通运输部门的资金，主要是信托存款；二是交通运输企业从信托机构获取贷款。金融机构开办这类业务的根本条件是取得信托融资业务的经营许可。除此之外，金融机构需要对交通运输部门的相关法律法规进行了解，对交通运输企业的基本信誉和信用状况认真审查，防止出现违规操作。

（三）租赁业务的开办条件

1. 融资性租赁业务条件

开办融资性租赁业务最重要的条件是相关各方的资质要符合有关法律法

规的规定，包括公司章程、公司结构、经营状况、注册资本等。注意，开办融资性租赁业务与开办融资性租赁公司不是同一概念，前者指具有融资属性的具体租赁活动，后者是成立具体的融资性租赁公司。同时，出租方要对交通运输的相关法律法规清楚了解，避免法律风险，尤其要遵守融资性租赁业务的法律规定。

2. 经营性租赁业务条件

经营性租赁业务的开办条件比较宽松，法律法规方面的限制较少，实践中各类经济主体都可以采取不同的形式开展经营性租赁。但是出租方应该对交通运输的相关政策法规加以了解，防止出现与交通运输相关政策、法规相抵触的情况。从国际角度看，不同国家或地区适用的开办条件存在较大差异：在对交通运输行业的管制较少的国家或地区开办相关的经营性租赁业务比较容易，而在对交通运输管制较多的国家和地区对经营性租赁业务的限制也较多。

第二节　交通运输金融业务的运营与管理

一、交通运输金融业务运营

（一）业务推广

1. 产品推广

交通运输金融的产品推广是指对交通运输金融业务所涉及的具体产品进行推广。产品推广强调的是产品层次的业务推广，这与服务推广存在明显差别。产品推广通常采取广告宣传和市场渗透两种方式。广告宣传的目的是让公众，尤其是潜在的客户了解产品。现实中广告宣传的手段很多，包括直接的和隐含的、线上的和线下的等，只要是有效的都可选用。市场渗透的目的是直接打开市场渠道，从而为产品的生存和发展开辟生路，以各种形式的促销为主要手段，运营中需要注意成本－效益分析，以获得合意的市场渗透效果。

2. 服务推广

交通运输金融的服务推广是对交通运输金融所涉及的各种服务进行推广，而不限于具体产品，目的是使相关客户对交通运输金融产生印象或亲切感，从而使交通运输金融的概念更深入人心，乃至形成一种文化。服务推广与产品推广有以下区别：服务推广的根本目标是使公众了解这些服务对他们的价值，以及给他们带来的便利，从而在潜在客户中树立品牌形象，而产品推广的根本目的是销售具体的产品；服务推广更多的是免费向顾客提供的，如免费提供咨询、网络、座位等，产品推广则以营利为最终目的，尽管也可以提供免费试用等推广形式。服务推广通常通过宣传活动的形式来实现，这些宣传活动一般分为实地体验和媒体宣传两种形式。由于服务推广通常并不直接产生收益，因此实践中服务推广的成本投入更为节约，尽可能采取投入少、效果明显的形式，尤其应该注重在实际经营中处处提高服务意识，全面改善服务质量。

（二）公共关系

1. 客户关系

这里，客户关系是指企业与其所服务的顾客（包括机构和个人）或潜在客户之间的相互关系。通常这种关系可以划分为三种类型及它们的混合：一是经济利益关系，维持关系的重要手段是利用价格刺激对目标公众增加经济利益；二是社会利益关系，是指通过增加社会利益的方式来维护与客户的关系，主要形式是建立顾客组织，包括顾客档案、正式或非正式的俱乐部和顾客协会等；三是结构性关系，是指与顾客建立一定程度的具有约束力的契约关系，从而加强企业与其客户之间关系的稳固性，包括优先服务或供应关系、合作伙伴关系、战略联盟关系等。

在交通运输金融业务运营中，处理好客户关系非常重要，业务经营者必须充分重视客户关系的建立，不断完善客户关系，最终形成稳固和优质的客户群。

2. 横向关系

横向关系是指在供应链同一层次上的不同企业间的关系。交通运输金融运营中的横向关系指开展类似业务的经营者之间的相互关系。这些关系大体可以概括为三类：一是竞争关系，二是合作关系，三是互补关系。竞争关系源于经营交通运输金融业务的不同主体间对资源（包括客户资源、金融资源、政策资源、制度资源等）、利益（包括经济利益、社会利益和政治利益等）的争夺，这是市场竞争不可避免也是必需的规则。合作关系源于经营者之间存在相互需求和共同利益，包括资源的相互融通、利益的相互依存等。互补关系源于经营者之间存在相互补充和带动，包括人、财、物方面的相互补充，服务内容上的相互补充，业务拓展上的相互带动等。

横向关系是企业生存和发展不可回避的基本生存环境，决定着企业的日常运营环境和状态，必须充分重视横向关系中的基本类型和要素，为自身发展谋求有利的同业环境。

3. 纵向关系

纵向关系指交通运输金融业务与其上下游机构之间的关系。上游机构包括监管机构，以及提供产品、资源或服务的机构；下游机构包括交通运输金融产品或服务的需求者或承接者。纵向关系决定企业运营的基本过程，并决定业务的深度和广度，因此企业必须营造好纵向关系。加强纵向关系主要有以下基本做法：一是推进纵向一体化，即企业与上下游机构建立一定程度的合作关系或共同利益关系；二是纵向约束，即企业与上下游机构建立某种具有约束性的契约关系；三是纵向兼并，即企业兼并其上游或下游机构，从而增强自身业务的自主性。

（三）客户服务

1. 规范化

业务规范化是提升客户体验的根本路线。规范化主要包括以下几方面的内容：一是流程的规范化，即业务流程具有稳定性、程序性和便捷性，使客户感到习惯、舒适和效率；二是服务的规范化，即服务内容和形式的稳定性、亲和性与自然性，使客户感到尊重、礼貌、热诚；三是信息的规范性，即各种单据的格式规范、指标科学、内容合理、样式美观，使客户感到精确、全面、美观；四是环境的规范性，即办公场所及相关服务设施的整洁性、可用性和舒适性，使客户感到舒适、方便、周到；五是时间的规范性，即服务时间的合理性、连续性和可预测性，便于客户规划自己的时间和日程。

2. 人性化

人性化服务要求业务经营要遵循人性的基本规律，提高客户的满意度。人性的基本规律包括以下主要内容：一是生理需求，包括饮食、休息等；二是安全需求，包括人身安全、财产安全等；三是社交需求，包括交际、归属感等；四是尊重需求，包括自尊、被人尊重等；五是自我实现需求，包括正义感、道德感、审美等。因此，交通运输金融业务的经营应该切实合理地满足人的需求，以此提升人性化水平，从而提高客户体验，树立企业的良好形象，扩大企业的市场知名度，赢得公众的广泛认可。具体而言，一是基础设施的配备要适应人的需求，二是服务内容和形式要满足人的需求，三是营业环境要适合人的需求。

3. 现代化

现代化指体现世界先进水平的客户服务，主要包括五个方面：一是服务设施设备的现代化，即拥有现代化的营业场所、现代化的机器设备、现代化的操作队伍；二是服务内容的现代化，即提供更为安全、舒适、便捷、高效的服务；三是管理的现代化，即采用高效、体贴、公平、科学的管理模式和方法；四是观念的现代化，即体现尊重、平等、友善、互助、合作等积极的价值观；五是环境的现代化，即怡人的营业环境、安全舒适的交通环境、优美整洁的自然环境。

二、交通运输金融业务管理

（一）成本管理

1. 运营成本

运营成本是指企业在运营过程中发生的各种费用。交通运输金融业务经营中产生的运营成本主要由以下费用构成。

1）经营管理费用，即企业为组织和管理业务经营活动而发生的各种费用，包括员工工资、电子设备运转费、福利费等经营管理费用。

2）税费支出，即随业务量的变动而变化的手续费支出、业务招待费、业务宣传费、营业税及附加等。

3）补偿性支出，即固定资产折旧、无形资产摊销、递延资产摊销等。

4）准备金支出，即呆账准备金、投资风险准备金和坏账准备金支出等。

税费支出、补偿性支出和准备金支出是按照一定的比率摊销或计提的，是一种变动成本支出；经营管理费用属于抉择性半固定成本，这部分成本与当期业务量关系不大，主要受企业决策的影响。

交通运输金融属于服务行业，运营成本是其主要成本。有效降低企业的运营成本对于提高交通运输金融机构的竞争力至关重要。实践中，企业应该重视成本效益分析，努力改善投入产出效率，优化成本结构。

2. 成本控制

交通运输金融业务的成本控制包括两大方面的内容：一是日常成本控制，二是事前成本控制。日常成本控制指在资金经营活动过程中，对各项费用的发生按照一定的原则，采用成本 - 效益分析方法，进行严格的计量、监督、指导和修正，以保证实现合理的成本目标。这种控制的重点在于合理控制各种日常开支，并根据已发生的偏差来调整和指导当前的实际开支，以便把日常成本控制在合理范围内。

事前成本控制又可分为两种控制方式。一种是在业务开展前，对影响成本的各有关因素进行分析研究并制定出一套适应本企业具体情况的成本控制制度。这类控制方式的特点在于通过内设的规章制度来约束成本开支，预防偏差和浪费的发生，具有明显的制度性特征。另一种是在业务开展前，通过对成本与功能关系的分析研究，运用价值工程，选择最佳方案，确定目标成本。这类控制方式的特点在于自业务计划开始时，根据对该项业务功能和目标成本的具体分析，来决定成本控制的目标，带有显著的一事一议特征。

（二）资本管理

1. 资本预算

资本预算是对资本资源的数量与结构的预先评估。资本预算管理是指企业围绕资本预算而展开的一系列管理活动，包括资本预算的编制、执行、分析、调控和考评等多个方面。资本预算管理体系是规划企业资本活动的一种原则和方法步骤的系统。资本预算体系至少由资本预算管理目标、资本预算战略、资本预算核心体系和资本预算实施条件与环境四大部分组成。资本预算管理的核心体系包含资本分配权的划分、资本分配标准（财务决策）与战略导向、资本支出预算编制、筹资预算、资本预算的执行与调控、资本预算支出反馈与事中评价、资本支出预算的项目审计七个部分。

资本预算的核心目的是测算交通运输金融业务开展所需要的资本配备，进而评估业务的可行性与营利性。为达到这一目的，一般采用成本－效益分析技术即可。通常基本步骤是，首先预测交通运输金融的未来需求，以及用于满足该需求的业务规模和形式；然后确定合理的业务规模与形式，在此基础上设计资本配置方案；最后进行风险分析和动态返回测试，直至取得满意结果。

2. 资本成本

交通运输金融业务的资本成本包含两个方面的含义。①为开展业务取得和使用资本时所付出的代价。取得资本所付出的代价，主要指发行债券、股票的费用，向非银行金融机构借款的手续费用等；使用资本所付出的代价，如股利、利息等。②通过负债业务吸收资金而产生的成本。在第一种含义下资本成本的内容包含：①资金筹集费，指在资金筹集过程中支付的各项费用，如发行股票、债券支付的印刷费、发行手续费、律师费、资信评估费、公证费、担保费、广告费等；②资金占用费，指占用资金支付的费用，如股票的股息、银行借款和债券利息等。相比之下，资金占用费是筹资企业经常发生的，而资金筹集费通常在筹集资金时一次性发生，因此在计算资本成本时可作为筹资金额的一项扣除。第二种含义通常针对商业银行。此时，资本成本为商业银行的负债成本，主要有利息成本、营业成本、资金成本和可用资金成本几种。

3. 资本结构

交通运输金融业务管理中，资本结构管理是一个重要方面。这里资本结构是指资本来源和运用中的各种比例关系，主要的指标有主体结构、期限结构和风险结构。主体结构是指资本来源和运用中不同主体所占金额的比例关系；期限结构是指资本来源和运用中不同期限资金之间的比例关系；风险结构是指资金来源和运用中不同风险状况的资金之间的比例关系。科学地调控这些比例关系能够有效降低资本风险，提高资本运营效率。

（三）风险管理

1. 合同风险

合同风险是合同本身潜在的造成合同当事人损失的可能性。对于交通运输金融业务，合同风险主要有以下几种情况：一是合同本身无效，这主要是合同签署的背景不符合法律规定引起的，即无效合同；二是合同条款无效，这主要是合同条款不符合法律规定引起的；三是合同争议，这主要是由于签署各方对于合同的理解分歧引起的；四是证据不足合同，这主要是由于合同所涉及的证据缺失引起的。因此合同风险管理应重点从两方面着手。一方面，要正确运用《中华人民共和国合同法》规定的三大抗辩权，需要注意两点：①注意留存记录合同履行情况的证据材料，特别注意履行期较长、分期分批履行的合同；②在履行合同过程中变更合同的，务必采取书面形式。另一方面，要加强合同管理：首先是强化签约前的市场调查、签约中的多方面审查，审查的内容包括合同主体、合同内容、合同形式、合同担保及合同签订程序等在法律上的可行性，合同条款是否完备、语言是否规范严谨，合同在经济、技术上的可行性等；其次是对合同履行过程要经常及时检查监控，避免权利行使不及时而超过诉讼时效；最后是认真处理合同纠纷，及时沟通联系，加强合同档案管理。

2. 实施风险

交通运输金融业务的实施风险是指该业务由于实施不到位而造成损失的可能性，是从保证业务落实的角度考虑的，不涉及业务本身的合理性问题，主要表现为操作风险。尽管交通运输金融业务本身还存在不可忽视的信用风险、市场风险等重要风险因素，但是这些是业务固有的不可避免的风险，因此不作为业务外部管理的内容讨论，而作为业务内在风险在专门章节讨论。

有效地管理实施风险应该从以下几个方面着手。

首先是制度化，重点是制度的统一性、前瞻性和易操作性。制度的统一性包括制度应由统一机构拟定、修订，由统一机构检测、反馈；制度的前瞻性是指新业务上线前的一定时间内就应该制定出相应的管理措施和方案；制度的易操作性是将制度细化成员工手册或岗位手册。

其次是程序化，主要指运用有效的计算机系统控制，不断地将管理和控制的原则与要求以程序的方式运行，减少人为的操作风险。

再次是组织化，即采取合理的组织结构，包括以下内容：一是独立的稽核监督体系，二是合规检查和内部检查相结合，三是专门的支援机制。

最后是透明化，即把相关的信息在全体员工中公布，主要做法有两种：一是在员工培训中进行宣传教育，二是制作简报向员工通报。

（四）人力资源管理

1. 专业分工与组织

交通运输金融业务同时需要交通运输和金融两方面的专业知识，但同时具备两方面专业能力的人才却很少，因此专业分工和组织尤为重要。专业分工和组织的基本原则是保证交通运输专业人才与金融专业人才的有效沟通并达成共识。具体做法上可采用专业分组＋集中讨论的形式，即业务中涉及不同专业知识的交由不同专业小组承担，但业务方案由集中讨论决定。实际经营管理中需要防止两种偏颇：一是"一言堂"，即某一或某些专业工种处于支配地位，这会削弱对问题分析的全面性；二是"碎片化"，即各种观点和建议不能形成统一的方案，造成低效率。

2. 薪酬激励

薪酬激励是人力资源管理的重要方面，好的薪酬激励不仅能激发员工的积极性、主动性和创造性，而且有助于维护企业的稳定性，创造和谐的企业文化，促进企业的发展。交通运输金融业薪酬激励可遵循以下的原则：一是对外具有竞争力原则；二是对内具有公正性原则；三是对员工具有激励性原则；四是对成本具有控制性原则。

制定薪酬管理制度的基本依据主要通过以下环节或步骤来获取：①薪酬调查；②岗位分析与评价；③明确掌握企业劳动力供给与需求关系；④明确掌握竞争对手的人工成本状况；⑤明确企业总体发展战略规划的目标和要求；⑥明确企业的使命、价值观和经营理念；⑦掌握企业的财力状况；⑧掌握企业生产经营特点和员工特点。

3. 人员流动

交通运输金融业务中的人员流动主要涉及两种情况：一是员工从本企业流出到外部，或从外部流入到本企业；二是员工在本企业内部的不同部门或岗位间流动。合理的人员流动能使人力资源的配置更趋合理，从而提高业务经营的效益和效率，是保证业务开展与发展的重要条件。人员流动管理的重点是建立科学的管理制度：一是科学的选拔录用制度，即按照专业对口、德才兼备原则择优录用和晋升，以实现队伍的专业化、高素质，并形成良好的示范带动作用；二是科学的双向选择制度，即建立企业和员工都具有主动性的流动机制，使得双方都有权利根据一定的规则主张流动诉求。

三、交通运输金融业务组织架构

（一）组织架构概述

1. 职能结构

交通运输金融业务组织架构中的职能结构是指实现业务目标所需的岗位职能及其相互关系。一般地，职能结构类型可以从目标定位和组织形态两个角度划分：按目标定位划分有市场主导型、技术主导型、产品主导型等；按组织形态划分有分散经营型、混合经营型、集中经营型、分层管理型等。从目标定位上看，交通运输金融业务比较适合采用市场主导型，这是因为交通运输金融业务主要受市场状况影响；从组织形态上看，交通运输金融业务比较适合采用分层管理型，这是因为交通运输金融业务具有天然的分层特点。

2. 层次结构

在交通运输金融业务组织架构中，层次结构是指不同岗位之间的纵向关系，包括层次的数量和层次间的隶属关系。通常可以从业务规模和业务地域两个维度建构。业务规模从小到大划分一般有以下层级：小微层级、中小层级、大中层级、特大层级；业务地域从小到大划分一般有以下层级：县级及以下层级、地市层级、省级、大区级。具体实践中，在上述两种类型中择一即可，一般都能满足需要。

3. 部门结构

在交通运输金融业务组织架构中，部门结构指一项业务所涉及的行政部门之间的相互关系和部门的内部构成。由于交通运输金融业务往往具有市场主导的特点，因此在部门结构的设计上应该尽可能体现市场的作用。具体来说，重点要分工协调以下几方面的工作和职能：一是市场调研和分析，以便及时捕捉市场信息，做出正确的判断；二是业务研发与实施，以便迅速抢占市场；三是风险防控，以便及早对风险做出处理。

4. 职权结构

在交通运输金融业务组织架构中，职权结构是指各部门和各岗位之间的管理权限的划分。由于交通运输金融业务的专业性很强，一般应尽量避免多头领导和职权交叉，同时应该尽可能细化职责和职权范围，防止出现缺位和越位现象。

（二）组织架构的基本形式

1. 直线制

直线制是一种最早也是最简单的组织架构。它的特点是企业各级行政单位从上到下实行垂直领导，下属部门只接受一个上级的指令，各级主管负责人对所属单位的一切问题负责。顶层不另设职能机构（可设职能人员协助主管人工作），一切管理职能基本上都由行政主管自己执行。

直线制组织结构的优点是结构比较简单，责任分明，命令统一；缺点是它要求行政负责人通晓多种知识和技能，亲自处理各种业务。交通运输金融属于技术复杂业务，一般不宜采用这种组织架构。

2. 职能制

在职能制组织架构中，各级行政部门除总负责人外，还相应地设立一些职能机构。这种结构要求行政主管把相应的管理职责和权力交给相关的职能机构，各职能机构就有权在自己业务范围内向下级行政部门发号施令。因此，下级行政负责人除了接受上级行政主管人指挥外，还必须接受上级各职能机构的领导。

职能制的优点是能适应业务复杂、精细化程度高的组织和机构，能充分发挥职能机构的专业管理作用，减轻直线领导人员的工作负担；但缺点也很明显，它妨碍了必要的集中领导和统一指挥，形成了多头领导，不利于建立和健全各级行政负责人和职能机构的责任制。尽管存在一些明显缺点，但仍有一定可取之处，在交通运输金融业务开展中可适当借鉴。

3. 直线－职能制

直线－职能制，也叫生产区域制或直线参谋制。它是对直线制和职能制的整合改造，既有直线制的特征，也有职能制的设计。这种组织架构把企业管理机构和人员分为两类：一类是直线领导机构和人员，按命令统一原则对各级组织行使指挥权；另一类是职能机构和人员，按专业化原则从事组织的各项职能管理工作。直线领导机构和人员在自己的职责范围内有一定的决定权和对所属下级的指挥权，并对自己部门的工作负全部责任，职能机构和人员则是直线指挥人员的参谋，不能直接发号施令，只能进行业务指导。

直线－职能制的优点是既保证了管理体系的集中统一，又能发挥专业人员的作用；其缺点是职能部门之间的协作和配合性较差，职能部门许多工作要向领导报告请示才能处理，不仅加重了领导的工作负担，而且降低了效率。交通运输金融业务的组织架构可以借鉴直线－职能制的合理成分，结合自身的特点，形成更有效的组织架构。

4. 事业部制

事业部制最早是由美国通用汽车公司总裁斯隆于 1924 年提出的，故有"斯隆模型"之称，也叫"联邦分权制"，是一种分权管理体制。它适用于规模庞大、品种繁多、技术复杂的大型企业，是国外较大的联合公司采用的一种组织形式，近几年中国一些大型企业集团或公司也引进了这种组织结构形式，特别是一些大型银行已经实行了事业部制或类似事业部制的组织架构。事业部制是分级管理、分级核算、自负盈亏的一种形式，即一个公司按地区或按业务类别分成若干个事业部，从产品的设计、原料采购、成本核算、产品制造一直到产品销售，均由事业部负责，实行单独核算、独立经营，公司总部只保留人事决策、预算控制和监督大权，并通过利润等指标对事业部进行控制。

这种组织架构的优点是减少了人浮于事、滥竽充数的情况的发生，增加了激励相容性；其缺点是可能会刺激部门主义，加大部门之间的利益矛盾。交通运输金融业务的组织架构可以直接借鉴事业部制模式的合理成分，结合自身的特点，形成更科学的组织架构。

5. 模拟分权制

这是一种介于直线 – 职能制和事业部制之间的组织架构形式，也可以叫"模拟事业部制"。某些大型企业或事业机构的业务具有高度连续性，把它拆分成单独的部分变得很不经济。例如，银行中的负债业务单独独立为一个事业部就难以实施，因为它只能吸收存款，而吸收存款本身不能创造利润，且要支付利息，所以无法自负盈亏。所谓模拟，就是模拟事业部制的架构而不是真正的事业部制，实际上是一个个相对独立的业务单元，不实行真正的独立经营、自负盈亏。这些业务单元之间的经济核算，一般依据企业内部的价格，而不是市场价格。

模拟分权制的优点是，能够对权利适当分配，有利于提高组织的管理效率，并有助于调动员工的积极性；其缺点是，由于不能真正实行独立核算、自负盈亏，容易走形式。对于交通运输金融业务组织架构，模拟分权制值得借鉴的思想是，对于那些较为复杂又不易合理拆分为独立经营单位的业务，不妨采用虚拟的分工和划界，使各部分有相对独立的内容，从而增加激励。

6. 矩阵制

矩阵制是指既有按职能划分的垂直领导系统，又有按专业内容划分的横向领导关系的组织架构。它是为了改进直线 – 职能制横向联系差、缺乏弹性的缺点而形成的一种组织形式。它的特点表现在围绕某项专门任务成立跨职能部门的专门业务单元上。例如，组成一个专门的产品（项目）小组从事新产品开发工作，在研究、设计、试验、制造各个不同阶段由有关部门派人参加，力图做到条块结合，以协调有关部门之间的关系，保证任务的完成。

矩阵制的优点是机动、灵活，可随时成立或解散，有助于克服机构臃肿、人浮于事等弊端，同时促进信息交流，增加正向激励，减少脱节情况；其缺点是，业务单元负责人的责任大于权力，这是因为参加项目的人员都来自不同部门，隶属关系仍在原部门，只是为"会战"而来，所以一方面团队负责人没有足够的激励与惩治手段对成员加以约束，造成管理困难，另一方面团队成员容易产生临时观念，会削弱其责任心和积极性。在交通运输金融领域，矩阵制适合于新业务、新产品的研发。

7. 委员会制

委员会作为一种组织架构有以下几个要点：一是树状隶属关系，即每一个单元都是某一个上级单元的分支机构，除此以外各单元之间相互独立；二是每一个单元主要由若干委员组成；三是每一单元的主要任务是讨论和表决；四是每一单元单独组织表决，并向上级单元汇报；五是每一委员具有一票表决权，按少数服从多数原则确定表决结果。这种组织架构一般不适于企业化运营的组织，较多用于行政事业或社团组织。

这种组织架构的优点是表决结果反映了各种利益和观点的制衡，权威性高，并有助于抑制权力过分集中；其缺点是容易被少数人操纵导致派系斗争，缺乏有效激励。在交通运输金融领域，一些带有明显决策色彩而不涉及具体运营的环节可以借鉴委员会制，如建立各种专业委员会、考评委员会等。

8. 多维立体制

这种组织架构是事业部制与矩阵制的组合，即组织架构中的某些部分采用事业部制，某些部分则采用矩阵制。这种架构多在业务种类多、人员构成复杂情况下使用。其优点是，能够有效地划定业务的界限，易于对人员进行分类区别管理，利用事业部制和矩阵制各自的长处；缺点是不适用于业务或人员简单的机构。在交通运输金融领域，有些大型机构可以采用这种架构，对于提高组织的运行效率有一定作用。

（三）交通运输金融业务组织架构要点

1. 功能和目标定位

交通运输金融业务组织架构的功能定位是挖掘业务机会、组织业务运营，防控业务风险，实施业务改进与创新，其目标定位是实现交通运输金融业务的营利性和持续性。

2. 组织形式选择与设计

前面介绍了组织架构的基本形式，但是这些只是组织形式的逻辑框架，对于具体的交通运输金融业务，需要在这些现成的组织形式基础上进行选择和设计，分析哪些形式能够满足业务要求，还需要哪些补充和完善等。组织形式选择的基本原则是：首先，形式适应功能和目标需要的原则，即组织形式要尽可能满足功能和目标定位的要求，有利于业务的实施和发展；其次，效率原则，即在满足相同功能和目标要求的情况下，尽可能选择简洁的组织形式，以降低成本、提高效率；再次，耐久性原则，即组织形式要具有较长时间的适应性，从而保持相对的稳定性，为功能和目标的实现创造稳定环境；最后，可塑性原则，即能够以较低成本对组织形式进行调整、扩展或升级。组织形式的设计要尽可能系统考虑交通运输金融业务的内容和特点，合理布局职能结构、层次结构、部门结构、职权结构，合理设定岗位。

第三节　发展交通运输金融业务的战略战术

一、发展交通运输金融业务的战略

（一）品牌和市场战略

1. 品牌战略

发展交通运输金融业务上的品牌战略是指通过创立、塑造品牌来促进业务发展和开拓。品牌战略的核心是品牌的市场美誉度和知名度。一个拥有良好声誉和广泛知名度的品牌能够有力地促进业务的发展和开拓。一个好的品牌形象的建立，不仅需要广告宣传，更需要业务经营上的品质追求来树立和维护，因此品牌战略是一个长期过程，它有两方面的含义：一方面，品牌从创立、塑造到成为美誉度高、名气大且具有稳定市场地位的知名品牌往往需要较长时间；另一方面，获得知名地位的品牌对业务发展的影响也是长期的。交通运输金融业务的价值在于为投资者提供收益和为融资者节约成本，因此其品牌战略有以下关键点：一是专业性，其核心是专业技能，包括业务熟练程度、业务安全程度、业务广度、业务深度、业务精细度等；二是经济性，其核心是价格，包括产品或服务的价格、产品或服务的内容、产品的增值能力或成本节约能力等；三是愉悦性，指给客户带来的心理感受，包括便捷性、舒适性、尊严感、公平感等。

2. 市场开拓战略

市场开拓战略是在目标市场选择、市场地位、产品（或服务）推广等方面制定和实施的具有指引性或全局性的根本主张及其奋斗目标，其核心价值是为业务发展确定市场定位。对于交通运输金融业务而言，市场开拓战略需要明确交通运输金融业务的市场主体及其范围、市场占有率、产品及服务的质量与数量目标，同时需要提出实现这些目标的基本对策等。市场开拓战略按时间划分有短期战略、中期战略和长期战略，按空间划分有区域市场战略、国内市场战略和国际市场战略。市场开拓战略一旦确定，相应的市场经营策略、业务发展路线乃至品牌战略、广告战略等就随之确定，因此正确制定市场开拓战略对于交通运输金融业务的运营与发展具有决定性意义。

3. 广告战略

发展交通运输金融业务的广告战略是指对业务在广告宣传方面制定和实施的具有指引性或全局性的根本主张及其奋斗目标。通常，广告战略的核心内容是规定在一定时间和空间内，广告宣传要达到的效果，包括投放量、传播率（由收看率、收听率、阅读率等构成）、知名度等。实施正确的广告战略对于交通运输金融业务的发展能够起到迅速而显著的效果，尤其对于一些新业务，广告宣传能收到意想不到神奇效果。但是，广告战略必须植根于业务本身的专业性、经济性和愉悦性，否则广告战略就会演变为虚假宣传，不仅有违社会公德，而且所宣传的业务不会具有持续性。

（二）产品战略

1. 产品研发战略

在交通运输金融业务发展中，产品研发战略是指关于向市场提供什么样的产品及如何研发的总体规划，包括产品的市场定位、功能定位、研发周期、更新换代等目标。市场定位是从进入或占领一定市场的角度进行考虑，确定产品的基本形态和定性目标；功能定位是从满足目标客户需求的角度进行考虑，确定产品的基本技术性能和优势；研发周期是从业务经营的时效性角度进行考虑，确定合理的研发进度，以使产品研发与业务的总体运营节奏相协调；更新换代是从业务或企业的长远发展角度进行考虑，有计划有目的地实现产品的推陈出新，从而保持良好的市场竞争力。

2. 产品质量战略

在交通运输金融业务发展中，产品质量战略是指对产品或服务质量方面的根本性、总体性要求和目标，其核心是，与市场上同类或相似产品（或服务）相比其质量要达到的标志性水平。对于交通运输金融业务，评估其产品或服务质量主要有三个角度：一是专业性，即产品或服务设计科学、考虑周密、安全可靠、品质卓越、性能优异、耐受性高；二是经济性，即价格合理、易于拆分、流动性强、效率和效益高、投入少、成本低；三是怡人性，即产品或服务的设计要尽可能体现对人性的关怀，让人感觉舒适、亲切、温馨、友好等等。产品质量战略是企业战略体系重要组成部分，是企业总体战略的战略重点之一，对企业的生存和发展起着基础性决定作用。

3. 产品品种战略

在交通运输金融业务发展中，产品品种战略是指在产品或服务种类及其数量和结构上的总体性、指引性的要求和目标。首先是确定产品或服务的种类，即决定推出哪些种类的产品或服务，以及推出的先后次序，它直接决定了业务的基本风貌和覆盖面；其次是确定每种产品或服务的数量，即决定向市场提供的每种产品或服务的数量，它决定了业务的规模和深度；最后是确定产品或服务种类的结构，即不同产品或服务种类在数量上的比例关系，它决定了业务的匹配程度。一般地，产品品种战略要以市场战略为依据，配合市场战略的落实。

（三）技术战略

1. 技术改造战略

通常，技术改造的含义是在原有的组织体制和运行机制大体不变的情况下，对其技术基础或关键设备设施改进升级。其优点是，现有的技术和装备能够部分地继续使用，因此可以节约成本。在交通运输金融业务发展中，技术改造战略是指对已有技术进行改造的指引性、根本性要求和目标。交通运输金融产品和服务是技术密集型产品，因此技术改造是提高业务竞争力、促进业务发展的必要手段之一。

技术改造战略的主要内容包括如何改造、改造哪些、改造程度和改造进程：首先是如何改造，即明确改造的方向、目标及其基本路线；其次是改造哪些，即明确改造的对象、范围等；再次是改造的程度，即明确改造要达到的技术水平、更新的比例、效益及效率提高的幅度等；最后是改造进程，即明确从长远上看，技术改造的节奏和在同业中要占据的地位。

2. 技术创新战略

技术创新是对已有技术的突破、拓展或完善。技术创新是金融相关业务发展的重要途径，而且变得日趋重要。技术创新大体上分为两类：一类是过程创新，即在产品和服务保持不变的情况下，实现效率或效益的提高；另一类是产品或服务本身的创新，即通过技术创新使产品或服务本身的品质得到改善。技术创新的主要形式有新产品开发、新方法应用、新组织管理形式实施、新供货渠道与新市场开拓等。

在交通运输金融业务发展中，技术创新战略是对技术创新在业务中所起的作用和要达到的要求的指引性、根本性的定位与目标，具体包括：技术创新的功能定位，即技术创新在业务发展中的作用与地位；技术创新的风格选择，即采用进攻性战略还是防御性战略；技术创新的模式选择，即依靠自主创新还是模仿创新或者合作创新；技术创新的层次选择，即局部创新还是整体创新，底部创新还是顶部创新等；技术创新的内容选择，即对哪类或者哪些技术进行创新。

3. 技术引进战略

技术引进一般指一国或其企业从境外获取技术的活动或行为，技术引进战略则指对技术引进活动做出的指引性、根本性规划和要求。交通运输金融业务发展涉及很多技术引进，大体上可分为硬件技术引进和软件技术引进两类。前者指物化形态的技术，包括技术设备、装备等；后者指非物化形态的技术，包括专利、专门知识、工艺、创意等。由于交通运输金融业务受国情、市场环境、本土文化等地域性、政策性、文化性的因素的显著影响，因此在技术引进战略上必须注意引进技术对本国国情、市场环境、政策法律、风土人情的适应性和亲和性，防止水土不服。

另外，在引进新金融产品的具体操作中应注意以下问题：①做好金融产品引进前的调查准备；②建立一套产品检测体系，收集市场反馈信息；③进行科学的市场细分，合理确定目标客户；④准确把握市场机会。

（四）人才战略

1. 人才流动战略

人是一切业务活动的最终载体，人才流动是保证组织新陈代谢的基本途径，对于组织的生存和发展起着重要作用。在交通运输金融业务发展中，无论是新业务的开发还是既有业务的运营，都经常性地涉及人员的调配、组合，这些都是人才流动的具体表现。人才流动战略就是从战略的高度对人才流动的目标、基本要求和政策等作出规定。

人才流动战略的制定要注意以下问题：一是要同业务发展的其他相关战略相匹配；二是要统筹外部流动和内部流动、统筹流入和留出；三是要重视人才驻留、成长和发展环境的提供和改善。

2. 人才培训战略

一般情况下，任何业务所需的人才都不是完全现成的，因此人才培训是业务发展的必然要求。人才培训战略是指对人才培训所制定的指引性、根本性的目标和规划。人才培训战略的主要内容包括人才培训的种类、方式、规模。人才培训战略服务于业务发展的整体战略，因此其制定必须以业务发展的整体战略为指导。交通运输金融业务属于人才依存型产业，人才培训尤为重要。人才培训应该分别制定近期、中期和远期目标，以匹配业务的发展；人才培训方式的选择应该因地制宜、取长补短、注重实效、节约成本；人才培训规模的确定应该具有科学的预见性和前瞻性，为业务发展提供有力的人才保证。

二、发展交通运输金融业务的战术

(一) 资源整合

1. 客户资源整合

客户资源有两层含义：一是客户本身作为交通运输金融业务的使用者，为业务发展提供需求，因而是一种资源；二是客户作为信息传播者，把自己使用过的产品或服务介绍给其他机构或个人，能够为业务带来新的客户。自然情况下，客户资源通常在空间上、时间上和相互关系上是随机的，很不稳定，这对于业务的稳健发展是不利的，因此通过适当整合，对于减轻客户波动、分散风险能够起到显著作用，并能够促进优势互补。客户资源整合的主要手段是加强客户联络、服务与组织，从而形成有效的沟通与合作。

2. 横向资源整合

横向资源是指经营相同或相似业务的其他组织，它们对于本企业来说既是竞争对手也是一种资源。之所以是一种资源，在于企业之间经常需要互通有无，并且存在同业权益的联动性，相互需求、相互补充、相互依赖是企业间关系的重要方面，从这一角度上看，同业企业之间处在互为横向资源的地位上。横向资源整合就是把分散的、无序的、随机的横向资源适当连接，形成较为联合的、有序的、稳固的资源的过程。主要的做法是加强联系、合作、互利互惠等。

3. 纵向资源整合

纵向资源是指在产业链条中上下游企业或业务之间，由于存在生产或经营上的先后连接承继关系，因此每一企业或业务的上下游企业或业务都是它的纵向资源。纵向资源整合是指对原本缺乏沟通协调的纵向资源加强沟通协调，从而形成更紧密合作关系的过程。纵向资源整合有助于为业务发展提供稳定的外部环境，增强自身的市场力量。主要的做法有合作、参股、控股等。在交通运输金融业务发展中，主要的纵向资源包括授权机构、监管机构、资金或项目来源方、业务开展所需软硬设施的供给方等。

(二) 品牌推广

1. 品牌塑造

品牌塑造是指按照品牌战略的要求，使品牌在公众中产生一定影响并形成一定形象的行动与过程。品牌塑造的核心是品牌所代表的产品和服务留给公众的实际感受，因此，尽管在品牌塑造过程中也需要进行一定的宣传以扩大知名度，但是更多的是植根于产品与服务的品质上，否则品牌塑造的目标将会落空。在交通运输金融业务的品牌塑造上，最重要的工作应该放在促进产品和服务的专业性、经济性和愉悦性上。

2. 品牌宣传

品牌宣传是指向客户或公众宣传品牌的活动。通常，有以下主要方式进行品牌宣传：一是公开宣传方式，包括各种广告宣传、新闻报道宣传、文学宣传、文艺宣传、学术宣传等，通过这些手段扩大公众对品牌的认识，其要点是把品牌的优势、特点、价值等以知识的形式向公众宣传介绍；二是情感沟通方式，即通过获得公众情感认同来塑造品牌的方式，包括参与公益活动、产品和服务的情感化设计、品牌代言人选择、视觉识别标志设计、价值理念输出等；三是隐性传染方式，即通过客户自发介绍、推荐达到品牌塑造的目的，这种方式比较被动，主要靠产品和服务的实际品质赢得顾客的认可，但是其作用是值得重视的，因为顾客的认同和评价对品牌形象具有潜移默化的影响。上述品牌宣传方式原则上都适用于交通运输金融业务的品牌宣传，但是需注意宣传的重点应该放在专业性、经济性与愉悦性上。

3. 品牌维护与更新

品牌维护与更新是指企业针对外部环境的变化给品牌带来的影响而进行的维护品牌形象、保持品牌市场地位和品牌价值的一系列活动的统称。市场时刻都在发生变化，包括供求关系、需求偏好、企业竞争、技术进步等，既有的品牌形象会因为这些因素的影响而发生改变，甚至会被市场淘汰，因此维护与更新品牌是保持品牌形象与地位的必要步骤。品牌维护与更新的核心工作是保持产品和服务品质跟上市场变化的节奏，关键指标是其专业性、经济性和愉悦性。交通运输金融业务的品牌维护与更新的重点是安全性、收益性和便捷性。

（三）示范效应

1. 客户渗透

客户渗透在不同领域有不同含义。这里，客户渗透是指通过对客户需求的细化分层，制定、设计和提供针对性的产品和服务，逐层扩大客户数量的策略。这一策略尤其适用于业务运营的初期。客户渗透之所以对业务的成长和发展有重要影响，在于客户需求的个性化、差异化，如果企业无视客户的这些个性，就不能很好地满足客户需求。客户渗透的要点是对客户需求做出合理的分层，而后针对每一层次制定、设计和提供差异化的产品和服务，包括价格、产品功能和服务内容都应做出对应调整，以实现效益最大化。在交通运输金融领域，客户的差异化主要体现在风险和收益要求、资金或资产规模、时间限制、信用水平等方面，通过对客户的合理细分，科学地设计产品和服务，将有力地促进业务的发展。

2. 横向渗透

横向渗透指针对同行采取渗透策略。其核心思想是，通过对开办相同或相似业务的企业进行细分，形成层次结构，而后针对不同层次制定不同的业务联系方式，逐层扩大交往、合作关系。在交通运输金融领域，同行间的差异主要在信用水平、知名度、资金实力、业务范围等方面，通过对同行的合理细分，能够为自身业务发展开拓更大的空间，获得更多的业务资源，从而有力地促进业务的发展。横向渗透的基本策略是首先争取容易打交道的同行合作，然后通过示范效应，逐渐向外围扩大。

3. 纵向渗透

纵向渗透是指对产业链上处于上游或下游环节的企业或业务进行渗透的策略。其基本思想是对与自身业务存在产业联系的上下游企业进行细分，整理出若干业务链条，根据先易后难的原则逐步开拓业务链。在交通运输金融领域，纵向链条的关键环节是授权、监管、资金、项目、技术支持、业务支持等，通过对处于这些环节的机构或个人进行针对性分析，能够有效改善纵向沟通、合作的效率，从而不断扩大纵向空间，为业务发展营建更宽松的外部环境。纵向渗透的基本策略是首先打通一条业务路径，然后借助示范效应，逐渐丰富业务路径。

本章主要参考资料

[1] 鲁艳荣. 银行信贷资产业务受限 [J]. 中国金融, 2016 (21)：103 – 103.

[2] 任碧云, 程茁伦. 金融脱媒对中国商业银行资产负债业务冲击的动态影响——基于 VAR 模型的实证研究 [J]. 中央财经大学学报, 2015 (3)：26.

[3] 陈雄兵, 邓伟. 商业银行表外业务与货币政策信贷传导 [J]. 国际金融研究, 2016, 352 (8)：60 – 70.

[4] 马天禄. 银行表外业务创新对金融调控的影响 [J]. 中国金融, 2013 (17)：58 – 60.

[5] 马雯, 陈彦达. 商业银行综合化经营风险研究 [J]. 金融论坛, 2014 (2)：53 – 57.

[6] 周好文, 黎紫丹. 中国商业银行大宗商品融资业务发展研究 [J]. 理论与改革, 2014 (2)：104 – 107.

[7] 白雪洁，孙红印，汪海凤．并购行为与市场势力：基于中国 A 股企业的分析［J］．当代经济科学，2016，38（3）：106－113．

[8] 葛结根．并购支付方式与并购绩效的实证研究——以沪深上市公司为收购目标的经验证据［J］．会计研究，2015（9）：74－80．

[9] 李慧英．完善我国社会保险体系的思考［J］．理论探索，2012（1）：89－94．

[10] 唐大鹏，刘芳，翟光宇，王帅．参与海外政府购买服务的企业风险管控——兼论国际投资商业保险机制设计［J］．保险研究，2015（3）：113－127．

[11] 宋芳秀．我国航运保险业发展态势与政策建议［J］．经济纵横，2016（2）：41－47．

[12] 钟杰，赵嘉辉．信托融资、信托市场与金融资源配置研究——基于信托融资、债权融资与权益融资模式比较的视角［J］．现代管理科学，2011（9）：56－58．

[13] 陈涵．中小企业信托融资模式问题研究——以广东省为例［J］．经济理论与经济管理，2011（8）：86－95．

[14] 高雅洁．我国融资租赁业发展现状、问题及对策研究［J］．中国统计，2015（5）：47－49．

[15] 李勇，蔡梦思，邹凯．基于多 Agent 仿真的新产品推广策略研究［J］．中国管理科学，2015（s1）：52－56．

[16] 周诚君，宋军，李强．国外中央银行公共关系管理的经验［J］．中国金融，2011（15）：91－92．

[17] 陈梓元，王晟先，冯志静．我国商业银行客户服务与管理创新的 IT 支持体系研究［J］．现代管理科学，2016（12）：82－84．

[18] 程智．金融危机下小型企业如何应对市场的变化——基于加强成本管理的视角［J］．山西财经大学学报，2015（s2）：70－71．

[19] 周慕冰．以资本管理高级方法引领银行转型［J］．中国金融，2015（8）：9－11．

[20] 陈超，甘露润．银行风险管理、贷款信息披露与并购宣告市场反应［J］．金融研究，2013（1）：92－106．

[21] 王亚洲，林健．人力资源管理实践、知识管理导向与企业绩效［J］．科研管理，2014，35（2）：136－144．

[22] 张颖．大型商业银行组织架构变革的目标模式——基于模型和案例的分析［J］．经济管理，2015（3）：110－119．

[23] 刘明坤. 国际化银行组织架构分析与借鉴 [J]. 金融论坛, 2012 (2): 74 - 79.

[24] 孙飙. 战略执行视角下的商业银行组织架构再造 [J]. 宁夏社会科学, 2010 (4): 53 - 56.

[25] 张颖. 大型商业银行组织架构变革的目标模式——基于模型和案例的分析 [J]. 经济管理, 2015 (3): 110 - 119.

[26] 李茜. 中国商业银行与事业部组织结构 [J]. 管理现代化, 2012 (5): 31 - 34.

[27] 林志扬, 张刚. 基于核心竞争力的商业银行组织结构优化研究 [J]. 经济问题探索, 2013 (7): 93 - 99.

[28] 陆岷峰. 高成长性银行的品牌价值 [J]. 中国金融, 2015 (22): 48 - 49.

[29] 任超. 浅析我国商业银行发展手机近场支付业务的产品策略 [J]. 上海金融, 2012 (7): 104 - 106, 121.

[30] 陈德智, 吴迪, 李钧, 吴庭胜. 企业技术战略与研发投入结构和创新绩效关系研究 [J]. 研究与发展管理, 2014, 26 (4): 67 - 81.

[31] 黄勋敬, 黄聪, 赵曙明. 商业银行互联网金融人才工作满意度研究 [J]. 金融论坛, 2016 (10): 62 - 71.

[32] 李贵宾. 信息资源整合阶段的科技风险管理——吉林银行案例分析 [J]. 中国金融, 2009 (7): 78 - 79.

[33] 杨洋. 富滇银行品牌竞争力研究 [J]. 云南社会科学, 2013 (4): 92 - 95.

[34] 刘立安, 傅强. 基于技术转移与示范效应的银行风险控制研究 [J]. 科研管理, 2010, 31 (1): 69 - 76.

第四章

交通运输金融业务的风险管理

第一节　交通运输金融业务的风险成因

一、风险概述

(一) 风险的内涵

1. 风险的概念界说

广义地讲，风险就是不确定性。在金融领域，风险一般被定义为金融活动或金融决策预期结果的不确定性，强调金融主体和结果，而不是过程。从实用的角度看，金融风险就表现为预期结果的不确定性。相反，如果一个金融事件（活动或决策，下同）的结果是确定的，其过程的确定与否通常不作为风险处理。而且，金融事件的结果通常以货币化的收益水平作为衡量标准。这样，金融风险就可以很方便地通过分析事件结果的货币化收益而得到。综上所述，任何预期结果带有不确定性的金融活动或金融决策都具有金融风险，风险的程度由预期不确定的程度决定。

2. 风险的特点

一般地说，风险的本质特征是因果性和普遍性：首先，任何风险都有其产生或存在的原因，没有无来由的风险；其次，由于世界的普遍联系性和复杂性，风险是普遍存在的、是绝对的，无风险是相对的。由此可以得出以下推论：①风险具有一定的可预测性；②风险具有一定的可控性；③风险是难以完全消除的；④风险具有一定的必然性。

较之工程技术领域的风险，金融领域的风险还往往具有以下突出特点：复杂性、传染性、相关性和主观性。这是因为能够对金融活动产生影响的因素极为广泛，无论自然的、社会的，宏观的、微观的，还是客观的、主观的因素，都对金融活动产生显著影响。

(二) 交通运输金融业务的风险

1. 交通运输金融业务风险的含义

概括地说，交通运输金融是一个有其自身特征和内在规律的专门行业，其业务具有一般金融行业的属性，但又与交通运输行业有着密不可分的联系。正因为如此，其风险的基本特征从属于金融风险，又折射出交通运输的影子。因此，在分析交通运输金融业务风险时，首先要把握其金融风险的属性，其次是关注其与交通运输行业的联系。总体来看，交通运输金融业务风险是金融风险与交通运输行业风险的复合体，其中，金融风险是主体，交通运输行业风险构成其重要成因与组分。

2. 交通运输金融业务风险的特征

前面已经指出，交通运输金融业务风险是金融风险与交通运输行业风险的复合体，因此，交通运输金融业务风险的特征来自金融风险和交通运输行业风险两方面。

金融风险是指由于各种原因造成的金融活动遭受损失的可能性。上文已指出，与非金融行业或工程技术领域的风险相比，金融风险显示出复杂性、传染性、相关性和主观性等特点。因此，交通运输金融业务风险也自然具有类似特点。

交通运输行业风险这里是指由交通运输行业的特征或特殊性而引起的具有行业属性的风险。交通运输行业风险的主要特点是：受天气和其他自然因素的影响大、容量约束的作用显著、与实体经济活跃的程度关系密切、交通事故和人身财产损伤多发。

从风险的成因及其发生机理上讲，无论是引发金融风险的因素还是造成交通运输行业风险的因素，都是交通运输金融业务风险的可能成因。把握交通运输金融业务风险特征必须兼顾金融风险和交通运输行业风险及其相互关系，既要有所侧重，又要避免偏废。①受人的因素的影响突出：金融风险最主要的是信用风险，而信用风险与人的品质、能力和禀赋密不可分；金融风险的另一个主要类型操作风险更是由人的行为决定。②受财务和经济因素的影响显著。③具有易扩散和易传染性。

二、风险成因

（一）宏观层面的风险成因

1. 经济因素

这里的经济因素包括宏观经济政策和宏观经济运行本身两个方面。前者主要指宏观经济政策的变化，主要包括货币政策的变化、财政政策的变化、税收政策的变化和产业政策的变化①等。后者指宏观经济的整体状况与表现，

---

① 注意，有些国家没有明确的产业政策。

其基本内容有：①宏观经济的总体平稳性，主要评价指标有通货膨胀率、经济增长率、就业率等；②金融稳定性，主要评价指标有金融市场、利率和汇率的稳定性等；③国际贸易状况，主要评价指标有国际贸易规模、国际收支状况、外贸依存度等。

宏观经济因素之所以会对交通运输金融的投融资业务风险产生影响，是因为这些因素会对交通运输行业的整体景气性产生巨大作用，进而对每一个企业产生显著影响，最终对相关的投融资业务的安全性、收益性等产生影响。总体来看，宏观经济因素是交通运输金融业务系统性风险的主要来源之一，尤其是系统性市场风险的根源。

2. 政治因素

这里的政治因素主要指国家或地区的政权组织及其基本状况，包括政权的稳定性、政体模式、国家治理模式、国家发展战略、政府廉洁度和国际关系等。政权的稳定性指政权组织的执政地位是否稳固，这是政治因素中最根本的问题。从世界范围看，很多国家或地区存在明显的政权不稳状况，政权稳定性是一个不容回避的风险因素。政体模式是指一国或地区的根本政治制度，目前世界各国或地区的政体模式大致可以分为三类：公开竞选制、政治协商制和世袭制。政体模式之所以也是一种风险因素，在于政体模式不同，其透明度和治理风格也会显著不同，这直接影响风险预警的有效性和缓冲时间。国家治理模式是指一国或地区运行的根本体制，目前世界各国或地区的治理模式主要有两类：分权体制和集权体制。国家治理模式的不同，直接决定了政府对市场的干预模式及干预程度，这显然是一种风险因素。国家发展战略是指一国或地区的根本指导思想和路线，从长期看，它对一国或地区法律法规的制定、经济管理制度的建立、市场运行规则的形成等关乎经济运行的方方面面都具有深刻影响，因此是不可忽视的风险因素。政府廉洁度对业务开展的交易成本具有显著影响，在廉洁度较低的环境下，寻租活动就会比较普遍，业务的开展往往要付出较高昂的租金，导致交易成本上升。国际关系之所以是一项风险因素，在于一国或地区的经济乃至政治不是孤立于世界存在的，它是国际大环境下的局部组分，在全球化背景下更是这样。所以一国或地区是否具有良好的国际关系和地位，对于其政治、经济的整体状况有很大影响，这自然会对金融业务产生影响。总而言之，政治因素是交通运输金融业务面临的又一主要系统性风险源，尤其是系统性信用风险爆发的主因。

3. 法律因素

宏观的法律因素主要指一国或地区的整体法治环境和状况，有两个考察角度：一是立法环境和状况；二是司法环境和状况。立法环境和状况是指立法的基本组织、程序，法律的架构和基本脉络，以及相关社会意识等，它决定了法治环境和状况的根本基础及其基本风貌，其健全完善程度的高低在不同国家或地区、不同时期存在很大差别，具有不确定性。对于企业来说这是一种风险，通常立法环境和状况恶化会加大企业的风险。司法环境和状况是指一国或地区落实法律的体制、程序、原则等，它决定了法律能否得到有效贯彻落实、决定了企业和个人能否得到有效的法律保护和公平对待。在不同国家和地区或者在不同时期，司法环境和状况差别很大，具有不确定性，对企业构成风险。概括来说，宏观的法律因素是造成交通运输金融业务中与法律相关系统性风险的主因。

4. 自然因素

宏观的自然因素指自然环境的根本性表征及其发展趋势，主要包括气候、地质、地貌、水文、资源等因素。气候是指一国或地区在较长时期里其大气物理特征的一般状态，与天气的概念既相联系又有区别，决定着较长时期里各种天气过程的总体态势和基本特征，具有一定的稳定性，通常其观察的时间尺度为月、季、年、数年到数百年以上。不同的气候类型对于交通运输的运营及其设施的建设具有显著影响，因此这是交通运输金融业务需要注意的一个风险源。地质主要指一国或地区范围内其地球理化性质及其地层构造的基本特征，是一个宏观尺度上的概念，注意这里的定义与一般地质学中的概念有所差异。地质对于交通运输基础设施的建设及其运营有重要影响，因此是交通运输金融业务应该重视的风险因素。地貌是指一国或地区地表形态的总体特征，主要包括地形、海拔、植被等，对于交通运输基础设施的建设及其运营有着重要影响，因此是交通运输金融业务需要考虑的风险因素。水文是指一国或地区范围内水的时空分布规律及其基本特征，包括地表水、地下水和降水等的分布规律与特征，水文对于交通运输基础设施建设及其运营具有重要影响，因此是交通运输金融业务应该重视的风险因素。

广义的资源涵盖能够被人类用于生产、生活的物质、能量和景观的总和，但是这个概念过于宽泛，所以这里根据讨论的需要，把资源限制在相对较小范围内，主要指一国或地区范围内的具有较大利用价值的矿物、能源及景观等资源。资源状况对于一国或地区的经济增长模式与过程具有潜移默化的影响，间接地影响交通运输的潜在需求，因此交通运输金融业务应该由此产生的风险。总体来看，宏观的自然因素是交通运输金融业务系统性风险和长期性风险的主要成因之一。

（二）微观层面的风险成因

1. 经济因素

微观经济因素是指企业乃至个人的经济状况及其行为模式与特征，这里主要包括相关企业或居民的财务状况、信用状况、经营状况、声誉状况、发展前景等，这些因素在不同企业和居民中，以及不同时间存在显著差异，通常具有很大的不确定性，是交通运输金融业务的主要风险来源。一般来说，企业或个人的综合经济状况好，与之有关的业务的风险则相对较低，反之则风险较高。与宏观经济因素相比，微观经济因素对业务产生更直接而明确的影响，甚至直接决定业务的成败，因此，它是评价业务本身可行性和安全性的基础依据，是交通运输金融业务运营中必须认真识别、计量和管理的风险因素。总体上看，微观经济因素往往是造成交通运输金融业务具体信用风险的根源性因素。

2. 政策因素

这里政策因素是指政府部门发布的关于具体事项或业务的有关规定或意见，是一种微观因素，但是对于相关业务具有直接而明确的作用，甚至直接决定了业务基本形态，包括业务的范围、内涵和形式等核心元素。与交通运输金融业务关系密切的政策因素主要有：①针对交通运输行业的政策规定或指导意见，它规定了涉及交通运输的金融业务能否开办，以及开办的形式和内容等；②针对各类金融业务开办的具体要求和实施细则，它规定了具体金融业务开办的条件、范围和程序等；③关于金融监管的政策规定和具体要求，它规定了金融业务需要满足的监管要求和程序。由于政策因素是随时间或行政区域的不同而变化的，因此对于业务经营来说存在不确定性，是重要的风险源。总体来看，政策因素往往是造成交通运输金融业务具体市场风险的成因。

3. 法律因素

微观的法律因素与宏观的法律因素不同，是指具体的法律法规和司法、诉讼程序。对于交通运输金融业务而言，相关的法律因素主要包括以下方面：①有关合同、债权、债务关系的法律规定；②有关金融业务与活动的法律规定；③有关企业设立、经营、破产的法律规定。这些因素因地因时不同而会发生变化，因此存在不确定性，对于业务的开办和经营构成一定的风险。同时法律因素又是业务开展所不可或缺的外部环境，离开这些法律法规，业务也就失去了具体的法律保护。因此，在交通运输金融业务中，既要高度重视法律风险，又要认真遵守法律。概括来看，微观的法律因素是交通运输金融业务面临的具体法律风险的根源。

4. 自然因素

微观的自然因素与宏观的自然因素有很大区别，是指具体的业务或项目所涉及的自然状况，具体表现为以下情形：①业务相关地域和时段的天气状况，主要涉及雷电、雨雪、云雾、气温、风力、湿度等具体天气；②业务相关地域和时段的地址灾害状况，主要涉及地震、洪涝、泥石流、山体滑坡等具体灾害；③业务相关地域和时段的环境污染状况，主要涉及空气污染（如雾霾、沙尘等）、水污染（如饮用水污染、河流污染、海域污染等）和生物污染（如暴发疫情、流行性传染病等）。这些情况下，局部交通运输活动会受到影响，对相关企业造成风险，进而影响与之有关的交通运输金融业务的执行，成为交通运输金融业务的风险。总体上看，微观的自然因素主要是给交通运输企业的运营造成短期影响，从而减少其短期收益，可能引发资金短缺和偿债能力下降问题，形成交通运输金融业务的信用风险。

第二节　交通运输金融业务的风险类型

一、信用风险

（一）信用风险概述

1. 信用风险界说

一般来讲，信用风险是指债务人不能或不完全履行承诺而给债权人造成损失的风险，通常表现为一种违约可能性，故而又称违约风险。需要注意的是，过去人们普遍认为，只有当违约实际发生时才会产生损失，因此信用风险是针对违约而言的；但是现代风险理论认为，信用风险不仅包括违约导致直接丧失合同资产的风险，而且包括履约能力和方式的改变引致资产损失的可能性。当然，也不宜把相关信用风险引发的其他风险全部归入信用风险中。在交通运输金融领域，信用风险是指与具体业务相关的当事人不能或不完全履行义务的可能性。总体上说，信用风险是交通运输金融业务面临的最突出的风险。

2. 信用风险的表现形式

从不同的角度观察，信用风险会有不同的表现形式。从信用水平的角度看，信用风险表现为信用价值变化、信用等级变化和信用丧失三种形式；从资产负债表的角度看，有表内风险和表外风险等表现形式；从损失的形式看，有本金损失和非本金损失两种表现形式；从性质上看，有系统性风险和非系统性信用风险两种表现形式。对于交通运输金融，信用风险还可以表现为由交通运输环节引致的风险和由金融环节引致的风险两种表现形式：前者指由于交通运输部门在建设或运营中遇到问题而导致相关金融合约产生信用风险的情形，例如交通运输部门运营收入下降而造成还款能力不足；后者指由于金融部门出现问题而导致相关金融合约出现信用风险的情形，例如金融机构资金不足而使贷款不能及时到位。

（二）信用风险特征

1. 信用风险的经验特征

信用风险的经验特征是指在风险管理实践中，通过直接观察和分析，总结出来的信用风险主要特点。经验特征与借助抽象推理所提炼的特征有很大区别，它一般借助直觉便可感受得到，而且很容易形成深刻的印象。加深对经验特征的理解有助于提高对信用风险防范的主动性。概括来说，信用风险有以下主要经验特征：①与违约有关，即信用风险通常源于违约（包括部分违约），如果与违约毫无关系，则不成其为信用风险；②个别性，即信用风险的发生与否具有鲜明的个性色彩，不宜过分强调共性而忽视个性；③关联性或传染性，即信用风险之间存在较为普遍的相互联系和传导，一个信用损失很可能引起另一个信用损失；④难以分散或转移，即较难通过资产多样化来有效降低风险；⑤难以实时预测，即很难用既定的指标准确地预测违约的发生与否，这也是美国次级债危机爆发的重要原因之一。

2. 信用风险的统计特征

统计特征是通过对大量样本进行统计分析而得到的关于样本的总体印象。信用风险的统计特征主要有四点：①收益/损失的分布不对称，即信用风险对收益或损失产生的影响在概率分布上不对称，通常损失的分布显著大于收益的分布；②信息不对称，即信用风险承担方与施予方对于信用风险的相关信息存在显著差异，通常承担方掌握的信息远少于施予方；③非系统性，即信用风险的发生与否受非系统性因素的支配较系统性的支配更为显著，一方面，即使在国际金融危机爆发的大环境下，大多数的企业仍能保持较高信用，另一方面，一些看似信用很好的企业可能突然爆发出信用危机；④累积性，即信用风险可以由一些看似比较微小的因素逐渐累积而至最终爆发。

（三）信用风险形成过程

1. 发生机理

信用风险发生的根本机理主要有两个：一是履约的实际能力下降或丧失，二是逃避责任动机。现实中可能是这两种情况的混合。一般来说，影响履约实际能力的因素很多，但是大致可以概括为两方面：一是能力，二是环境。

能力是内因，主要包括决策能力、管理能力、经营能力等；环境是外因，主要包括市场环境（涵盖国际和国内）、行业环境、自然环境（尤其是不可抗力）等。逃避责任动机是由责任方的品质决定的，涉及的因素很复杂，但大体上可以概括为三个方面：偏好、习惯、情绪。正确认识信用风险的发生机理有助于增强对其进行管理的能力。

2. 演化规律

尽管信用风险具有明显的个别性的特点，但是其演化仍有一些规律可循。一般信用风险从肇始到结束通常经历七个阶段：第一阶段，潜伏期，即从信用风险因素出现到信用风险形成之间的时期，风险因素入侵业务相关部位，对这些部位产生一定的冲击，但是信用风险并不会马上显现，而是处于孵化状态，而且是否会进一步形成显在的信用风险依事态发展状况而定，若处理得当则可把风险消灭于未然；第二阶段，形成期，即形成了显在的风险，但是还没有公之于众，只是少数内部人知晓，这时风险已成既定事实，需要设法降低损失并稳妥将其平息；第三阶段，爆发期，即风险已被公众察觉，这时如何防止风险扩大与蔓延十分重要；第四阶段，加速期，即风险借助各种传播途径迅速扩散，扩散速度呈几何级数增长，这时需要重点控制公众的恐慌情绪；第五阶段，高潮期，即风险所波及的范围达到最大，风险释放的破坏力最强，风险造成的后果最明显，这时应该尽可能保护那些对全局影响较大的关键环节和部位；第六阶段，消退期，即风险的大部分能量释放完毕，事态开始缓解，公众的情绪开始向好，这时宜加强监管，防止危机复燃；第七阶段，恢复期，即风险的负面影响已经结束，公众信心开始恢复，这时应采取适当的措施，巩固公众的信心。

3. 影响与后果

信用风险的影响主要表现在三个方面：一是增加交易成本，这是因为信用风险使交易双方为降低信用风险不得不付出更多努力，包括搜集信息、谈判、设置更多限制性条件等，都需要付出额外的人力和费用，因此会增加交易成本；二是降低市场信心，信用风险的存在使市场形成一种过度谨慎的氛围，人们害怕交易甚至规避交易，致使市场交易气氛冷清、交易规模萎缩；三是恶化供求关系，这是因为信用风险会造成供求双方的成本上升和风险加剧，双方都会采取紧缩行动，这会加剧供给和需求的不匹配。由于上述影响的存在，信用风险必然造成一个总的后果，即加剧逆向选择和道德风险。关于这一后果的来龙去脉，诺贝尔奖得主阿克洛夫和斯蒂格利茨等都有很多论述可供参考，这里不赘述。

二、市场风险

(一) 市场风险概述

1. 市场风险界说

市场风险可以分别从广义和狭义两个角度加以理解。广义上讲，市场上某一或某些因素的不确定性引致的风险，都可以叫市场风险，如利率的波动、汇率的波动等。狭义上讲，市场风险是市场的整体不确定性引致的风险，即市场整体状况变得更稳定或更不稳定的不确定性。例如，当我们说某一市场比另一市场稳定时，或者一个市场的某一时期比另一时期稳定时，使用的就是这一概念。需要注意市场风险与信用风险的区别与联系。二者的根本区别是，前者对市场波动的来源没有限制，只要造成市场波动都属于市场风险，因此，有无市场波动是前者的根本判据；后者则强调违约的可能性，至于市场波动与否不作为判据。二者的联系是，信用风险有可能引起市场风险，反之亦然。

2. 市场风险的表现形式

市场风险主要有三种表现形式：一是利率风险；二是汇率风险；三是价格风险。利率风险是指市场利率水平发生变动的可能性，具体可分为四种类型，即重新定价风险、收益率曲线风险、基准风险和期权性风险。汇率风险是指汇率发生变动的可能性，具体可分为三种类型，即交易风险、会计风险和经济风险。价格风险是指由于市场价格变动的可能性，具体可分为金融市场价格风险和普通商品市场价格风险。

(二) 市场风险特征

1. 市场风险的经验特征

市场风险的经验特征是指在市场风险管理实践中，通过直接观察和分析，总结出来的市场风险主要特点。经验特征与借助抽象推理所提炼的特征有很大区别，它一般借助直觉便可感受得到，而且很容易形成深刻的印象。加深对经验特征的理解有助于提高对市场风险防范的主动性和有效性。概括起来，市场风险有以下主要经验特征：①系统性，即市场风险更多地受系统性因素支配，受个体的影响处于次要地位；②可预见性，即市场风险发生之前有很多先兆，注意对这些先兆的观测和分析，能够有效提高对市场风险的预见力；③相关性，即市场风险在同类利益主体和资产之间具有显著的正相关关系，在相对的利益主体和资产之间具有显著的负相关关系；④可分散性，即通过合理的组合，能够有效降低市场风险。

2. 市场风险的统计特征

市场风险的统计特征是通过对大量样本进行统计分析得到的关于市场风险的总体印象。概括起来，其统计特征主要有三点：①收益/损失的分布对称性，即市场风险对收益或损失产生的影响在概率上是对称的，通常收益/损失在概率密度分布图上呈现出关于均值对称的分布形状；②信息对称性，即交易的双方所拥有的关于市场风险的信息是随机对等的，任何一方都不存在必然优势；③波动性，即市场风险的大小及其变动方向随着相关因素的变化而迅速变化，因此具有明显的时变性，在统计图上呈现出随时间无规则的波动形状。

（三）市场风险形成过程

1. 发生机理

能够引致市场风险的因素很多（见上一节关于风险成因的有关内容），但是其发生的根本机理主要有三个。一是当事人规避风险的行为。这是因为一旦人们观测到对市场有影响的因素，为了防御风险就会采取各种抵消、分散、规避风险的行动，这会打破原有的市场平衡，使市场风险得以形成。二是市场供求的调整。当市场受到某些因素冲击时，市场供求客观上也可能发生变化。例如，事故造成某类商品短缺，进而引起市场的一系列调整，使得市场风险成为现实。三是市场供求的修复。市场在价值规律等客观规律的作用下有自我平衡的功能，当平衡被暂时打破时，它会自行修复向平衡位置调整，但是这种调整往往会产生震荡，也使市场表现出风险。

2. 演化规律

市场风险的演化规律与信用风险的演化规律有很大不同。首先，市场风险一般没有显著的累积性和潜伏期，任何因素的扰动和冲击都会很快反映出来，这是因为风险因素一旦产生，知情者就会采取对冲、分散或规避等行动加以应对，这些行动会进一步被其他局中人观察到，于是很快整个市场都会做出反应。其次，市场风险具有显著的惯性，即市场上通常是大波动与小波动交替发生，而且大波动和小波动都有一段持续期，这一点很像自然界中普遍存在的惯性规律。尽管市场风险的惯性成因是由于价值规律和人们反应的盲目性共同作用而引起的，与物体惯性形成的机理根本不同，但表现上是类似的。

3. 影响与后果

市场风险的影响主要表现在三个方面：一是引起市场波动，这是因为市场风险使交易者做出逆向调整，使得供求关系发生变化，引起市场波动，通常表现在价格、利率、汇率上；二是降低成交量，市场风险的存在使市场形成反向调整的态势，即供求双方都会因为风险而采取减少交易量的做法，因为供求双方都想等待市场变得更有利于自己时再扩大交易量，致使市场成交量下降，但是与信用风险不同，市场风险一般不会影响交易气氛，人们对市场的信心不会受到显著影响，只是等待机会、推迟交易而已；三是妨碍长期供求平衡，这是因为市场风险会造成供求双方的等待心理，双方都会采取观望态度，这会沿着产业链向上游传递，引起投资决策推迟，导致长期供给能力不足或过剩，造成供求失衡。由于上述影响的存在，市场风险必然造成一个总的后果，即相关业务活动的波动，干扰企业的长期决策，增加企业的管理成本。

三、操作风险

（一）操作风险概述

1. 操作风险界说

一般来说，操作风险是指由不完善或有问题的内部程序、人员及系统或外部事件造成损失的可能性。尽管这一定义表面上简单明了，实际上却很容易引起错误的理解。首先，人们很容易把与业务或事项相关的各种安排都看作是内部程序，这是错误的，这里内部程序仅指为实现业务而设定的执行步骤和流程；其次，人们可能并不理解人员及系统到底包括哪些内容，实际上包括所有与业务或事项相关的人和机器系统；最后，有时人们并不能正确理解外部事件是什么含义，其实它是指外部那些直接干扰既定程序执行的事件，否则不在考虑范围之内。综上所述，操作风险的根本含义是，既定的执行步骤和流程本身设计上的缺陷，或者没有被正确执行，无论是人为的还是非人为的，造成损失的可能性。除此之外的风险不应该归入操作风险，因此要把策略风险、声誉风险和法律风险排除在操作风险之外。

2. 操作风险的表现形式

操作风险的具体表现形式很多，但是概括起来可以分为两大类：一类是内源性风险，另一类是外源性风险。内源性风险是指由内部因素引起的操作风险，又可以有以下表现形式：①内部人员违规操作，主要包括不遵守规程和恶意损害行为，如越权操作、隐瞒失误、欺诈、偷盗等；②设计缺陷，主要表现为程序和规则本身不科学而造成损失，包括程序失灵、流程不当、信息丢失、系统崩溃等。外源性风险是指由外部因素引致的操作风险，又可分为以下表现形式：①外部人员或机构过失影响，包括这些人员或机构的消极抵制、不作为、敷衍塞责、拒不合作等；②外部攻击，是指来自外部的蓄意损害，包括外部欺诈、偷盗、恐怖威胁等各种违法犯罪活动；③灾害性事件，是指各种自然的和社会的灾害性事件，其共同特征是非蓄意、非针对性，但是却对业务或目标产生伤害，包括天气灾害、地质灾害等对业务正常运营造成影响的各种自然事件，以及罢工、示威游行等社会事件；④其他不可抗力，主要指企业不可抗拒的政治、法律因素造成的操作故障或操作中断，如征用、拆迁、政策或法律修订而使得原定流程无法实行的情形。

（二）操作风险特征

1. 操作风险的经验特征

操作风险的经验特征是指在操作风险管理实践中，通过直接观察和分析，总结出来的操作风险主要特点。经验特征与借助抽象推理所提炼的特征有很大区别，它一般借助直觉便可感受得到，有助于加深对操作风险的认识和理解，提高对操作风险的防范意识。概括起来，操作风险有以下主要经验特征：①人为性，即操作风险总是与人的因素有关，即使表面上是由其他因素引起的，但还是与人的行为密切相关；②制度性，即操作风险发生与否与制度完善与否有直接关系，完善的制度对于防御操作风险起着关键作用；③多样性，因为整个系统的任何部位出现故障或差错都是被归于操作风险，所以操作风险本身的表现形式繁多庞杂，既包括各种物理性的设备、设施误差和故障，也包括各种人为性的规则、流程、行为的错误和疏漏；④内源性，即内部的因素起着决定性作用，一方面大部分成因来自于内部，另一方面，即使外部因素是直接起因，如果不借助内部因素，也不会造成最终的风险结果。

2. 操作风险的统计特征

操作风险的统计特征是通过对大量样本进行统计分析而得到的关于操作风险的总体印象。概括来看，其统计特征主要有四点：①广布性，即操作风险分布广泛，覆盖了系统的所有部位和环节；②全程性，即操作风险贯穿于系统运行的全过程，自始至终每一时刻都有可能发作；③信息不对称性，即操作风险的成因方与其承受方处于信息不对等的地位，前者掌握着全部信息，后者则几乎处于被蒙蔽状态；④非对冲性，由于操作风险通常都是对系统具有破坏性的力量，很少能够通过之间的相互抵消达到降低风险的目的。

（三）操作风险形成过程

1. 发生机理

能够引致操作风险的因素五花八门，但是其发生的根本机理主要有四个。一是当事人的行为失当。行为失当本身就是操作风险，大部分操作风险都与此有关，因此这是操作风险的主要发生机理。二是制度缺陷。制度缺陷给行为失当提供了更多的机会，而行为失当本身就是操作风险，因此制度缺陷加剧了操作风险。三是技术、流程缺陷。这两种缺陷有引发系统故障的潜在和长期作用，降低了系统自我平衡和抵御外来冲击的能力，当不利因素出现时很容易使系统陷入故障。四是设备设施缺陷。此类缺陷会直接导致设备设施故障甚至崩溃，进而引起整个系统瘫痪。

2. 演化规律

操作风险的演化规律与其他风险的演化规律不同。首先，时间是操作风险演化最重要的决定力量，这是因为无论是人还是设施设备，都具有随时间而懈怠和老化的性质，人的懈怠和设施设备的老化与时俱增，操作风险随之加大，因此，为了有效减少操作风险，需要对相关的人和设施设备采取合理的时间管理；其次，一般始于一个微小的漏洞或扰动，然后开始逐渐累积，这期间甚至可以处于完全的隐蔽状态，直到某一个临界点或激发因素出现，操作风险才突然暴露出来，往往猝不及防，因此只有采取经常性的检查，并配备必要的人力、物力、财力准备，才能有效减少操作风险爆发造成的损失。

3. 影响与后果

操作风险的影响主要表现在三个方面：一是引起系统故障、瘫痪或崩溃，以及设备设施的损毁、丢失，形成直接经济损失甚至人员伤亡，进而造成业务中断，恶化甚至摧毁企业的经营条件和经营能力，使企业陷入经营危机；二是直接造成财产损失或经营亏损，使企业蒙受财务压力，陷入债务危机甚至破产；三是导致人才流失，这是由于操作风险中有一类是直接指向人力资源的，涉及用人制度、人才流动制度等所有与人力资源管理相关的制度、流程直到具体经办人，当人力资源管理存在缺陷时，会伤害人才的利益，于是他们就会寻找机会流出，人才的流失会劣化企业的经营管理能力，对企业的长期发展十分不利。概括起来，操作风险突出后果是，直接损害业务经营的根本基础，极易引起企业倒闭。

四、其他风险类型

（一）流动性风险

1. 内涵及其特征

流动性风险通常有两层含义：一是融资流动性风险，即无力为负债的减少或资产的增加提供融资的可能性；二是市场流动性风险，即一笔交易的头寸相对于正常交易量而言很大，使这笔交易不能以当前的市场价格来完成，从而降低了资产的流动性。对于交通运输金融业务中的流动性风险，这两种内涵都存在。

流动性风险有以下主要特征：①与资产负债状况直接相关，这是因为资产负债状况决定支付能力和流动性压力；②与资产结构和资本结构有密切联系，这是因为资产结构和资本结构对变现能力和融资能力有一定影响；③受经营状况的显著影响，这是因为经营状况不良或恶化会降低支付能力、增加流动性压力；④受市场风险和信用风险的显著影响，这是因为市场风险往往造成利润下降或资产贬值，信用风险往往引起财产损失，这些都会降低支付能力、增加流动性压力。

2. 成因及其影响

流动性风险的主要成因是：①贷款风险，这是因为贷款一旦违约会造成损失，这会导致财产损失，降低支付能力、增加流动性压力；②负债风险，这是因为到期债务的偿还会增加流动性压力；③资产的流动性下降，这是因为资产变现的能力减弱会降低支付能力。

流动性风险的主要影响有：①增加违约风险，这是因为当流动性不足时会导致无力履行约定的义务；②增加破产风险，当流动性严重不足时会造成无力偿还到期债务；③降低利润、增加成本，为了应对流动性风险可能被迫低价出售资产或高成本融资；④损害声誉，流动性风险导致公众怀疑企业的经营能力和信誉。

（二）法律风险

1. 内涵及其特征

法律风险是指因业务活动或内容不满足法律要求而得不到法律的支持，或者由于外部法律事件的影响而发生损失的可能性。它主要有三方面的根本内涵：一是不满足法律规定的程序会造成法律风险，二是内容不符合法律要求会引起法律风险，三是外部法律事件造成损失的可能性属于法律风险。

法律风险的主要特征是：①法律相关性，即法律风险总是与法律联系在一起的；②不可对冲，即一般不能用一种法律风险对冲另一种法律风险；③不可转移，即不能通过合法的形式把法律风险转移出去；④协商性，即可以通过协商的办法改变或降低法律风险。

2. 成因及其影响

法律风险的主要成因来自三个方面：①法制环境方面的原因，包括法律体系本身是否完备、司法体制是否健全、公正、执法队伍是否负责等；②企业自身方面的原因，包括对法律缺乏了解、法务部门建设滞后、法律意识不够等；③外部法律事件冲击，即受到外部法律事件的牵连。

流动性风险的主要影响有：①影响业务的正常开展，这是因为在法律风险未解除前，开展业务可能加剧风险；②可能引起法律纠纷和诉讼，当法律风险发作时，如果双方不能协商解决，则通常会引起诉讼；③消耗精力，法律风险一旦发生，所消耗的精力远大于其本身的价值，这是因为法律诉讼涉及复杂的举证和审理过程。

第三节　交通运输金融业务的风险管理方法

一、风险管理概述

（一）风险管理的内涵

1. 什么是风险管理

所谓风险管理，是对风险进行预测、分析和防控的处置活动，按时间先后顺序依次分为如下主要阶段：①风险预测，即通过各种相关信息的搜集和分析，识别出可能存在的风险，为进一步采取应对措施提供标靶；②风险评估，即对预测到的风险进行定性和量化分析，衡量其发生的可能性大小、造成后果的严重程度和发生的时间和部位等，为实施管控提供科学依据；③制定管理措施，即根据风险预测和评估的结果，提出相应的管理策略、管理方法、管理技术、管理队伍、管理方案等，为实施具体管控行动提供指导和依据；④管理体制设定，即根据管理措施的要求，构建合理的组织架构、机制、制度和流程，为落实管理措施提供制度保障；⑤管理行动，即对风险采取具体管控行动，一般包括监督、检查、处置、汇报、总结、反馈等步骤，落实管理方案，履行管控职责。需要注意的是，上述阶段划分是就某一具体风险管控的时间顺序而言的，或者是对一个从无到有的管理体制的建立而言的。实际上，对于已经建立了风险管理体制的机构，风险管理是一个循环往复、周而复始的过程。

2. 交通运输金融业务风险管理的内容

交通运输金融业务属于金融业务的一个类型，其风险具有金融风险的性质，同时与交通运输风险有内在联系，因此其风险管理既要遵循金融风险管理的基本原则，又要重视交通运输风险的影响。具体地，交通运输金融的风险管理内容主要有以下几个方面：信用风险管理、市场风险管理、操作风险管理、流动性风险管理、法律风险管理。这五种风险是交通运输金融风险管理的重点内容，前文已经做了详细说明，这里不再重复。需要注意的是，在交通运输金融业务中，除了操作风险，每一种风险的管理都要额外考虑交通运输相关风险引发本业务风险的可能性，如交通事故造成当事人丧失偿债能力会导致信用风险，交通运输部门投资放缓可能引起利率下降而造成市场风险，交通运输企业业绩下滑有引起流动性风险的可能性，交通运输企业违规可能导致法律风险等。除了上述五方面风险管理外，还有声誉风险、决策风险等也需要考虑，但是这些风险的重要性相对较低，而且其中很多管理内容与前述五种风险管理内容类似，可以从中借鉴，这里不再一一展开论述。

（二）风险管理的步骤

1. 风险识别

风险识别是指把存在的风险揭示出来，其核心功能是为风险评估提供指向和标靶，主要工作包括信息的收集、整理、提纯，以及在此基础上进行风险分析、诊断、报告等基本内容。这些内容大体可以概括为两个中心目的：一是获取足够且可靠的信息，二是发现疑点、警示风险。一般来说，在风险识别阶段不要求做出精确的量化结论，而是要求迅速而准确地提供相关风险的情报和初步结论，进一步的量化分析在接下来风险评估阶段中进行。

实践中，风险识别的一个重要功用是风险预测，准确、及时的风险预测对于规避风险具有重要价值。为了使风险识别发挥应有的功能，一般需要注意以下事项：①时效性，即所提供的情报和结论要及时；②系统性，即所收集的信息要全面且主次分明；③主次性，即所报告的内容要有重点、分主次；④经济性，即要考虑投入产出关系，权衡成本与收益的关系，追求整体效益最大。

2. 风险计量与评估

风险计量与评估是指对可能存在的风险（主要是由风险识别得到）进行量化分析并做出最终结论（包括定性结论和定量评价），其核心目的是为风险管理提供指引和依据，主要工作包括对风险的存在性做出诊断、对风险的成因及其机理做出分析、对风险的程度做出计算、对风险的发展态势做出描述。风险计量与评估的基本步骤如下：①系统整理相关资料和信息，一般是在风险识别基础上补充更详尽的资料和信息；②诊断风险的存在性，通常结合数据分析和经验判断对风险的存在性进行排查和筛查；③分析风险源和风险的成因和机理，往往需要结合风险理论和实际情况进行分析和判断；④计算风险的程度，一般需要在已有理论和经验基础上选择或构建适用的指标和模型，而后进行计算；⑤描述风险发展的状态和趋势，即通过对上述工作的综合分析和研究，得出关于风险的状态和趋势的总结论，为管理决策提供依据。

3. 管理策略与措施选择

管理策略与措施选择是指根据理论和经验的依据确定风险管理的目标、路线、方法、队伍等事项，并形成实施方案的过程，其核心功能是为管理工作的落实制定行动目标和方案。具体地，管理策略和措施选择包括以下环节：

①管理目标的设定，即决定风险管理的水平和风险控制的程度；②管理路线的选择，即确定采取什么样的行动路线来实现既定的目标；③选择管理方法，即确定落实行动路线的技术、手段和措施；④物色管理队伍，即初步形成管理团队的人选、结构、分工等的意见；⑤形成综合方案，即确定管理工作的完整计划。

4. 管理体制建设

管理体制建设是指根据管理实际的需要，构建负责风险管理的组织体系、运行机制及其工作程序，其核心功能是为风险管理提供组织上的保证。管理体制建设的主要内容包括：①组织架构设计，主要是根据管理目标和任务的要求，设计合理的组织层级和构成单元；②运行机制设计，以管理目标和任务为指针，设计组织内各层级、各单元之间的相互关系；③确定工作程序，主要分为两类工作程序，一类是常规程序，指一般情况下的理性工作原则和流程；另一类是特别程序，指特殊情况下，尤其是紧急情况下的处置原则和流程。

5. 执行与监督

这里执行是指承担风险管理任务的一线工作人员对任务的落实，它是风险管理工作的末端，直接与风险部位相衔接，风险管理的行动由此具体实施。这一环节对风险管理的效果起着直接的作用，因此实践中把执行落实到位是提高管理质量的关键。

监督是指对风险管理工作的执行情况进行检查和督促，其目的是防止各级部门和工作人员的疏忽、懈怠，发现问题，以便即使补救和纠正。

6. 评价与反馈

评价与反馈是指对风险管理的效果、存在的问题提出意见和建议，其目的是防止出现管理漏洞、及时发现问题，为管理工作的改善提供参考。评价与反馈的基本内容有：管理体制是否合理，管理措施是否得当，管理团队是否敬业，管理理念、理论和技术等是否适用、先进，管理效果是否理想，管理目标和范围是否需要调整等。

二、交通运输金融业务的信用风险管理

（一）风险识别

1. 风险识别的内涵

交通运输金融业务的信用风险识别是指对业务是否面临信用风险进行初步分析和评价，并就是否存在信用风险给出基本结论。信用风险识别的主要

目的是对客户（包括潜在客户）或对象的信用状况做出调查和分析，进而对其信用做出初步分级，以确定是否可以接受其为客户，以及授信的程度。同时，信用风险识别也为进一步评估提供一定参考。

2. 风险识别方法

在交通运输金融业务中，信用风险的识别方法与一般金融业务不存在根本差异，但是需要注意两个方面：一方面要遵循金融业务的规律去筛查风险，另一方面要注意交通运输金融的特点——与交通运输不可割裂的紧密联系。具体方法有：①基本状况分析，即调查分析客户或对象的性质、信誉和基本经营状况等；②财务分析，即对财务状况进行调查和分析；③运营情况的全面分析，即从公司治理到具体产品、业务的分类详细分析；④担保状况分析，即分析担保的类型、可靠性、价值等；⑤关联性分析，即分析客户与其他机构的经济关系和社会关系，考察其受外部影响的程度。

3. 风险识别内容

在交通运输金融业务中，信用风险识别的根本内容是形成对客户或对象的信用状况的综合判断及其基本依据。具体地，风险识别有以下主要内容：①对客户或对象的品质做出基本判断，一般可分为可信、基本可信和不可信三档；②对客户或对象的能力做出基本判断，一般可分为强、中、弱三档；③对客户或对象的财力做出基本判断，主要是资本规模，一般可分为大、中、小三档；④对客户或对象的担保状况做出基本判断，一般可分为充分、一般、不充分三档；⑤对客户或对象的外部环境做出基本判断，一般可分为好、一般、差三档；⑥对客户或对象的可持续性做出基本判断，一般分为可持续、基本可持续、不可持续三档。在每一档内还可以根据需要细化。

（二）风险计量与评估

1. 风险计量与评估的内涵

在交通运输金融业务中，信用风险计量与评估有三方面的内涵：一是信用评级，二是信用风险测算，三是信用损失估计。信用评级就是对客户或对象的信用水平打分并分级，一般分为三档九级，从高到低依次分为高、中、低三档，常用英文字母 A、B、C 来表示，每一档又分为上、中、下三级。信用风险测算是指测算发生违约的可能性，一般通过计算违约概率得到。信用损失估计是指估计信用风险可能引起的损失大小，主要有预期损失和在险值（VaR）两个指标。

2. 风险计量与评估方法

在交通运输金融业务中，信用风险计量与评估方法主要有三类：一是直观打分法，二是模型法，三是 VaR 计算法。直观打分法就是按照一定的指标体系，针对每个指标直接打分，然后根据指标体系的设定计算总分，最后根据得分情况进行评价和评级，流行的各种专家评价法就属于此类。模型法是根据一定的理论或经验先构造出可用的模型，然后输入数据进行运算并获得计算结果，最后根据结果进行评价和评级，著名的 KMV 模型、Credit metrics 模型等都属于此类。VaR 计算法是根据 VaR 的基本原理计算信用风险引起的 VaR，以此判断在给定置信水平上的信用风险可能造成的损失程度。

（三）管理策略与措施

1. 管理策略

交通运输金融业务中的信用风险管理策略主要有三类：规避、留存和转移。规避就是摆脱风险，直接把风险客户过滤掉。留存就是把风险性客户保留下来，承担由此可能造成的风险。转移是指把存在信用风险的业务或客户转移出去。在实际中，这三种策略可以同时使用，构建最优的策略组合，使得风险管理的目标更容易实现、成本降低、效益和效率提高。

2. 管理措施

交通运输金融业务中的信用风险管理措施主要有五类：信用筛选、信用配给、激励、转嫁、拨备。信用筛选就是跟信用风险识别和评价的结果，对那些信用达不到要求的客户予以排除，实现风险规避的策略。信用配给是对一些存在信用风险的客户进行额度限制，满足风险留存的策略。激励是指采取能促使客户履约的做法来降低风险和损失的措施，包括抵押、担保、限制性条款等。转嫁是把风险转移出去的措施，包括出售、重组、证券化、开发衍生品等。拨备是指为可能发生的信用损失预留资金，一旦损失发生，用预留资金弥补。

（四）管理体制

1. 管理程序

管理程序是管理体制的重要组成部分，它规定风险管理各项任务的先后顺序。交通运输金融业务中的信用风险管理程序分为三个部分：一是信用风险控制目标、原则、计划、方案的制定，这主要由决策层制定，并监督、检查执行情况；二是信用风险管理任务的分解和人力、物力、财力配备，主要由指挥层部署，并向决策层汇报；三是具体任务的执行，主要由承担任务的具体人员实施，这些人员构成实施层，接受决策层和指挥层的监督和检查，并向指挥层汇报。

2. 管理机构

信用风险是交通运输金融业务面临的头等风险，一般应建立专门的机构对其进行全程且全面的管理，最基本的组织架构应该包括决策机构、指挥机构和实施机构。决策机构应该由最高决策人牵头，由若干专家组成。指挥机构应该由首席行政领导牵头，由各职能部门负责人组成。实施机构应该独立组建，但其成员应该是信用风险相关环节或部位的工作人员。

3. 管理机制

管理机制是指组织体系内各部分之间如何运转与协调。交通运输金融业务的信用风险管理机构有决策、指挥和实施三类机构。首先，三者之间依次是领导与被领导的关系，即决策机构领导指挥机构，指挥机构对决策机构负责并向其汇报；指挥机构领导实施机构，实施机构对指挥机构负责并向其汇报。其次，决策机构负总责，并承担决策责任；指挥机构负领导责任；实施机构负落实责任，一旦出现信用风险事故或问题，依其权责予以追究。

（五）执行与监督

1. 情况汇报

情况汇报是执行与监督过程中一个重要机制，是指下级机构或责任者向上级机构或领导汇报有关信用风险工作的情况或问题。在交通运输金融业务信用风险管理中，情况汇报是一种长效机制，应该制度化、规范化和日常化。应该重点关注以下方面：风险的总体态势、突出的问题及其成因、主要风险源、信用在险值、对策建议。

2. 定期考核

定期考核是执行与监督过程中的一个常规机制，是指按照指定的时间对相关责任人进行检查与评价。在交通运输金融业务信用风险管理中，定期考核的重点应该放在以下几个方面：责任人是否履行了其职责，履行的程度如何；责任人需要改进的问题，改进的路线和期限；制度设计存在哪些缺陷，如何改进；当前的主要信用风险及其成因。

3. 现场检查

现场检查是执行与监督过程中的一个非常设机制，一般安排在与重要事件或情况相关的时间节点，主要是指责任者对现场查看、调查、取样等活动。在交通运输金融业务信用风险管理中，现场检查的重点应该放在以下两个方面：①现场的基本状况，包括设施设备的基本情况、人员的工作状态和心理状况等；②存在的主要隐患或疑点，尤其是找出薄弱环节。

（六）评价与反馈

1. 评价

信用风险管理中的评价是指对管理过程及其效果的评价，它是风险管理的重要环节。在交通运输金融业务信用风险管理中，评价的重点应该放在以下几个方面：组织架构和运行机制是否适应管理工作的实际需要，是否需要调整；决策是否科学合理，需要做哪些改进；指挥是否得力，如何改进；落实是否到位，怎样提高工作效率。

2. 反馈

反馈是执行与监督过程中的一个常规机制，是指风险管理对象向决策层反映切身感受或提出要求的行为。反馈机制对于沟通监管方和被监管方之间的信息十分重要。在交通运输金融业务信用风险管理中，反馈的重点应该放在以下两个方面：保证反馈渠道的畅通，并应采取各种措施激励大家反馈；对反馈意见及时且切实处理。

三、交通运输金融业务的市场风险管理

（一）风险识别

1. 风险识别的内涵

交通运输金融业务的市场风险识别，是指对业务是否面临市场风险进行初步的分析和评价，并就是否存在市场风险给出基本的结论。市场风险识别的主要目的是对市场因素及市场状况做出调查和分析，进而对市场可能发生的风险做出初步判断，以确定主要风险源及其可能产生的影响等。同时，市场风险识别也为进一步市场风险评估提供一定参考。

2. 风险识别方法

从方法论上讲，交通运输金融业务中市场风险的识别方法与在一般金融业务中不存在根本差异，但是需要注意是，前者的市场风险与交通运输有着更为紧密的联系。具体的识别方法主要有：①利率分析，即分析市场利率在近期或目标时间段是否会发生变动及其主要原因；②汇率分析，即分析汇率在近期或目标时间段是否会发生变动及其主要原因；③市场价格分析，即分析市场价格在近期或目标时间段是否会发生变动及其主要原因，包括一般商品（包括服务）价格和金融品价格，尤其应关注与交通运输有关的商品和金融品的价格。

3. 风险识别内容

在交通运输金融业务中，市场风险识别的根本内容是对市场风险的基本类型及其成因做出初步判断。具体地，市场风险识别有以下主要内容：①分析是否存在利率风险，以及风险的成因；②分析是否存在汇率风险，以及风险的成因；③分析是否存在价格风险，以及风险的成因，特别要分析交通运

输相关价格风险；④分析是否存在其他市场风险，以及风险的成因。

（二）风险计量与评估

1. 风险计量与评估的内涵

在交通运输金融业务中，市场风险计量与评估有两方面的基本内涵：一是衡量市场本身的波动，二是衡量目标资产价值本身的波动，核心是衡量资产价值本身的波动。在此基础上，一般要对市场波动与资产价值波动之间的关系做出度量，即敏感性度量，以此为防范市场风险提供指引。必要时还应对某些假想情况做出测算，以防止意外危机。压力测试、情境分析就属此类。

2. 风险计量与评估方法

在交通运输金融业务中，市场风险计量与评估方法主要有三类：价值分析法、敏感性分析法和在险值分析法。价值分析就是对相关资产的价值做出计算，包括名义价值、市场价值、公允价值和收益率等。敏感性分析就是分析相关资产受特定风险因素的影响程度，包括希腊字母体系、贝塔值、缺口分析、久期分析等。在险值分析就是计算相关资产在市场风险作用下的VaR 值。

（三）管理策略与措施

1. 管理策略

交通运输金融业务中的市场风险管理策略主要有三类：控制、对冲和防御。控制是指对风险资产或业务采取数量上的管理，根据需要增加或减少；对冲是指利用相反的力量把风险抵消掉；防御是指为存在市场风险的业务或资产准备专门的资金，在风险造成实际损失时用来应对可能出现的资金困难，防止发生进一步的危害。在实际中，这三种策略可以同时使用，构建最优的策略组合，使得市场风险管理的目标更容易实现、成本降低、效益和效率提高。

2. 管理措施

交通运输金融业务中的市场风险管理措施主要有五类：限额管理、资产组合、缺口管理、久期管理、经济资本管理。限额管理是对与风险相关的指标做出数量限制，常用的策略有交易限额、风险限额、止损限额等。资产组合就是利用资产之间对于风险的相反变动趋势，合理组织匹配资产，达到保值的措施。缺口管理主要是调整资产和负债的结构降低市场风险的负面影响。久期管理是调整久期缺口以应对市场风险（主要是利率风险）的策略。经济资本管理是指为可能造成的损失预先准备资金，以抵御损失一旦发生的负面影响。

（四）管理体制

1. 管理程序

交通运输金融业务中的市场风险管理程序分为三个部分：一是市场风险控制目标、原则、计划、方案的制定，这主要由决策层制定，并监督、检查执行情况；二是市场风险管理任务的分解和人力、物力、财力配备，主要由指挥层部署，并向决策层汇报；三是具体任务的执行，主要由承担任务的具体人员实施。

2. 管理机构

市场风险是交通运输金融业务面临的日常风险，金融业务部门的主要工作内容就是分析和管理市场风险，因此企业本身就是一个市场风险管理体系。但是需要注意的是，一般行政人员和办事人员不具备对市场风险科学管控的能力，应该为企业决策层和管理层分别配备专门的咨询机构，为科学决策和管理提供智力支持。

3. 管理机制

交通运输金融业务的市场风险管理机构有决策、指挥和实施三个层次，这与信用风险管理机制类似，因此三个层次之间的关系再重复。但是市场风险管理机制有其特殊之处：首先，市场风险管理对决策的依赖性更大，因此决策层及其智囊机构承担更大的责任，这一层应该加强；其次，实施层发挥主动性的空间很小，因此应当适当简化。

（五）执行与监督

1. 情况汇报

大体上，交通运输金融业务市场风险管理中的情况汇报与信用风险类似。需要指出的是，市场风险管理中情况汇报有其特殊之处：首先，汇报的人员有所侧重，重点应该是对市场熟悉的专业人员；其次，汇报的形式应强调分析性和专业性；最后，需要注意市场数据的更新，防止以过时的信息为根据，造成错误判断。

2. 定期考核

在交通运输金融业务市场风险管理中，定期考核的重点应该放在以下几个方面：对市场风险的管控目标、基本策略是否合理；对市场风险的预测与跟踪分析是否准确；对市场风险的应对是否及时有效；市场风险的管理体制是否科学。

3. 现场检查

在交通运输金融业务市场风险管理中，现场检查的重点应该放在以下两个方面：对市场风险管理原则和制度等的熟悉程度；对市场风险管理的规范和纪律落实的情况。

（六）评价与反馈

1. 评价

在交通运输金融业务市场风险管理中，评价的重点应该放在以下几个方面：对市场风险应对是否及时；对市场风险的分析及应对措施是否正确和得当；专业队伍是否需要调整。

2. 反馈

在交通运输金融业务市场风险管理中，重点应该放在以下两个方面：鼓励反馈基层员工对市场风险管理制度与规范的态度与行为；鼓励反馈基层员工的看法、意见和建议。

四、交通运输金融业务的操作风险管理

（一）风险识别

1. 风险识别的内涵

交通运输金融业务的操作风险识别是指对业务是否面临操作风险进行初步的分析和评价，并指出操作风险存在的主要部位和形式。操作风险识别的主要目的是对系统内外部存在的可能引起系统失灵或崩溃的因素进行分析，进而找出关键部位，为进一步评估提供基础性参考。交通运输金融业务的操作风险基本从属于金融风险，与交通运输本身不存在必然联系。

2. 风险识别方法

交通运输金融业务中操作风险的识别方法与一般金融业务中操作风险的识别方法基本是相同的，与交通运输不存在格外联系，因而呈现出更为一般的金融性。具体识别方法主要有：①自我评估法，即从自身的角度对潜在的操作风险及其成因做出识别；②流程分析法，即通过对业务流程的梳理，来发现或推断潜在的操作风险及其成因；③因果分析法，即根据历史数据和事件，演绎和归纳操作风险发生的因果关系，由此识别潜在的操作风险及其成因。

3. 风险识别内容

在交通运输金融业务中，操作风险识别的根本内容是对风险存在的部位及其成因做出初步判断。具体地，操作风险识别有以下主要内容：①人为操作风险的识别，包括欺诈、违规、疏忽、偷盗、破坏等；②自然因素操作风险识别，包括老化、恶劣天气、地质灾害、环境污染等；③技术因素操作风险识别，包括设备设施的安全性、稳定性、可靠性、兼容性等；④流程操作

风险识别，包括信息流失、组织脱节、责任主体缺位、功能不全、运转失灵等；⑤事件性操作风险，包括政治事件、社会事件、经济事件和法律事件等。

（二）风险计量与评估

1. 风险计量与评估的内涵

在交通运输金融业务中，操作风险计量与评估有三方面的内涵：一是计算操作风险的监管成本；二是计算操作风险损失；三是估算操作风险发生概率。操作风险的监管成本是指为预防操作风险可能造成的负面影响，需要预备的资金量；操作风险损失是指操作风险可能造成的预期损失和非预期损失；操作风险发生概率是指操作风险事件发生的概率，它是计算其他指标的重要参量。

2. 风险计量与评估方法

前文已指出，交通运输金融业务中操作风险基本上表现为金融业务风险，因此其识别方法与一般金融业务相同，总体上分为内部和外部评价两种情形。其中，内部评价方法没有固定的模型，以满足自身需要为准；外部评价有基本模型参照。内部评价方法概括起来，就是对识别出来的风险估计其发生的概率和预期损失。外部评价主要有以下方法：①基本指标法，以某一指标作为衡量操作风险的尺度，并进而计算操作风险监管资本配置的额度；②标准法，即根据业务的性质进行分类，然后对不同类别赋予不同的监管资本权重，最后加权求和，得到总监管资本额度；③内在度量法，即对业务同时标定经营类型和风险类型两种属性，构建经营–风险组对，然后计算每个组对的预期损失，再通过加权求和方法计算总监管资本额度；④损失分布法，即对经营–风险组对选择具体的概率分布形式，以此为基础计算每个组对的损失分布，进而计算每个组对的操作风险 VaR 值，最后加权求和得到总 VaR 值。

（三）管理策略与措施

1. 管理策略

交通运输金融业务中的操作风险管理策略主要有三类：外化、加固、监控。外化是把操作风险本身或其所造成的损失转移到外部的策略，主要通过保险、外包等具体措施加以落实。加固是指对操作风险易发或关键部位设法强化或增设备用方案等的策略，主要通过增加备用人手、设备、资金等来实现。监控是对操作风险的部位设置监控设施、机构、程序等以及时发现隐患，主要通过建立监控体系、行动和设施来实现。在实际中，这三种策略可以同时使用，构建最优的策略组合，使操作风险管理的目标更容易实现、成本降低、效益和效率提高。

2. 管理措施

交通运输金融业务中的操作风险管理措施主要有四类：保险、外包、备份，以及完善监测体系、制度和机制。保险是指对操作风险购买相应保单的做法，商业保险中有很多针对操作风险的保单可以购买。外包是指把带有操作风险的业务委托给其他机构经营，从而把操作风险一并转出。备份是指增设备用人员、机构、资金、设备等办法，使风险一旦发作时仍然能保持业务正常运营。完善监测体系、制度和机制是指增强监测能力、提高监测效果和扩大监测范围的各种做法。

（四）管理体制

1. 管理程序

交通运输金融业务中的操作风险管理程序一般分为三个步骤：首先，制定对操作风险的管理制度，明确责任和权利等重要事项；其次，公布管理制度并采取必要措施，确保每一个员工都充分知晓操作风险的相关规定，尤其是涉及其自身岗位的规定；最后，定期和不定期的检查和抽查，以便及时发现问题，及时修补、完善原有的程序。

2. 管理机构

操作风险是交通运输金融业务面临的日常风险，并具有风险点分散、多发、突发性大等特点，因此不易集中管理，管理机构的设置必须考虑这一点。一般可以设立专门的制度建设委员会、监督核查机构和支援组织。制度建设委员会负责制度的起草和修订等工作，主要由经验丰富的专家组成；监督核查机构负责监测和检查工作，主要由熟练的专业人员组成；支援组织负责事故抢险、支援工作，主要由经过专业培训的员工组成。

3. 管理机制

制度建设委员会在董事会的直接领导下运行，对制度的有效性、可靠性、易操作性和及时性负责；监督核查机构接受制度建设委员会的业务指导，但直接向董事会汇报；支援组织由董事会直接领导，并向董事会汇报。

（五）执行与监督

1. 情况汇报

从做法上看，交通运输金融业务操作风险管理中的情况汇报与信用风险、市场风险类似，请参看前文相应论述。需要指出的是，操作风险管理中情况汇报有其特殊之处：首先，汇报的人员有所侧重，重点应该是监督核查机构以机构的名义实施；其次，汇报的形式应强调分析性、专业性和示范性。

2. 定期考核

在交通运输金融业务操作风险管理中，定期考核的重点应该放在以下几个方面：制度建设是否到位；监督核查是否得力；支援工作是否及时、有效。

3. 现场检查

在交通运输金融业务操作风险管理中，现场检查的重点应该放在以下两个方面：员工对操作风险管理原则和制度等的遵守落实状况；监督核查机构对操作风险管理的规范和纪律落实的情况。

（六）评价与反馈

1. 评价

在交通运输金融业务操作风险管理中，评价的重点应该放在以下几个方面：对操作风险的管控是否周密而易于执行；对操作风险的监督核查是否规范、认真；支援工作是否及时、对症。

2. 反馈

在交通运输金融业务操作风险管理中，重点应该放在以下两个方面：鼓励反馈基层员工对操作风险管理制度与规范的态度与落实情况；鼓励反馈基层员工的看法、意见和建议。

五、交通运输金融业务的其他风险管理

（一）风险识别

1. 流动性风险的识别

交通运输金融业务中流动性风险的识别方法与一般金融业务中流动性风险识别有较显著不同。它与交通运输存在紧密联系，因而呈现出更突出的特征。要识别的具体风险主要有：①资金流动性风险，即从资金流动的角度对潜在的流动性风险及其成因做出识别；②资产流动性风险，即对非货币资产存在的流动性风险及其成因做出识别，此类风险对于交通运输金融业务尤其应引起重视；③结构性流动风险，即从企业经营和财务状况对潜在的流动性风险及其成因做出识别。

2. 法律风险的识别

交通运输金融业务中法律风险的识别方法与一般金融业务中法律风险识别有较显著不同。它与交通运输存在紧密联系，因而呈现出更突出的特征。要识别的具体风险主要有：①投资法律风险，即从投资的角度对潜在的法律风险及其成因做出识别；②融资法律风险，即融资的角度对潜在的法律风险

及其成因做出识别；③资本运营法律风险，即从兼并、收购的角度对潜在的法律风险及其成因做出识别。

（二）风险计量与评估

1. 流动性风险的计量与评估

交通运输金融业务中流动性风险计量与评估的基本含义是，衡量该业务是否面临交易或周转方面的风险。具体的度量方法主要有：①流动性比率计算，即计算相关企业的支付能力，包括偿债能力、现金流量能力、营利能力等；②现金流量缺口计算，即对企业某一时期所需要的现金与其所能获得的现金做出计算，二者的差额就是缺口；③金融资产流动性计算，即对企业所拥有的各种金融资产的可交易性做出衡量，包括交易的可实现性、交易价格等；④流动性压力测试，即计算企业承受特定流动性压力的能力；⑤流动性久期分析，即计算利率变化对流动性的影响。

2. 法律风险的计量与评估

交通运输金融业务中法律风险计量与评估的基本含义是，评估该业务是否面临法律规定或法律事件等方面的风险。具体的评估方法主要有：①程序合法性评估，即评估相关业务或事项在流程上是否具有法律效力及其原因等；②内容合法性评估，即评估相关条文、协议或合同所表达的权利、义务等约定是否具有法律效力及其原因等；③外部法律事件风险评估，即评估外部法律事件对本业务的法律影响及其原因等。

（三）管理策略与措施

1. 流动性风险管理策略与措施

交通运输金融业务中的流动性风险管理策略主要有三类：预防、干预、危机处理。预防是指把流动性风险事先予以规避或处置的策略，主要措施有风险预警和风险监测等。干预是指通过采取适当调整或处置降低流动性风险发生概率及其预期损失的策略，主要措施包括调整运营方式、调整资产结构、调整资本结构、处置不良资产等。危机处理是指有效应对流动性风险发作的策略，主要措施有管理体制应对措施、内部财务应对措施、外部渠道应对措施等。

2. 法律风险管理策略与措施

交通运输金融业务中的法律风险管理策略主要有三类：预防、应对、补救。预防是指对潜在的法律风险事先予以排除或降低的策略，主要通过咨询、公证等具体措施加以落实。应对是指法律风险发作时积极寻求法律保护的策略，主要措施是收集保留证据、了解司法程序、聘请高素质律师和专家、争取多方力量等。补救是指防备败诉带来的负面影响的策略，主要措施包括声誉维护措施、财务救助措施、维持正常运营秩序的措施。

（四）管理体制

1. 流动性风险管理体制

流动性风险是交通运输金融业务面临的常规风险，主要反映在资产负债上，管理体制的建立必须考虑这一点。一般可以设立专门的流动性管理委员会加强对流动性风险的监督检查和危机处理，其成员应由财务部门负责人和相关专业人士组成，并由高层领导牵头。同时，财务部门负有重要责任，应该与管理委员密切配合。

2. 法律风险管理体制

法律风险是交通运输金融业务面临的经常性风险，主要集中在合同、约定和协议上，一般可以设立专门的法务部门加以防范和管理。法务部门应该被赋予事先咨询、法律文件审查、法律事件处理等职能。法务部门的组成人员应以相关法律专家和律师为主，并应设立一名总法律顾问。

（五）执行与监督

1. 流动性风险管理的执行与监督

在交通运输金融业务流动性风险管理中，执行与监督需要注意以下事项：防止对标准和规范的掉以轻心，这往往是导致流动性风险发作的重大隐患；防止组织上、制度上和规范上的漏洞，这是导致流动性风险发作的系统性隐患。

2. 法律风险管理的执行与监督

在交通运输金融业务法律风险管理中，执行与监督需要注意以下事项：防止对法律、法规的厌烦或存有侥幸心理，这往往是导致法律风险发作的根源；防止逃避法务部门正常监督的行为，这是导致法律风险发作的系统性隐患。

（六）评价与反馈

1. 流动性风险的评价与反馈

在交通运输金融业务流动性风险管理中，评价与反馈的重点应该放在以下两个方面：对流动性风险的管控指标是否合理而易于执行；资产负债及主要财务指标是否控制在合理的范围之内。

2. 法律风险的评价与反馈

在交通运输金融业务法律风险管理中，评价与反馈的重点应该放在以下几个方面：法务部门是否履行了其应该承担的职责；是否存在未按规定接受

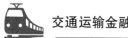

法务部门监督的行为；法务部门的能力是否达到了预期要求。

本章主要参考资料

[1] 张俊民，韩传模，丁月卉．加强会计监管、防范金融风险、保障资本市场发展［J］．经济研究，2012（7）：153－156.

[2] 陶玲，朱迎．系统性金融风险的监测和度量——基于中国金融体系的研究［J］．金融研究，2016（6）：18－36.

[3] 李丽红．中国能源金融市场风险预警——基于 PCA & ARMA 模型的研究［J］．经济问题，2015（2）：52－57.

[4] 王国刚．新常态下的金融风险防范机制［J］．新常态下的金融风险防范机制，2015（2）：16－22.

[5] 鲍群．金融危机、财务柔性与企业投融资行为——《财务柔性与企业投融资行为》评介［J］．江西财经大学学报，2017（3）：131－132.

[6] 王勇，冯立．多案例背景下的区域性科技金融平台运作研究［J］．科技管理研究，2016（8）：26－31，36.

[7] 杨秀云，蒋园园，段珍珍．KMV 模型在我国商业银行信用风险管理中的适用性分析及实证检验［J］．财经理论与实践，2016（1）：34－40.

[8] 庞晓波，李丹．中国金融市场发展与政府债务风险——兼论财政政策联动性［J］．财经研究，2017（3）：57－68，80.

[9] 皮天雷，杨丽弘．商业银行的操作风险、声誉效应与市场反应［J］．国际金融研究，2015（2）：77－87.

[10] 李芒环．金融风险管理方法 VaR、ES 和 ESn 的比较［J］．统计与决策，2015（8）：84－86.

[11] 曲丽丽，韩雪．"一带一路"建设中金融风险识别及监管研究［J］．学习与探索，2016（8）：132－136.

[12] 薛文博．我国金融市场流动性特征研究［J］．经济纵横，2015（6）：55－58.

[13] 潘再见，陈振．商业银行操作风险管理：亚太经验及其对中国的启示［J］．国际金融研究，2010（4）：66－73.

[14] 陈颖，纪晓峰．流动性风险管理新工具的背景与影响：基于危机视角的考察［J］．国际金融研究，2013（9）：89－96.

第五章

交通运输金融的监管与规制

第一节　资质要求

一、交通运输金融业务资质要求概述

（一）资质要求的一般原则

1. 安全性原则

安全是开展金融活动的前提要求。对于交通运输金融业务而言，安全性主要有三方面的含义：一是资产质量，二是营利能力，三是信用状况。资产质量是指资产保值、增值和流动的能力，具体表现为变现质量、被利用质量、与其他资产组合增值的质量，以及为企业发展目标做出贡献的质量等方面。企业资产质量越高其安全性越高。营利能力是指企业获取净利润的能力，通常表现为一定时期内企业利润的多少及其水平的高低，反映营利能力的综合指标主要包括营业利润率、成本费用利润率、总资产报酬率、净资产收益率、资本收益率和权益报酬率等。企业营利能力越强其安全性越高。信用状况是指企业履约能力及其历史记录，主要表现形式有资金信用、资产信用、事务信用等。企业信用状况越好其安全性越高。

2. 公平性原则

尽管关于公平的争论很多，但大家的共识是，如果不能提供起码的公平感，经济就无法正常运行，更无从发展，因此，公平是现代市场经济存续和发展的基础。一般来说，维持公平的基本手段是一系列制度、法律、法规、政策和规范等。交通运输金融监管中的资质要求就是一种规范，它的公平性集中体现在对所有企业一视同仁，不能偏向。具体表现就是同质同规的原则。监管中遵守公平性原则，不仅是监管制度的要求，更是做好监管工作、维护市场秩序与声誉、促进社会和谐的根本。

3. 统筹性原则

这里统筹是指从全局最优的角度考虑如何平衡各方面利益关系的做法。对于交通运输金融的监管，统筹性原则体现在如何充分发挥最大范围内的资源优势，为交通运输发展提供优质、高效的金融支持与服务，同时为广大投资者提供安全、稳定、高质量的回报。统筹性的具体原则有局部服从全局原则、暂时服从长远原则、个别服从整体原则。

（二）资质要求的种类

1. 经营范围类资质要求

交通运输金融属于金融行业，不同资质的企业其经营范围有很大的不同，这是因为金融行业是一个高风险、影响广的行业。在交通运输金融的开办和运营中，不同的经营范围对应着不同的资质要求。具体的经营范围有以下几类：①存贷款类业务，其资质一般与商业银行的资质要求相当；②投资银行业务，其资质一般与证券公司的资质要求相当；③理财业务，其资质一般与金融公司的资质要求相当；④保险业务，其资质一般与保险公司的资质要求相当；⑤信托、租赁业务，其资质要一般与普通信托公司资质要求相当；⑥资本运营业务，其资质要求一般与其业务所涉及的规模有关。

2. 财务类资质要求

财务类资质是指经营交通运输金融业务需要达到的财务方面的要求，主要有资本规模、资产规模、资产负债率、资产利润率、利润总额、流动比率、速度比率等，以此判断企业的经营状况能否达到一定的安全性、流动性和营利性。各类经营范围的基本财务资质要求如下。

1）银行牌照。设立商业银行的注册资本最低限额应当符合《中华人民共和国商业银行法》的相关规定，设立全国性商业银行的注册资本最低限额为10亿元人民币，设立城市商业银行的注册资本最低限额为1亿元人民币，设立农村商业银行的注册资本最低限额为5000万元人民币，其中注册资本应当是实缴资本。

2）信托牌照。设立信托公司，应当经中国银行业监督管理委员会批准，并领取金融许可证。信托公司注册资本最低限额为3亿元人民币或等值的可自由兑换货币，注册资本为实缴货币资本。申请经营企业年金基金、证券承销、资产证券化等业务，应当符合相关法律法规规定的最低注册资本要求。

3）金融租赁牌照。设立金融租赁公司，应由主要出资人作为申请人向中国银行业监督管理委员会提出申请，注册资本为一次性实缴货币资本，最低限额为1亿元人民币或等值的可自由兑换货币。

4）货币经纪牌照。筹建货币经纪公司，应由投资比例最大的出资人作为申请人向拟设地银监局提交申请，由银监局受理并初步审查、银监会审查并决定。注册资本为一次性实缴货币资本，最低限额为2000万元人民币或者等值的可自由兑换货币。

5）基金销售牌照。从事基金销售业务的，应向工商注册登记所在地的中国证监会派出机构进行注册并取得相应资格。此外，从事基金销售支付结算业务的支付机构除应当具备上述规定的条件外，还应当取得中国人民银行颁发的《支付业务许可证》，且公司基金销售支付结算业务账户应当与公司其他业务账户有效隔离。

6）贷款公司牌照。贷款公司的筹建申请，由银监分局或所在城市银监局受理，银监局审查并决定。贷款公司的开业申请，由银监分局或所在城市银监局受理、审查并决定。注册资本不低于 50 万元人民币，为实收货币资本，由投资人一次足额缴纳。

7）第三方支付牌照。提供支付服务，应当依据相关规定取得《支付业务许可证》，成为支付机构。中国人民银行负责《支付业务许可证》的颁发和管理。在全国范围内开展支付服务的企业，注册资本最低为 1 亿元人民币；拟在省级范围内从事支付业务的，注册资本最低要求为 3000 万元人民币。

8）保险牌照。保险公司注册资本的最低限额为人民币 2 亿元。保险公司的注册资本必须为实缴货币资本。

3. 其他类资质要求

除了上述专业性资质要求外，还有一些属于常识性或常规的资质条件，这些条件对于企业的正常运营至关重要，具体有以下几类：①公司治理状况要达到一定要求，包括产权关系清晰、治理结构合理、组织架构科学、运行机制有效等；②人才队伍要达到一定要求，包括专业人员比例、学历结构、年龄结构等；③技术设备条件要达到一定的要求，包括金融业务开展所需要的一般专业技术基础设施、风险防范的技术及设施等。

（三）资质要求的变迁

1. 初期资质要求

初期资质要求是指进入交通运输金融领域的入门要求。通常，每种业务领域都有基本资质要求，也就是最低的进入限制，原则上任何企业只要达到了这些要求都可以申请进入，一旦被确认就可以获得批准。对于交通运输金融业务整体而言，资质要求的核心内容有三条：一是安全性，二是流动性，三是营利性。这些要求在受理机构的正式文件中载明，并往往配有具体的指标分解。

2. 资质要求的调整

企业进入交通运输金融领域以后，随着其业务规模、经营状况的变化以及监管形势和目标的变化等，资质要求会发生调整。有时一些企业可能会因不达标而被退出。调整的主要目的依然是保证安全性、流动性和营利性。一般随着行业的发展，会有如下调整：提高业务规模要求、提高经营质量要求、提高合规性要求。

3. 资质要求的规范化

资质要求的规范化主要有两方面的含义：一是程序的规范化，二是内容的规范化。程序的规范化是指资质要求的发布、审核、监测、检查、修订等事项要有公开、公正、公平的制度和规程，包括组织机构、议程、地点、日程等；内容的规范化是指监管的原则、事项和指标应该具有一定的稳定性、连续性和科学性，尽量避免频繁变更。

二、资质要求的基本内容

（一）经营范围类资质要求的基本内容

1. 行业要求

行业要求是从行业的角度对进入交通运输金融领域的企业提出的要求。这里需要注意的是，交通运输金融业务面临双重的行业要求：一是金融行业的要求，这是主导性要求；二是交通运输行业的要求，这是派生性要求。交通运输金融业务是从交通运输部门的统筹性派生出来的，因此企业必须同时满足上述两方面的要求才能获得监管部门的认可。具体地，行业要求包括以下内容：①本行业的有关具体政策和规章；②生产与服务标准；③社会责任和诚信要求；④合理定价或收费情况；⑤维护市场秩序情况；⑥维护行业声誉要求。

2. 属地要求

属地要求是指从事交通运输金融业务的企业的所在地政府提出的有关要求。这些要求是从当地社会、经济的实际情况和发展目标出发提出的，对辖区内的企业具有行政效力，因此相关企业应该予以重视。一般来说，属地要求主要有两方面：一是财政贡献，二是社会贡献。前者主要是纳税，后者包括就业、资助社会事业等。

3. 经营范围方面的其他要求

概括起来，经营范围方面的其他要求主要有法律合规和社会形象两方面。所谓法律合规是指企业遵守法律、法规的情况，一般要求企业不能有违法行为，尤其禁止严重违法行为；社会形象是指企业在公众或社会舆论中获得评价的情况，一般要求企业要有良好的公众形象或社会评价，社会评价恶劣的企业面临被停业的处罚。

（二）财务类资质要求的基本内容

1. 资产要求

资产要求主要包括三方面的内容：一是资产规模，二是资产流动性，三是资产结构。资产规模通常指总资产的规模，一般来说规模越大越好。资产流动性是指资产能否比较容易地进行交易或变现，通常开办金融业务需要达到一定的流动性要求，主要的监管指标有流动性资产占总资产的比例、金融资产的流动性等。资产结构是指总资产中各部分和各种资产的比例关系，其中主要指标有总资产与总负债的比例关系、总资产与资本金的比例关系。

2. 支付能力要求

支付能力是指是否具有足够的资金支付交易或债务，包括自有资金、可变现的资产和外部融资。在交通运输金融领域支付能力要求的主要内容有：①偿债能力要求，又可分为长期偿债能力和短期偿债能力，主要评价指标有流动比率、速动比率、现金比率、营运资金比率、资产负债率和利息保障倍数等；②现金流量能力要求，它反映了企业融资或资产变现的能力，主要评价指标有现金流量比率、现金流量利息保障倍数、现金到期债务比率、营业收入现金比率等。

3. 营利能力要求

企业营利能力是指企业获取利润的能力，它对于保持企业的支付能力具有重要作用，因而反映了企业的潜在安全性和流动性。交通运输金融领域营利能力要求的主要内容有：①利润规模，它反映企业的总体利润水平，主要评价指标包括息税前利润、净利润和主营业务利润等；②利润率，它反映企业创造利润的潜力，主要评价指标有资产收益率、投资收益率、股权利润率、主营业务利润率等。

4. 财务方面的其他要求

除了上述财务要求以外，企业的运营能力有时也会引起交通运输金融业务监管部门的关注。运营能力反映企业运营资产的效率，在一定程度上代表企业活力。评价运营能力的主要指标有总资产周转率、流动资产周转率、营运资金周转率、存货周转率、应收账款周转率等。

第二节　运营监管

一、运营监管概述

（一）运营监管的内涵

1. 运营监管的含义

运营监管是指对企业的经营管理进行监督检查的监管组织行为，它是加强交通运输金融监管的一项职责，是对资质监管的有益补充。运营监管是对企业活动和行为的一种干预，其根本思路是通过规范企业行为达到监管的目的，既包含对那些不符合监管要求的活动或行为采取一定的劝阻、限制的做法，也包含对那些符合监管要求的积极行动采取支持、褒奖的做法，具体手段包括制定企业行为规范、重大事项报告制度、失误追责处分制度、支援救助制度、典型示范制度等。

运营监管要求监管机构及其队伍对企业的实际经营管理有比较丰富的知识和经验，否则可能达不到应有的效果，甚至出现误导或疏漏，既有可能对企业正常经营活动造成干扰，又有可能造成企业行为的重大隐患被忽视。因此，监管机构在开展运营监管工作时应该注意队伍的专业素质培训，而且应该制定出切实可行的监管原则、组织程序、实施细则等。

2. 运营监管的目的

纵观世界，金融行业都是监管最严格的行业。这是因为金融业务和活动具有天然的信息不对称性、风险性和影响的广泛性。因此，仅靠一般的资质监管是很不够的，无法防止企业运营过程中的各种隐患。运营监管的目的就是弥补资质监管的不足，防范由于企业运营失误导致全局或局部的金融风险或对市场的干扰，形成良好的行业操守和风气，促进金融行业的整体健康发展，为社会进步和经济发展贡献本行业的应有力量。

为了实现上述目的，运营监管一般有以下主要具体目标：①防止企业尤其是大型企业或重大业务运营方面的不规范行为；②对出现运营困难的企业采取必要的支援救助，降低其负面影响；③树立企业的日常行为规范，并对失范行为加以提示和规劝等，对有推广价值的做法加以鼓励和提倡等。

3. 运营监管的属性

运营监管的属性主要是指其据以同其他类型监管形成区别的本质特征或表现。从不同的角度看，运营监管有不同的属性。例如，从组织架构上看，运营监管与资质监管的结构和机制明显不同，它更强调对企业行为监管的效果，因而突出沟通性和监督性等；从履行职责的部门和队伍组成上看，运营监管强调机动性和经验性等；从实施监管的时间上看，具有明显的随时性；从监管的范围上看，具有显著的散布性。

这里从更一般的实用角度总结出交通运输金融运营监管的属性如下。

1）专业性。是指监管工作要符合行业和企业自身运行及其相互关系规律的要求。因为运营监管是对企业行为的一种直接干预，所以客观上要求监管本身必须符合企业运营的基本规律，否则监管不仅无效，而且恶化企业的运营效率。因此运营监管具有突出的专业性质，这是由运营监管的本质决定的。

2）规范性。是指监管工作遵循一定规则展开，而且这些规则通常应该符合公开、公正、公平的原则，包括组织程序、组织架构、活动和内容等。这既是一般监管的共性，也是运营监管必须遵守的原则。这是因为监管活动本身是对企业施加的一种外力，如果不规范，企业将无所适从，势必造成企业被干扰而降低效率的局面，也就失去了监管的意义。规范是企业正确理解监管意图、积极自我约束的重要条件。因此，良好的监管必须具备规范性的属性，这是科学监管的必然要求。

3）强制性。这里是指监管实施造成企业行动自由受到一定限制的属性，而不是指监管的权威性等其他含义，注意不要混淆。这是因为运营监管是对企业具体行为的监管，其监管直接对企业行为构成约束，客观上带有强制性。从运营监管功能实现的目标上看，这种强制性是必要的，否则运营管理就成为空谈。因此，运营管理的实施必须具有一定的强制性，但正因为如此，管理机构需特别慎重，否则易造成误伤。

4）行政性。这里是指其与被监管对象的相互关系上具有显著的组织性和衔接性，而不是指其运行模式或组织架构上的属性，注意不要混淆。尽管包括其他类型的监管在内，任何组织运行都需要以一定的互动形式做基础，但是运营监管仍具有明显不同，具体表现在它的意图或意见的传递具有更显在的组织形式和接收落实机制。这是因为运营监管是对企业具体行为的监管，客观上要求其意图和意见必须及时准确到达被监管对象，并且保持有效的联络和沟通，否则监管目标很有可能会落空。因此，运营监管的行政性是其监管本质决定的。

（二）运营监管的原则

1. 防范风险原则

一般来说，金融监管的目的包括以下几个方面。①维护金融市场稳定，这是金融监管责无旁贷的任务。金融市场稳定包括利率稳定、金融市场价格稳定、汇率稳定等具体内容。②促进金融行业发展，这是金融监管的积极意义所在。金融行业发展包括金融行业规模的扩大、业务的深化和广化、效率和效益提高等。③为经济增长提供良好的金融环境，这是金融监管更高的价值诉求。金融环境包括国际金融环境和国内金融环境，具体体现在金融部门对资源配置的能力和效率、对其他部门的支援能力、为国家战略和政策实施的金融保障能力等多方面。需要指出的是，国际金融环境通常不是一国主导的，但是一国的金融监管部门可以通过合理应对国际金融环境而达到其目的。

上述金融监管的目的是任何人共同的价值取向和愿望。可以说，任何人仅凭基本良知便可油然而生这些愿望和憧憬。显然，监管存在的价值不在于告知本行业这样一个基本道理。或者说，如果这些预设的目的可以通过一种机械式的程序和运转来实现的话，那么监管几乎就是多余举措了。但是现实恰恰是，如果没有一种可行的确定的达到那些目的的机械手段，整个金融体系就如同大海中航行的小舟，随时可能遇上风浪，其轨迹也飘忽不定。因此从根本上说，监管的价值在于消除那些使结果偏离目的的因素。这些因素相对于预设的目的而言，有一个共同的称谓，即风险。①

综上所述，运营监管的根本原则乃是防范风险。这里防范风险有几层含义。首先，无风险默许的含义，即如果企业的行为不涉及风险则应该予以放行，不宜过多束缚，否则属于监管不当。其次，风险必究的含义，即如果企业的行为带给行业明显的风险，则必须及时加以适当约束，否则属于监管不力。最后，科学界定风险的含义，即在规定哪些行为属于风险时，必须尊重客观规律，依靠科学理论指导，重点防止长官意志、主观臆断等倾向。

2. 促进公正原则

公正几乎是任何时代、国家、组织都追求或标榜的自身特征或价值理念，它是任何组织或个人取得公信力的伦理基础，否则正当性与合理性便无从谈起。因此，交通运输金融的运营监管必须坚持公正的原则，而且要切实奉行，否则就难以获得应有的公信力和权威。这里公正原则包括两方面的含义：一是制度、规范、准则等的制定要体现公正原则，即对需要监管的所有行为按照统一的原则、理论、方法和标准进行评价，不应该因人际关系、地缘关系、隶属关系等的干扰而偏颇；二是制度、规范、准则等的执行要坚持公正原则，即在监管工作进行中对不同监管对象应采取统一的尺度，公平对待，不应因人际关系、地缘关系、隶属关系等的干扰而差别对待。

3. 促进发展原则

所谓发展原则是指监管制度和规范及其实际执行要反映和保护金融发展的需要，并努力为发展提供监管支持，它是运营监管中最积极和灵活的部分，

_____

① 风险的系统论述请参阅第四章。

但对其把握有很大难度，因为有些行为不能短时间判断出其是促进发展还是潜藏风险的，而需要长时间观察，甚至需要反复验证。这里发展的原则需要重点把握两方面的含义。一是制度、规范、准则等的制定要体现科学的发展观，即应该根据行为对全局或局部的结果进行判断，按照统一的原则、理论、方法和标准来评价，要面向未来、面向世界向前看，不应该只盯住某些利益或损失而不顾全局结果。二是制度、规范、准则等的执行要坚持科学的发展观，即在监管工作进行中对各种行为的监管要顾大局、识大体，正面引导、鼓励为主，促进提高认识、自觉自律，促进积极性、主动性和创造性，践行机构工作的正向推动作用，散发更多的正能量。

（三）运营监管的功能

良好的运营监管对于防止企业违规、冒险甚至违法行为具有很好的防范作用，对于促进企业的合规良性发展也具有积极价值。

1. 防范风险

防范风险是运营监管的首要功能，这是其产生和存在的原因和价值诉求。正是出于防范风险的考虑才有了运营监管的需要，而且从金融业务的实际情况看，风险始终是其面临的主要问题，因此防范风险的功能必然且必须摆在首要位置。

要发挥监管的风险防范功能，必须正确理解和把握这一功能，否则可能造成失灵，或引起强烈副作用。首先，需要注意风险防范在层次上的区别，大体有三个不同层次。一是全局层次，即防范对一国或地区总的金融产业及其发展目标具有影响的风险。一般来说，对待这一层次的风险，必须坚决果断地予以扼制，以防止其对全局产生威胁和损害。二是局部层次，即防范可能对一个地域内金融秩序造成一定影响的风险。一般来说，这类风险没有波及全局的能力，但若措施不力则可能失控，因此基本策略是控制其发展势头，以防止其传播和扩散。三是企业层次，即防范可能对企业自身产生危害的风险。通常，企业自身的风险不足以影响一个区域的金融秩序，但如果任其发展也可能蔓延开来，因此，一般应监测其发展态势和后果，并予以适当指导和帮助，以防止产生连锁反应。其次，需要全面理解和把握防范的含义，应该把从预警到善后处理的全过程囊括在内，包含预测、提示、监控、化解、支援、救助等多个阶段或时段，而不仅限于预防这一个片段。最后，需要注意对于防范方式的组合使用，既不是单纯的"防"，也不是单纯的"救"，更不是寓"防"于"禁"，而是有疏有堵、有张有弛，疏而不漏。

2. 规范产业发展

概而言之，产业发展包括以下几方面的内容：一是产业规模扩大，包括产值扩大、业务种类增加、地域范围扩大、机构数量和就业人数增加等，也称为外延式发展；二是产业结构优化，即产业内部各部分、各部门、各单元、各种业务之间的比例关系和相互作用关系得到改善，使产业的效率和效益获得提高，这是内涵式发展的一种模式；三是产业升级，即产业整体上向技术更密集、效益或效率更高的方向和区间移动，一般通过淘汰落后技术、应用先进技术，以及淘汰落后产能、保留先进产能等途径实现，这是内涵式发展的另一种模式。

二、运营监管的机构与手段

（一）运营监管的机构

1. 政府类机构

政府类机构是指通过政治程序建立的，在一定区域内对其他机构行使行政、司法或立法权的法律实体及其附属机构，其基本特征是具有法定的管辖权，并拥有行政强制力。从世界范围看，运营监管大体上采取分业监管的体制，涉及的政府类监管机构主要有三种：对银行类业务负有监管职责的机构、对证券类业务负有监管职责的机构、对保险类业务负有监管职责的机构。但由于各国的监管理念存在显著差异，在监管的具体方式上也表现出很大不同。总体上看，美国强调市场机制自动调节，因此运营监管方面比较放任，缺少明确规定的对运营实施监管的实际措施；相比之下，英国突出了对行为的监管，而且设有专门的金融行为局，对于实施运营监管比较得力；中国则实行着有自身特色的监管理念和体制，明确规定监管机构有权对企业的行为实施检查、抽查和监督，并采取切实的组织形式和具体行动加以落实。

需要注意的是，中国按照比较明晰的分业监管理念构建了以中国人民银行和银行业监督管理委员会、证券监督管理委员会、保险监督管理委员会为支柱的"一行三会"管理体制，各机构之间权责划分比较清晰。美国也基本按分业理念组建其监管体制，但是受其对集权式管理的担心，设计了纵横交错的制衡机制，致使机构名目繁多，包括证券交易委员会、商品期货交易委员会、通货监理署、全国信用社管理局、州银行和保险委员会、联邦存款保险公司、联邦储备体系和储蓄监管局等众多机构。各机构之间的关系比较复杂，既有相互制衡也有多头领导，但是很少有对运营监管的明确规定，较多的是账务监管措施。英国现行的管理体制很简化，在英格兰银行的领导下，由审慎监管局和金融行为局作为实际执行机构，两者处于同等地位并存在合作与协调机制，存款机构、保险机构和重要的证券机构受审慎监管局和金融行为局的双重监管，其他金融机构主要受金融行为局监管，金融行为局具体执行运营监管的职能。

2. 行业协会类机构

这里行业协会是指针对行业成立的对行业事务或行为施加约束和影响的非政府组织，包括各种类型的自律性组织，不论其是否具有公益性、营利性。其职能一般有五项：一是代表和维护本行业的利益；二是协调行业内外关系；三是沟通和发布信息；四是行业自律和监督；五是中介与服务。与交通运输金融有关的行业协会包括金融类的行业协会和交通运输类的行业协会。交通运输金融相关企业应该有所了解，以便更为稳健地开展业务。

总体上看，行业协会在规范企业行为方面具有深入、细致的特点，对于运营监管是不可缺少的，而这恰是政府类监管机构所缺乏的，因而良好、健全的行业协会组织在运营监管中发挥着重要作用。目前，世界各主要经济体在运营监管方面都比较倚重行业协会。

（二）运营监管的类型

1. 风险防范类监管

风险防范类监管是指从稳定金融市场的目的出发而对企业行为施加约束的一类监管，通常分为两种情况：一种是出于对企业自身风险的外部监控而进行的监管，这属于常态风险监管，涉及交通运输金融业务的常态风险监管主要有信用风险、市场风险、操作风险、流动性风险等的监管；另一种是监管当局认为存在风险时采取的临时措施，当风险解除后监管也随之解除，具有暂时性特点，促使监管机构启动这种监管的常见风险因素有市场大幅度波动、严重政治事件或自然灾害等。

2. 促进公正类监管

促进公正类监管是指对企业可能发生的有违正当的行为进行监管，主要是防止不正当竞争，一般需要依据具体的法律规定并采取法律程序来实施。不正当竞争行为包括对竞争对手的不正当行为和对消费者的不正当行为，前者主要有恶意降价倾销、诋毁攻击竞争对手、窃取对手的商业秘密、故意围困竞争对手、串通投标、盗用对手名义等行为；后者主要有虚假宣传、搭售、索要回扣、设置全套、欺诈等。目前各主要经济体都有比较健全的反不正当竞争法，为监管奠定了法律基础。

3. 促进发展类监管

这里促进发展有多层含义：一是促进行业发展，二是促进金融乃至经济和社会发展，三是促进企业及其业务发展。其中，促进行业发展是监管的核心目的，这是因为促进行业发展是促进更高发展目标的基础，而且行业发展的指标相对明确且易于考核。促进发展类监管就是为实现上述目标而进行的监管。监管的主要内容有以下几项：①行业内各利益主体之间的相互关系，包括利益分配、产业布局等；②行业内各业务领域之间的相互关系，包括业务间的衔接、业务范围的划分等；③产业布局，包括产业重点、产业调整、产业升级等长远方面的考虑。

（三）运营监管的手段

1. 行政手段

从全球范围看，行政手段在各国都广泛采用，在某些金融业务监管上甚至成为主要监管方式。行政手段是指直接对企业行为进行约束的做法，通常以通知、命令、指示、审查、审批、调查等形式实施，它直接对企业行为做出规定，并借助行政权力加以落实，表现为管理者对被管理者直接发号施令。采取行政手段，一般需设立专门机构负责对企业运营活动直接审核和批复，主要有文本审批和调查审批两种具体形式。前者先要求企业上报活动的目的、目标、计划和可行性说明等，然后以会议的形式对上述材料进行评议，最后做出决定，这种办法比较多用对例行的企业活动的监管；后者通过多种途径对企业的活动进行调查、访谈、摸底等，了解企业的状况，最后由主管部门做出裁决，这种办法多用于比较特殊的企业活动的监管。

行政手段具有以下主要特点。①赋予监管机构更大的权威。监管机构的批复是一种裁决，企业只有获得批准才能实施其计划，这显然置企业于监管机构的管控之下。②带有更大的主观性。尽管有一般性的审批规则对监管机构的行为加以指引和约束，但是规则所能覆盖的内容毕竟有限，因此监管机构具有很大的自由裁量权。③削减了企业的自主性。由于企业的活动需要得到监管机构的批准，而且并非总能如愿，因此企业的自主性必然被显著降低。④产生更明显的差异性。由于认识上的差异和其他方面的种种不同，即使活动内容相似，不同企业得到的监管审批结果也可能大相径庭。

2. 经济手段

经济手段是指是指通过制定具体的经济规则的方式对企业实施运营监管，其基本原理是利用利益诱导使企业的自主选择与监管目标保持一致，具体形式是把企业的行为与经济利益联系在一起，通常采用经济杠杆和契约关系两种途径来实施。所谓经济杠杆是指通过对某些经济指标的规定，使企业在利益驱使下采取符合监管目标的行为；契约关系是指监管机构与企业之间建立某种约定或协议，当企业出现违规行为时监管机构根据契约关系加以处罚。与其他手段相比，经济手段赋予企业更大自由度，但对监管机构也提出了更高要求。首先，对监管机构的专业性提出了较高要求，需要监管部门熟悉企业的实际运营情况，否则制定的规则会对企业造成不利干扰，达不到监管的预期目标，甚至造成反向激励；其次，要求规则的制定必须具有较好的操作性，应该既便于企业执行又便于监管机构检查和公众监督；最后，经济手段属于长效监管方式，要求规则在较长时间内保持连续性和稳定性，规则的修改要提前发布信息，并应按规范的流程实施。

总体来看，经济手段具有以下主要特点：①监管的规范性强、灵活性小，这是因为规则通常都是明确的，而且较长时间保持不变，留给监管机构的自由裁量空间较小；②效果较稳定但实施过程需要较长时间，因此不适于应对临时性情况；③存在走形式的风险，这是因为经济手段的重点是规则的执行情况，而交通运输金融业务往往采用较复杂的技术，存在表面上符合规则要求但实际上钻规则空子的隐患；④给企业的自由度大，这是因为经济手段是通过间接手段约束企业行为，企业可以根据自身情况做出选择。

3. 法律手段

这里法律手段是指采用司法程序对企业行为加以干预的做法，主要途径是对企业涉嫌违法的行为追究法律责任，一般采用通告的方式把相关法律发布给企业遵照执行，也就是根据现有法律对企业的行为进行监管。这种监管办法通常在应对某些暂时性情况时采用较多。

法律手段有如下特点：①监管灵活性大，因为一般法律条文的规定多是一些原则性声明或画出一些底线，不做具体要求，这给监管机构决定哪些行为予以追究留下了很大的自由裁量空间；②权威性高，法律具有强大的制度基础，一经发布即可生效，任何机构和个人都不能凌驾于法律之上；③企业自主权大，企业可以根据自身情况选择合适的方式来落实法律精神，不必强求一律；④容易形成滞后，由于法律追究一般在发现企业的违法行为后才实际启动，常态下很难对企业实施检查等措施，有些企业可能疏于执行甚至作假，因此很可能造成监管死角，这对监管机构的专业素质和法律敏感性提出了更高的要求。

三、运营监管实例

（一）投资业务监管

1. 监管内容

投资业务监管是指对投资活动的监管，旨在防止企业盲目投资造成不良后果，重点是投资失败的风险，包括由于投资企业自身原因和投资对象原因引起的投资失败。在交通运输金融领域投资业务包括直接投资和间接投资两种情形，对其投资业务的监管重点针对三个方面：一是投资企业的资信状况，目的是防止不具备资质的企业进入某些投资领域，包括企业的性质、行业类别、类型、规模、资产质量、营利能力、支付能力、信誉状况等；二是被投资企业或产品的发行企业的资信状况，主要目的是防止信用风险，包括企业的性质、行业类别、类型、规模、资产质量、营利能力、支付能力、信誉状况等；三是投资范围和种类，包括业务性质、产品种类、投资期限、有无担保和抵押等。

2. 监管措施

投资业务的监管措施主要有三类：一是资格限制，包括对投资方资格、被投资方资格和产品或业务资格的限制，主要根据其性质、行业类别、类型、资信状况、有无担保或抵押、流动性、信用水平等决定，达不到资质的予以禁入；二是额度限制，针对投资方、被投资方和投资的产品或业务的具体情况规定投资额度限制，分别根据交易双方，以及产品或业务的性质、行业类别、类型、资信状况、有无担保或抵押、流动性、信用水平等规定额度范围；三是期限限制，主要根据产品或业务的属性规定投资的期限范围。

（二）融资业务监管

1. 监管内容

融资监管是指对融资活动的监管，旨在防止企业不当融资造成不良后果，重点是防止违约和对金融市场的影响。在交通运输金融领域融资业务的监管重点针对三个方面：一是企业的资信状况，目的是防止企业超越自身资质融资，包括企业的性质、行业类别、类型、规模、资产质量、营利能力、支付能力、信誉状况等；二是融资的用途，目的是防止违规或非法融资；三是还款能力，包括还款来源、还款期限、有无担保和抵押等。需要指出的是，尽管融资活动往往与投资活动相伴生，但是融资监管与投资监管的侧重点是明显不同的，融资监管的主要对象是融资方，其核心目的防范违约风险和对金融市场秩序的破坏，而投资监管的主要对象是投资方和被投资方双方，其核心目的是防范投资失败所造成的损失。

2. 监管措施

融资业务的监管措施主要有三类：一是资格限制，主要是对融资企业资格的限制，一般根据其性质、行业类别、类型、资信状况、有无担保或抵押、流动性、信用水平等决定，达不到资质的予以禁入；二是额度限制，针对融资企业的信用水平及其融资用途等具体情况规定额度限制，主要根据融资企业的资质、有无担保或抵押、流动性、偿还能力等因素规定融资上限；三是范围限制，主要根据融资企业的属地和行业性质对融资的地域和行业划出范围。

第三节　奖励与处罚

一、奖励规则

（一）奖励条件与批准权限

1. 奖励条件

从一般意义上讲，奖励条件包括两层含义：一是指获得奖励需要满足的要求或标准，也就是谁能获奖的问题；二是设置奖励需要满足的要求或标准，也就是谁有权授奖的问题。但是通常人们关注的是第一层含义，故这里仅就第一层含义展开论述。

对于金融业务的运营监管而言，奖励条件的设立应该综合考虑以下因素：①合规的程度，即被考核对象的行为与规范要求的差距（包括不足和超出两种情况）；②合规的难度，即达到合规的成本，包括直接成本、间接成本和机会成本；③利益统筹与平衡，即统筹考虑地区之间、业务种类之间、企业种类之间的相互关系，寻求综合效果最好的方案；④否决条件，即规定出现哪些情况时取消获奖资格。

2. 批准权限

批准权限是指各级监管部门设奖的种类和范围方面的限制。通常相关法律和监管部门对各级组织的奖励权限都有一些基本规定，相关机构可遵照执行。但是以下问题仍需要加以注意：①不能超越自己的行政范围命名奖项，例如，不能擅自冠以"国际""国家"等字样设奖；②对于奖励面大、社会影响广的奖项的设立需要得到有关部门的许可。

（二）奖励种类与等级

1. 奖励种类

奖励种类的划分有多种角度：从受奖对象的类型上可以划分为个人奖和机构奖；从获奖理由上可以划分为优胜奖和贡献奖；从授奖目的上看可以划分为单项奖和综合奖。这些奖励种类在交通运输金融业务运营监管中都可以采用。

2. 奖励等级

奖励等级有两层含义：一层是同一奖项内部划分的级别层次，通常有特等、一等、二等和三等之分；另一层是不同奖项之间的级别差异，通常有国际、国家、省/部（或相当级别）等区分。其中，国际奖励是指国际机构或具有国际影响力的奖项，金融监管领域的国际奖励主要有联合国、国际货币基金组织和世界银行等国际组织颁发的奖项。

二、处罚规则

（一）处罚条件与实施权限

1. 处罚条件

处罚条件是一个重要的法律术语，而且存在很多争议。这里不讨论这一术语本身，仅从实务角度就与交通运输金融业务运营监管相关的问题做出分析。在法律比较健全的国家，相关法律会对处罚条件做出原则性规定，监管机构依据这些规定具体把握处罚条件。实务中的重点是如何掌握好处罚条件的合适分寸：一是监管对象的行为本身是否达到处罚的程度；二是监管对象的行为后果是否达到处罚的条件。行为本身和行为后果是两个不同的概念，从运营监管的本意看，是通过对行为的监管达到结果的合意性，因此是二者的统一。但是从监管相对人的角度看，同一行为的后果是不确定的，可能没有造成严重后果，也可能造成严重后果。这种情况下，处罚的条件实际上需要重视双重条件：行为本身是处罚的主导条件，即决定处罚与否的先决条件；后果的严重程度是处罚程度的参考条件，即如果未造成严重影响从轻处罚，但不是不处罚，如果造成严重后果从重处罚，但不是升级处罚。

2. 实施权限

运营监管属于一种行政行为，在法治比较健全的国家，相关法律规定了监管机构处罚的权限，包括处罚的实施主体及其权利范围和处罚措施等，监管机构的处罚行为应在法律授权的范围内实施。一般情况下，处罚权归负有主要监管职责的机构所有，即归行政主管部门专有，其他机构没有直接的处罚权。同时，在行政主管部门内部，根据不同层级对处罚权限进行分配，通常分中央（联邦）、省（州）和县（地方）三个层次，权限依次递减。交通运输金融业务属于金融活动，其运营监管的行政主管部门是金融监管机构。

（二）处罚种类与等级

1. 处罚种类

涉及交通运输金融业务运营监管的处罚种类主要有三种：①申诫性处罚，即以警告、通报批评等形式对监管相对人加以提醒、规劝、训诫，使其精神上或心理上受到触动；②经营性处罚，即以吊销许可证或营业执照、责令停业、取消从业资格等形式对监管相对人的经营活动加以限制，使其行为受到触动，也叫行为性处罚；③财产性处罚，即以罚款、没收违规所得等形式扣减监管相对人的财产，使其财产权利受到触动。

2. 处罚等级

处罚等级是指处罚的轻重程度。一般地，根据违规行为本身的严重程度及其后果，依据相关的法律、法规的规定，由具有处罚权限的监管机构裁量其应受处罚的种类和等级。通常情况下，对于轻微的违规行为给予申诫类处罚，如警告和通报批评等；对于较重的违规行为施以罚款、没收违规所得等财产类处罚，同时给予通报等申诫处罚；对于严重的违规行为采取停业整顿、吊销许可证或营业执照、取消从业资格等经营处罚，同时给予财产处罚和申诫处罚。

本章主要参考资料

[1] 刘志祥. 上市公司资产质量实证研究 [J]. 财会通讯，2015 (14)：39 - 42.

[2] 赵萌，姚峰. 中小企业盈利能力影响因素实证研究——基于企业成长周期视角 [J]. 财会通讯，2015 (5)：40 - 42.

[3] 刘光明. 企业信用 [M]. 北京：经济管理出版社，2007：38 - 45.

[4] 徐艳. 我国金融市场的金融伦理冲突与矛盾 [J]. 财贸经济，2003 (10)：50 - 53.

[5] 霍杰. 全球产业重新布局背景下中国产业转移的区位选择 [J]. 财会月刊，2017 (18)：115 - 123.

[6] 高丰. 企业资质与等级评定比较 [J]. 中国道路运输，2006 (1)：33 - 35.

[7] 王清斌，杨华龙，杨增海，孙光圻. 水路运输可持续发展及其评价研究 [J]. 大连海事大学学报，2000 (4)：72 - 75.

[8] 韩国红. 第三方支付行业创新影响因素分析和发展建议——以浙江省为例 [J]. 企业经济，2013 (9)：168 - 171.

[9] 黄聪，贾彦东. 金融网络视角下的宏观审慎管理——基于银行间支付结算数据的实证分析 [J]. 金融研究，2010 (4)：1 - 14.

[10] 常健. 论公司章程的功能及其发展趋势 [J]. 法学家，2011 (2)：76 - 90，178.

[11] 吴磊磊，陈伟忠，刘敏慧. 公司章程和小股东保护——来自累积投票条款的实证检验 [J]. 金融研究，2011 (2)：160 - 171.

[12] 张艳霞. 浅析公司社会责任——对职工参与制度的法律思考 [J]. 中国劳动关系学院学报，2006 (2)：44 - 47.

［13］刘孟飞，张晓岚，张超．我国商业银行业务多元化、经营绩效与风险相关性研究［J］．国际金融研究，2012（8）：59－69．

［14］谢东．金融功能视角下商业银行发展路径研究［J］．经济研究参考，2016（65）．

［15］丁孜山．信用媒介说和信用创造说评价及同现代银行存贷关系思考［J］．中央财政金融学院学报，1992（3）：57－61．

［16］韩质栩．互联网基金的兴起及其对传统商业银行的挑战——以余额宝为例［J］．东岳论丛，2015，36（2）：166－169．

［17］曹东勃，秦茗．金融创新与技术创新的耦合——兼论金融危机的深层根源［J］．财经科学，2009（1）：8－14．

［18］朱俊生．服务实体经济　保险发挥核心功能［J］．中国金融家，2017（4）：68－69．

［19］王春满，徐立世．金融信托理论与实务［M］．北京：高等教育出版社，2015．

［20］王春玲．关于对证券公司实施宏观审慎监管的思考［J］．证券市场导报，2011（11）：67－71．

［21］侯建强，王喜梅．支付创新、信息行为与互联网金融风险管理［J］．财经科学，2016（10）：36－45．

［22］王祥兵．金融监管信号传递与金融市场有效运行［J］．财经理论与实践，2015（5）：2－8．

［23］马忠富．多重目标下金融监管评价体系的构建［J］．金融监管研究，2016（5）：73－86．

［24］娄飞鹏．互联网金融监管更应关注其科技属性［J］．清华金融评论，2016（5）：93－96．

［25］张晓朴．互联网金融监管的原则：探索新金融监管范式［J］．金融监管研究，2014（2）：6－17．

［26］苗文龙，严复雷．品牌、信息披露与互联网金融利率——来自P2P平台的证据［J］．金融经济学研究，2016（6）：3－14．

［27］马建堂，董小君，时红秀，等．中国的杠杆率与系统性金融风险防范［J］．财贸经济，2016，37（1）：5－21．

［28］陶存文，徐景峰．保险监管效率及其评价［J］．保险研究，2012（10）：8－13．

［29］乔安妮·凯勒曼，雅各布·德汗，费姆克·德弗里斯．21世纪金融监管［M］．北京：中信出版集团，2016．

[30] 王晶. 欧债危机中的金融监管问题及对我国的启示 [J]. 宏观经济管理, 2012 (8): 87 - 88.

[31] 王元龙. 新常态下金融风险防范与控制 [J]. 经济研究参考, 2015 (13): 32 - 37.

[32] 吴勋, 毛维维. 上市金融企业社会责任信息披露特征研究 [J]. 会计之友, 2016 (17): 57 - 59.

[33] 赵晓娜. 新形势下对我国金融监管体系改革的思考 [J]. 青海师范大学学报 (哲学社会科学版), 2016, 38 (3): 18 - 22.

[34] 阳东辉. 论我国金融监管制度的改革与完善——兼评巴塞尔协议Ⅲ之不足 [J]. 湖南师范大学社会科学学报, 2016, 45 (1): 55 - 62.

[35] 姚博. 金融支持、区域市场整合与价值链提升 [J]. 产业经济研究, 2014 (2): 11 - 20.

[36] 兰天. 探究人民银行金融稳定职能研究 [J]. 财经界 (学术版), 2016 (9): 4.

[37] 吴超, 钟辉. 金融支持我国城镇化建设的重点在哪里 [J]. 财经科学, 2013 (2): 1 - 10.

[38] 王进诚. 对监管运行机制重构的思考 [J]. 金融研究, 2005 (10): 64 - 73.

[39] 何小勇. 我国金融体制改革视域下非法集资犯罪刑事规制的演变 [J]. 政治与法律, 2016 (4): 52 - 64.

[40] 李明辉. 结果理性抑或程序理性——会计界和法律界对虚假财务报告认定的分歧与融合 [J]. 当代财经, 2005 (6): 112 - 116.

[41] 张红力. 金融安全与国家利益 [J]. 金融论坛, 2015, 20 (3): 3 - 14.

[42] 徐科雷. 罚款与罚金在经济法责任体系中的辨析与整合 [J]. 政治与法律, 2015 (3): 131 - 136.

[43] 高长富. 管制刑适用的困境与对策 [J]. 吉首大学学报 (社会科学版), 2013, 34 (6): 75 - 81.

[44] 许博. 拘役刑的适用与轻刑化趋势 [J]. 法学杂志, 2004 (2): 63 - 65.

[45] 金善达. 非法吸收公众存款罪中"不特定对象"标准之改良 [J]. 政治与法律, 2015 (11): 38 - 44.

第六章

铁路运输金融

第一节 业务概述

一、铁路运输金融的内涵

（一）铁路运输金融业务的含义

1. 什么是铁路运输金融业务

铁路运输金融业务是对与铁路运输行业相关的金融活动的总称，主要有以下几种基本情况：①在铁路运输业建设或经营运营过程中，金融机构通过应用和开发各种金融产品介入，通过金融手段对铁路运输行业的相关要素进行配置的业务活动；②铁路运输部门涉足金融活动；③铁路运输和金融以外的其他部门从事与铁路运输相关的金融活动。

从国际上看，目前铁路运输金融主要有普通贷款、银团贷款、不动产信贷、证券发行与承销、保险经纪、智能交通卡等具体业务类型。

2. 铁路运输金融业务的特点和要点

铁路运输的性质决定了铁路运输金融业务的基本特点。首先，铁路运输金融业务具有明显的集中性和周期性。这是因为铁路运输金融的重要内容是为铁路建设提供资金，而铁路建设融资通常是大规模融资活动，并且具有明显的周期性。其次，铁路运输金融业务具有低频率、长期性的特点。这是因为铁路建设一般需要较长时间，一次融资之后要在较长时间内才能完成实际投资。最后，铁路运输金融业务具有产业联动性。这是因为铁路建设向来是与区域发展或重大项目相联系的，单纯的一般性运输需求不足以支撑铁路建设要求的规模经济，尤其是随着道路和航空运输的发展，铁路运输在客运上处于相对劣势，而在大规模货运上具有比较明显的优势，这使之与区域的整体发展更加紧密地联系在一起。

（二）铁路运输金融业务的机构和工具

1. 铁路运输金融业务的主要机构

开办铁路运输金融业务的机构主要有三类。一是银行机构，它们是开办铁路运输金融业务最普遍的机构，涉及的具体业务种类最多，一般可以向铁路部门提供贷款、不动产信贷、铁路证券承销、银团、担保、铁路智能交通卡开发等服务。二是投资公司，它们常是大型铁路建设的骨干机构，很多时候是以投资公司为牵头单位组成铁路建设投资财团。三是保险机构，通常它们主要提供铁路运输相关的保险服务。对于大型铁路运输投资项目，它们也往往是重要的出资人。

需要指出的是，随着金融管制政策放宽，铁路部门成立的投资公司、金融公司或财务公司正在向全能型金融中介方向迈进，并在铁路建设和经营中扮演越来越主动的角色。

2. 铁路运输金融业务的主要工具

在铁路运输金融活动中，一些金融工具被广泛使用，是促进铁路运输发展的重要载体，同时它们也被打上了铁路印记。纵观历史，铁路运输金融业务最主要的金融工具有以下几类：①铁路债券，包括以铁路建设或运营为名义发行的各种债券，它曾是早期铁路建设的主要金融工具，至今仍是铁路建设的重要筹资手段；②铁路股票，包括以铁路建设或经营为名义发行的各种股票，它也是早期铁路开发的重要融资手段，至今也仍是铁路建设的重要筹资手段；③铁路信贷，包括普通贷款和不动产贷款等种与铁路建设和经营有关的贷款合约，它一直是铁路资本与金融资本相互渗透的媒介，至今已经成为铁路运输金融的常规业务；④铁路保单，主要是提供与铁路运输相关的保险服务。

二、铁路运输金融的基本内容

（一）投资业务

1. 股权投资业务

（1）直接投资

铁路运输金融中的股权直接投资是指投资者以占有股权的形式直接向铁路企业投资，形成该企业的实际资产。具体的投资工具主要是货币资产和其他金融资产，包括兼并与收购业务。这是当前铁路投资的主要形式。

（2）间接投资

铁路运输金融中的股权间接投资是指投资者以购买铁路企业股票的形式向铁路企业投资，但这里主要指在一级市场或私募股权市场上的投资，不包括在流通市场上的股票交易。

2. 债权投资业务

（1）直接投资

铁路运输金融的债权性直接投资是指投资者把所拥有的债权作为投资工

具直接向铁路企业投资，一般主要是把投资者所拥有的该铁路企业的债权置换为股权，并根据股权的比例结构获得相应管理权。

（2）间接投资

铁路运输金融的债权性间接投资是指投资者购买铁路企业发行的债务凭证，从而间接地向该企业投资。要形式是购买铁路企业公开发行的公司债券、政府债券或企业债券。

3. 衍生品及其他投资

（1）衍生品投资

目前铁路运输金融活动中衍生品投资是指投资者把拥有的衍生品转换为投资的做法，但是这种方式在实际中并不常见。另外，铁路基金可以看作一种衍生投资方式，它是以铁路资产为核心标的物的资产组合，投资者通过购买基金份额实现对铁路资产的投资。

（2）其他投资

铁路运输金融中的其他投资是指铁路金融活动中除上述类型以外的各种投资，主要有现金性投资和无形资产投资（如知识产权、商标、专业技术等）。

（二）融资业务

1. 直接融资

（1）股权融资

铁路运输金融中的股权性直接融资是指铁路企业通过发行股票或转让股权的形式筹集资金，具体形式主要有公开发行股票和私募股权。

（2）债权融资

铁路运输金融中的债权性直接融资是指铁路企业通过发行或出售债务性凭证获得资金的融资方式，具体形式主要有公开发行公司债券、政府铁路建设债券、企业债券、资产证券化工具和非公开举债等。

2. 间接融资

（1）股权融资

铁路运输金融中的股权性间接融资是指铁路企业把拥有的股权，包括自身的股权和拥有的其他企业的股权，出售或转让给金融机构，从而获得资金。比较普遍的做法是铁路企业把自身的股权转让给金融机构。

（2）债权融资

铁路运输金融中的债权性间接融资是指铁路企业以债务合约或转让债权的方式向金融机构融资，具体形式主要有普通贷款、不动产信贷、抵押贷款等。

三、铁路运输金融业务的模式

（一）投资模式

1. 股权投资模式

在铁路运输金融业务中，股权投资最主要的模式是认购模式，即铁路部门发行股票或转让股权，包括首发（IPO）和增发（SEO）。金融机构或符合资质的法人作为投资人直接认购企业发行的股票或股权，从而向铁路企业投资。还有就是资本运营模式，即投资人依据一定法律程序，以股份形式发起新公司投资铁路建设，或者对铁路资产进行股权收购或兼并，但是这种模式往往有政策上的限制。再者就是铁路企业出售持有的股票，包括个人在内的投资者在二级市场上购买这些股票，实现对铁路的投资，这是早期铁路建设的主要投资模式。

2. 债权投资模式

在铁路运输金融业务中，债权投资最主要的模式是债券模式，即铁路企业发行债券，投资人购买债券，实现对铁路的投资，这一直是各国铁路投资的重要模式。还有就是借贷模式，即金融机构或普通投资人直接向铁路企业提供贷款，获得铁路企业的债权和利息收入。

3. 其他投资模式

这里其他投资是指上述两种融资模式以外的投资模式，在铁路运输金融业务中，主要有特许权投资和租赁投资两种。其中，特许权投资是指投资者从政府手中取得铁路的特许建设或经营权，一般通过投标获得，以特许权为基础进行投资建设，特许权届满时根据协议办理转让手续或展期。常见的特许权投资有两种具体模式：一种是建设－运营－转让模式（BOT），另一种是公司合营模式（PPP）。租赁投资是指投资人投资于铁路资产，而后把这些资产租赁给铁路企业。

（二）融资模式

1. 股权融资模式

在铁路运输金融业务中，股权融资主要有两种模式：一是金融机构把所持有的股权资产出售或定向转让给铁路企业，从而获得铁路企业的资金；二是金融机构发行股权凭证，包括普通股和优先股，铁路企业购买股权凭证，以此金融机构吸收铁路企业的资金。

2. 债权融资模式

在铁路运输金融业务中，债权融资主要有两种模式：一是金融机构发行或销售债务性凭证，包括债券、存单、存款账户、金融机构票据等，铁路企业购买这些凭证，则金融机构获得铁路企业的融资；二是金融机构把所持有的债权性资产出售或转让给铁路企业，从而获得铁路企业的融资，债权性资产包括贷款、应收账款、应收票据等。

3. 其他融资模式

除了上述融资模式外，有时金融机构还可以通过其他模式获得铁路企业的融资，主要有信托和基金两种模式。这里信托是指铁路企业把资金委托给金融机构，由信托机构对这笔资金进行运营，使之增值保值，在这种模式下，铁路企业客观上对金融机构提供了融资。基金是指金融机构发起基金，铁路企业购买基金份额，从而向金融机构提供了融资。

第二节　市场概述

一、市场环境

（一）供给环境

1. 供给能力

考查铁路金融业务的供给能力应该以其对铁路建设、运营和发展所需要的金融服务的满足程度来衡量，包括业务种类和业务规模两个方面。其具体含义有两层：一是从种类上看，已经开办或允许开办的铁路金融业务对于铁路全面发展满足的程度；二是从规模上看，已经提供的铁路金融的业务总量满足铁路发展要求的程度。

2. 供给品种

前面章节已指出，交通运输金融的业务范围涵盖了银行、证券、资本运营，以及保险、信托和租赁等全方位的金融业务，但是对于不同的交通运输类型其业务品种有所侧重。就铁路运输金融来说，最主要的业务是金融机构为铁路建设融资，具体的模式是金融机构向铁路部门进行股权投资和债权投资；其次是针对铁路的商业银行业务；最后是针对铁路的保险业务。

3. 供给水平

这里供给水平主要指金融服务的便利性和质量。一般从金融供给的主体结构和渠道结构考察。对于铁路运输金融而言，供给水平表现在铁路建设能否便捷地得到金融体系的资金支持，不仅包括特大型铁路工程融资的便利性，还包括小微型铁路线路和设施融资的便利性。

（二）需求状况

1. 需求规模

这里需求规模有两个维度。首先，铁路部门对金融服务需求的总量要求，包括融资需求和投资需求。融资需求指铁路部门筹措资金的需求，投资需求是指铁路部门将剩余资金用于投资的需求。其次，铁路部门以外的经济主体对铁路金融服务的需求总量，如对铁路债券的需求、对铁路股票的需求等。

2. 需求品种

铁路金融的需求品种是指客户对铁路相关的金融服务的种类要求，这里客户包括铁路部门和普通市场主体。重点应该关注三个方面的问题：一是市场的主导品类，二是市场有需求但尚未开发的品种，三是趋于饱和的市场品种。

3. 需求质量要求

铁路运输金融的需求质量要求主要集中在两个方面：一是便利性要求，二是安全性要求。其中便利性要求是指铁路金融服务的可获得性。通常由于产业间壁垒的存在，造成铁路金融服务需求难以得到满足，因此便利性变得特别重要。对于铁路金融，安全性要求主要是指对金融欺诈等恶意损害投资者利益行为的防范。

（三）竞争状况

1. 竞争结构

铁路运输金融的竞争结构主要从两个方面考虑：一是铁路部门与金融部门之间的竞争，二是金融机构之间的竞争。这两方面决定了铁路金融竞争的基本面。前者的含义是铁路部门随着金融管制的放宽已经开办了很多金融业务，这形成了与金融部门之间的竞争；后者则是指金融机构争夺铁路金融业务产生的竞争。

2. 竞争程度

竞争程度主要从两个角度衡量：一是铁路金融机构数量与业务种类的比值，比值越高说明竞争越激烈；二是铁路金融机构与业务总量的比值，比值越高说明竞争越激烈。通常对于竞争程度的衡量有助于相关机构科学决策自身的竞争策略和措施。

二、市场结构

（一）主体结构

1. 主体规模结构

这里市场主体是指铁路金融活动参与者的全体，包括铁路企业、金融机构和普通投资者三类。主体规模结构是指三者在业务规模上的比例关系，有两个维度：一是各类市场主体占铁路金融业务量的份额及其比例关系，二是铁路金融各业务数量上的比例关系。由此可以评估主体结构是否合理及其调整方向。一般来说，铁路企业占有铁路金融的大部分份额，其后是大型金融机构，中小投资者只占有很小的份额。

2. 主体类型结构

这里类型结构是指同一业务类型所容纳的市场主体类型数量及其比例关系，它反映业务的市场深度，也叫市场生态，一般主体类型越多、比例越均匀越好。铁路金融的主体类型结构受政策的影响很大，因此各国间存在显著差别。通常铁路股票和债券投融资是面向主体类型最多的业务。

（二）业务结构

1. 业务品种结构

铁路金融业务的品种结构是指同一市场主体可开办的业务种类及其比例关系，它反映了市场的宽度。铁路金融的业务品种结构在不同国家间差异很大，以美国为代表的倡导自由竞争的经济体，业务种类繁多、结构丰满，而以中国为代表的有计划的市场经济体，业务结构相对比较单一。

2. 业务规模结构

业务规模结构是指不同业务的金额及其比例关系。铁路金融中，市场份额最大的业务是债权融资业务，其次是股权融资业务，再次是铁路相关保险业务，其他业务所占份额较小。

第三节　业务内容及客户对象

一、业务内容

（一）铁路运输相关的商业银行业务

1. 资产业务

（1）贷款业务

铁路金融中的贷款业务主要有两大内容：一是建设贷款，即用于铁路施工建设的贷款；二是购置材料贷款。铁路贷款业务有以下特点：①通常可以分段实施，即把整条铁路拆分成若干区段分别贷款；②偿还期长，一方面由于铁路的建设周期长，需要长期占用资金，另一方面通常以运营收入作为还款来源，需要较长时间才能完成积累；③收益率较低，这是因为铁路运营本身的收益率一般低于其他行业。

（2）证券业务

铁路金融中，证券业务的主要内容是金融机构承销铁路企业发行的各种证券，其中股票和债券占大部分。

2. 负债业务

（1）存款业务

铁路系统的现金流很大，因此存款业务需求也很大。存款业务的主要内容是吸收铁路企业的短期资金，为其提供资金周转服务。

（2）借款业务

铁路金融的借款业务主要是帮助铁路企业向第三方机构借款，包括国内借款和国际借款，一般以长期借款为主。

3. 中间业务和表外业务

（1）结算业务

铁路金融中的结算业务以金融机构为铁路企业结算为主，其突出的特点是分段结算。格外需要注意的是，由于铁路系统是由众多独立核算企业构成的网络型系统，因此铁路系统内部常设有结算中心或财务公司，为其成员单位处理基本结算业务。

（2）信用卡业务

铁路金融中，信用卡业务的特色是铁路金融 IC 卡，这方面日本的做法值得借鉴。在日本铁路企业与银行合作所推出的 IC 卡已经发展成为集预定、购买火车票，以及消费、支付和结算功能于一身的电子货币。

（二）铁路运输相关的证券市场业务

1. 证券投资业务

（1）股权投资业务

从各国经验看，铁路通常属于资金短缺的一方，因此在铁路金融中，股权投资业务的主要内容是为铁路部门承销或包销股票。

（2）债权投资业务

在铁路金融中，债权投资业务主要分为两方面内容：一是以银行为代表的金融机构向铁路企业提供贷款，包括建设贷款和运营贷款两大类，这是经常性业务；二是金融机构承销、报销或购买铁路企业债券。

（3）衍生品投资业务

在铁路金融业务中，衍生品投资主要是各类市场主体，包括机构和个人。投资于金融机构针对铁路有价证券开发的衍生金融工具，主要有铁路股票期权等。

2. 证券融资业务

（1）股权融资业务

前文已指出，铁路系统是个现金流巨大的部门，每天的现金流可以多达数亿元。尽管长期来看铁路通常是资金需求部门，但短期内铁路往往有大量剩余资金。因此，在铁路金融中，股权融资业务的主要内容是金融机构从铁路部门获得资金，主要的途径是出售或转让股权。

（2）债权融资业务

在铁路金融中，债权融资业务的主要内容是金融机构向铁路部门出售债务性合约，包括债券、回购协议等。

（3）衍生品融资业务

在铁路金融中，衍生品融资业务的主要内容是金融机构向铁路部门出售衍生金融工具，包括期权、期货等。

（三）铁路运输相关的资本运作业务

1. 兼并业务

铁路金融中兼并业务的主要内容是铁路企业之间的相互兼并和非铁路企业对铁路企业的兼并，金融机构以中介身份提供金融服务。

2. 收购业务

铁路金融中收购业务的主要内容是各类企业对铁路资产的收购，金融机构以中介身份提供金融服务。

（四）铁路运输相关的保险、信托与租赁业务

1. 保险业务

铁路金融中保险业务的主要内容是为铁路企业或工程项目提供保险服务，包括铁路建设和运营两方面的保险业务，其特点是保险种类多、条款多、技术复杂。

（1）社会保险业务

铁路金融中社会保险业务的主要内容是，铁路部门按照法律法规缴存和收取的保险资金，金融机构（保险公司）提供管理和运营服务。需要注意的是，有些国家铁路社会保险的范围较大。例如，俄罗斯把旅客人身意外作为一种强制保险，这就属于社会保险的范畴，中国在 2013 年以前也执行类似制度；但是美、欧国家没有把旅客人身意外纳入强制保险范畴，因此也就脱离了社会保险。中国 2013 年已将铁路旅客人身意外保险纳入商业保险范畴。

（2）商业保险业务

铁路商业保险的范围很大，种类也很多，大致包含机动车辆险、财产险、责任险、工程险、货运险、人身意外险等险种。基本业务内容是金融机构（保险公司）提供从承保到理赔的全面保险服务。

（3）合作保险业务

铁路合作保险业务的内容分两种情形：一种是金融机构（保险公司）受铁路部门委托代为管理和运营自我保险资金，另一种是铁路部门自行管理和运营保险资金。

2. 信托业务

（1）信托投资业务

铁路金融中信托投资业务的主要内容是金融机构（信托公司）把信托资产投入铁路建设和运营中，从而获得回报。具体做法是，吸收包括法人和自然人在内的公众投资，汇集成信托资金，投资于铁路部门。

（2）信托融资业务

铁路金融中信托融资业务的主要内容是金融机构（信托公司）吸收铁路资金，尤其是短期资金。

3. 租赁业务

（1）融资性租赁业务

铁路融资租赁业务的主要内容是金融机构（租赁公司）向铁路企业提供需要的租赁物，向铁路企业收取租赁费。具体的租赁物主要是铁路可移动设备，如机车车辆、通信设备、接触网等。

（2）经营性租赁业务

与融资性租赁业务的根本区别是，金融机构（租赁公司）向铁路企业提供的租赁物在租赁期满后所有权仍归出租方，因此出租方要连续对租赁物管理和反复租赁给不同的客户。

二、客户对象

（一）投资者

1. 直接投资者

铁路直接投资者的范围在市场经济体和计划经济之间存在很大差别，前者原则上允许包括自然人在内的各类市场主体直接对铁路投资，因此铁路金融的客户对象种类多、规模大、结构复杂，但是投资规模上看，以大型金融机构和大型工商业企业占较大份额；后者对直接投资者的限制很多，主要投资者是国家及其授权的少数专门机构。中国在铁路投资体制改革之前基本上属于这种情况。

2. 间接投资者

一般来说，间接投资者的范围大于直接投资者，涵盖了全部投资者类型，但是一般是机构投资者居主导。

（二）融资者

1. 直接融资者

铁路金融中的主要直接融资者是铁路企业、政府机构、金融机构，其特点是融资规模大、期限长、利率较低。

2. 间接融资者

铁路金融中的间接融资者主要是铁路企业，当它们以借贷形式从金融机构谋求融资时，它们便是间接融资者。

第四节　业务流程

一、铁路运输相关的商业银行业务流程

（一）资产业务流程

1. 贷款业务流程

一般来说，客户经理直接对铁路企业和项目的信息进行全面收集，对资料的真实性负责，提出贷款方案，之后报请有审批权的负责人审批，最后交由风险管理部门进行风险评估。核心是对铁路行业整体状况和特点，以及企业本身的经营状况进行调查研究，通常重点考虑铁路建设施工、铁路运营和铁路市场三个方面的因素。

2. 证券业务流程

在铁路金融业务中，证券业务流程需要注意的特殊之处是对铁路企业身份审核和行业政策的把握上，这是由于铁路是国家高度监管的部门，有很多具体规定。

3. 现金业务流程

铁路金融中银行现金业务流程与一般的现金业务流程没有差异。需要注意的问题是，铁路现金流量有时受行业的整体影响很大，应该加强风险监控。

（二）负债业务流程

1. 存款业务流程

铁路金融存款业务的特殊性主要在于，金融机构吸收铁路部门的存款时

必须遵守国家对铁路部门的特殊规定和铁路部门的行业政策，否则会产生法律风险。

2. 借款业务流程

铁路金融中银行借款业务流程与一般的借款业务流程没有差异。需要注意的问题是，铁路系统的组织体系比较复杂，基层法人的财务活动受到很大约束，银行应该通盘考虑。

（三）中间业务和表外业务流程

1. 结算业务流程

铁路金融中结算业务流程需要特别注意的一点是，包括中国在内的很多国家，铁路内部设有结算机构，外部银行一般承接铁路内部结算机构的对外结算和清算业务，需要与铁路内部结算机构协作与交换信息。

2. 信用卡业务流程

铁路金融中信用卡业务流程的特殊性在于铁路部门与银行部门之间的合作上，关键是系统之间的兼容和数据交换。

3. 备用信用证业务流程

银行为铁路企业开办备用信用证与为一般企业开办备用信用证的流程无差异。需要特别注意铁路企业业务的特点，妥善拟定备用信用证条款。

4. 贷款承诺业务流程

银行为铁路企业开办贷款承诺。需要特别注意铁路企业业务的特点，合理选择承诺类型和授信额度。

5. 贷款销售业务流程

铁路金融中贷款销售业务可以采取直接转让和资产证券化两种方式，前者需要铁路部门的同意，后者则不必征得铁路部门同意。

6. 资产托管业务流程

铁路金融中资产托管业务通常是金融机构对铁路资产的托管，这些资产大体上可以划分为金融资产和实物资产。托管机构尤其要注意托管合同条款的合规性。

二、铁路运输相关的证券市场业务流程

（一）证券投资业务流程

1. 股权投资业务流程

股权投资业务的基本流程是普遍适用的。在铁路金融中需要注意，铁路部门对铁路股权投资往往有格外要求。

2. 债权投资业务流程

铁路金融业务中很多债权投资业务属于场外交易，金融机构在经营中应该注意在流程上做出区别对待，重点是提高对场外交易的风险监控等级。

3. 衍生品投资业务流程

衍生品投资一般都有规范的交易流程，通常铁路设备和技术进出口面临汇率波动风险及铁路耗材价格波动风险。汇率衍生品和商品期货是比较普遍的衍生品投资品种。

（二）证券融资业务流程

1. 股权融资业务流程

从金融机构角度看，铁路股权融资是以股票向铁路部门融资，与向一般企业融资无异，重点是寻找和筛选合适的铁路机构。

2. 债权融资业务流程

金融机构以债权凭证向铁路部门融资，需格外注意铁路资金的特点，即现金流量大、稳定性较好。

3. 衍生品融资业务流程

一般来说，对铁路部门比较有吸引力的衍生品主要是汇率衍生品，以及与铁路耗材相关的商品类衍生品，因此业务流程上应该注意针对性。

三、铁路运输相关的资本运作业务流程

（一）兼并业务流程

1. 股权兼并流程

铁路的建设和运营不仅是交通问题，而是对居民生活、城市布局和区域环境会产生广泛影响的活动，往往产生复杂的利益冲突。铁路股权兼并中必须对此格外注意。

2. 债权兼并流程

铁路的债权兼并与股权兼并相比更为复杂，因为它涉及债权转化为股权的问题。所以在操作中必须格外对转化所涉及的相关政策、法律及约定加以注意。

（二）收购业务流程

1. 股权收购流程

与兼并相比，股权收购一般不改变原有企业的运营，更接近于财务投资者，因此操作难度有所降低，只要遵守相关政策、法律即可。

2. 债权收购流程

与股权收购相比，债权收购的操作受到附加约束，即债权转化为股权的正当性。金融机构应该对相关政策、法规和约定予以注意。

四、铁路运输相关的保险、信托与租赁业务流程

（一）保险业务流程

1. 社会保险业务流程

社会保险是根据国家法律法规建立的保险体系，对保险机构来说其核心流程可以概括为"两核"，即承保审核与理赔审核。在铁路金融中，社会保险业务具有明显的行业性，尤其涉及工伤、失业等具体险种时，要把铁路运营的特殊性贯彻到"两核"中去。

2. 商业保险业务流程

铁路金融中商业保险业务流程的重点有两个：一是针对铁路运营的特点开发合适的险种，二是根据铁路风险特点确定合理的保险条款。

3. 合作保险业务流程

一般来说，合作保险是对社会保险和商业保险的补充。铁路运营中存在很多社会保险和商业保险难以满足的保险需求，铁路金融中合作保险业务流程应该强调对铁路运营风险的细化处理和便捷性处理。

（二）信托业务流程

1. 信托投资业务流程

在铁路金融中，信托投资业务流程的重点是对铁路资产和铁路项目进行科学审核，确保投资安全。

2. 信托融资业务流程

在铁路金融中，信托融资业务流程的重点是对信托产品和营销技巧的精细设计，增加对铁路企业的吸引力。

（三）租赁业务流程

1. 融资性租赁业务流程

在铁路金融中，融资租赁业务需要格外注意针对铁路特点的营销和合同条款约定环节。目前国际上铁路融资租赁最多的业务是机车车辆租赁，承租方主要是铁路运输公司。

2. 经营性租赁业务流程

在铁路金融中，经营性租赁通常是铁路部门对闲置车辆和设备设施的短期租赁，金融机构承办此类业务时需注意对车辆和设备设施的核查。

第五节　风险控制

一、信用风险

（一）信用风险的成因

1. 客观原因

铁路运营受政治、经济和自然等外在客观因素的影响明显，在开办铁路金融业务时，应该对这些方面的因素进行系统而长远性的考虑。在这方面，中国金融机构尤其应引以为鉴的是，不可迷信"央企债券刚兑"这样的陈旧观念。例如，2016 年 4 月中国铁路物资股份公司就曾经业务规模萎缩、经济效益下滑，暂停 168 亿元债券融资工具的交易。

2. 主观原因

在铁路金融活动中，很多时候由于相关当事人的主观原因造成违约风险，尤其涉及市场机制不健全的发展中国家时，主观因素造成的违约风险更为突出。例如，在中国与尼日利亚合作建设尼日利亚铁路的过程中，合同和条款的履行存在随意性，承包商甚至无法按照国际惯例索赔，同时工程款支付不及时、拖欠严重也是尼日利亚工程承包市场较普遍的现象。

（二）信用风险类型

1. 客观型

铁路金融中客观型信用风险可以进一步细分为政策型、财务型、自然灾害型等。政策型是指由于不可抗拒的政治、法律、法规等的变化引起的信用风险；财务型是指由于铁路企业的支付能力不足而引起的信用风险；自然灾害型是指不可抗拒的自然灾害导致的信用风险。铁路企业金融机构在风险控制中应该注意不同类型的成因和特征，采取针对性的措施。

2. 主观型

铁路金融中主观型信用风险可以进一步细分为逆向选择型和道德风险型等。逆向选择型是指违约人事前就怀有不履约动机的情况，典型的例子是利用铁路相关法规政策或技术壁垒逃避责任或侵害对方权益。道德风险型是指违约人在合同期内出于种种原因产生违约动机的情况，典型的例子是借故拖延履约。

二、市场风险

（一）市场风险的成因

1. 国际市场方面的原因

一般地，国际市场利率和汇率波动对铁路金融具有最为显著的影响。国际利率波动会对铁路国际投融资活动产生广泛影响，尤其是对于在国际市场融资和吸收国际投资的铁路企业，通常当利率上升时，融资成本增加，投资减少。汇率波动对铁路机车和其他设备的相关金融活动产生巨大影响，包括国际结算业务、备用信用证业务、融资租赁等。

2. 国内市场方面的原因

国内市场对铁路金融通常具有更直接的影响，主要因素是利率、铁路运输需求和通货膨胀水平。国内利率波动对铁路相关的投融资活动产生显著影响，利率上升降低铁路投资收益，增加融资成本；铁路运输需求波动直接影响铁路企业的经营效益，需求下降会减少铁路投资收益，降低铁路融资的吸引力，从而增加其成本；通货膨胀会造成铁路融资成本上升、投资收益下降。

（二）市场风险主要类型

1. 国际市场型

国际市场型风险可以细分为国际市场利率型、汇率型两个主要类型。当国际市场利率和汇率出现明显波动或存在潜在不确定因素时，开办铁路金融业务的机构应加以重视，提前做出预警，并制定防控预案。

2. 国内市场型

国内市场型风险可以细分为国内利率型、国内铁路运输需求型和通货膨胀型三个主要类型。铁路金融企业应该对国内利率变化规律和趋势、国内铁路运输需求波动的成因和机理，以及通货膨胀的形成和传导等问题密切注意，争取早感知、早防范。

三、操作风险

（一）操作风险的成因

1. 体制原因

这里体制是指有关铁路金融的组织体系及其制度体系，包括监管机构、法律、法规和政策等。体制对铁路金融业务的运营具有重大影响。首先，它决定了可以开办哪些业务；其次，它决定了哪些人或机构可以开办特定的业务；再次，它决定了业务的基本原则和规范；最后，它决定了业务的存废。因此，当体制发生变化时，铁路金融业务的运营就面临风险。由于铁路通常被认为是对国民经济具有重大影响的部门，相关金融活动往往受到严厉监管，因此体制因素的影响十分突出。

2. 过失原因

在铁路金融业务进行过程中，内部程序或人为的过失都会对业务的实施产生损害。铁路金融活动中的过失多由于对铁路运营及其内外部环境的认识不足而造成，包括对相关法规、政策和国际惯例了解不够。

（二）操作风险类型

1. 体制型

体制型铁路金融操作风险可以细分为组织型、法律法规型和政策型三种。组织型主要是指铁路主管部门组织程序变动对铁路金融产生影响的情形，如主管机关调整、报批流程变化等可能造成业务延滞；法律法规型主要是指涉及铁路的相关法律法规发生变化对铁路金融业务产生影响的情形，如一些业务可能被取消或禁止等；政策型主要是指国家宏观政策的调整引起铁路金融业务受到限制的情形。

2. 过失型

过失型铁路金融操作风险可以细分为违规操作型和设计缺陷型两种。违规操作是指业务相关人员没有按照规程操作而造成业务风险，设计缺陷是指业务流程和相关技术的设计及采用存在缺陷而造成业务风险。例如，2008 年加拿大国家铁路公司（CNR）在兼并美国钢铁公司持有的 EJ&E 公司时就发生了明显的因考虑不周而引起的操作风险。

第六节　案例分析

一、铁路运输相关的商业银行业务案例

（一）案例背景

1. 基本情况

沈阳铁路局所属锦州站与锦州银行合作，于 2015 年底开发出 IC 卡"银铁通"。该业务把发售火车票与提供传统金融服务结合起来，不仅提供银行存取款、查询、转账等服务，还可以发售火车票、提供购票发票、换取纸质车票。锦州银行因此成为全国首家提供在银行网点自助购买铁路客票全套服务

的金融机构。

2. 业务内容

从金融的角度看，"银铁通"属于信用卡业务，是银行表外业务的一种。该业务的核心内容是银行按照铁路部门要求开发具有自助服务功能的 IC 卡，铁路部门为此要向银行支付费用。在"银铁通"的日常运营中，银行负责管理持卡人信息，向铁路系统传输持卡人订票、购票信息，提供结算服务，铁路部门通过与银行进行数据交换负责出票事宜，银行向铁路系统收取服务费。通过这一业务，银行获得了铁路部门的服务费、增加了收入，铁路部门则提高了票务服务自动化水平，是一个互利共赢的合作。

3. 事件结果

据报道，"银铁通"业务一经推出，就受到了铁路系统领导和广大客户的一致好评。该项服务首先在锦州银行各网点布设推广，得到当地居民的普遍欢迎，此后，计划在其他城市陆续铺开。截至目前，郑州、淄博、济南、安庆等城市都启动了"银铁通"业务。

（二）案例分析

1. 案例揭示的问题

"银铁通"是全国第一个实现铁路票务与银行自助服务一体化的业务。该业务本身的技术复杂度并不大，很早就具备了开发的条件，但是迟至 2015 年才有了结果，说明铁路与银行的合作滞后于现实需求及其已经提供的技术条件。早在 2009 年广深铁路股份公司与工商银行合作，推出了"广深铁路牡丹金融 IC 卡"，但是该卡主要的功能是自助订票，银行提供结算服务，本质上是一张交通卡，没有实现铁路票务和银行自助服务的全面整合。

2. 案例启示

铁路与银行合作不仅能够提高铁路服务质量和效率、增加银行的业务收入，而且提升了铁路旅客的出行体验、增加了社会福利。截至目前，铁路业务与银行业务的一体化还只是一个开始，其广度和深度远没有得到有效开发。因此，银行与铁路应该进一步积极探索扩大合作领域，加大业务合作深度，实现更深、更广的一体化。

二、铁路运输相关的证券市场业务案例

（一）案例背景

1. 基本情况

1996 年 5 月广深铁路股份有限公司成功在纽约、中国香港两地挂牌上市，首次实现中国铁路在国际证券市场的股权融资。所筹集资金折合人民币 45 亿元，超过上市前所预期的 29.5 亿元人民币目标，市盈率为 12 倍。

2. 业务内容

就金融而言，广深铁路境外上市融资，意味着全套股票发行业务，包括评估、申请、招股、承销到结算一系列内容。金融机构（一般是由主承销机构牵头的承销团）获得提供发行服务的佣金，广深铁路则获得了巨额融资。

3. 事件结果

广深铁路股份有限公司从这笔资金中拿出约 20 亿元用于偿还债务，其余部分用于广深准高速铁路的配套建设，包括电气化改造，以及购置高速机车、车辆等，使其运营效率和服务质量有上了一个台阶。

（二）案例分析

1. 案例揭示的问题

广深铁路上市的时候，中国股票市场才刚刚起步，人们对股票还缺乏基本认识，公众对于投资规模大、投资回收期长的铁路融资持保守态度。当时香港和纽约股市很低迷，中国国企股表现尤其差，又逢美国政府发表"限制中国纺织品进口"的声明，中国企业境外上市的环境进一步恶化。尽管如此，上市所募集资金超出预期50%。这说明人们对铁路和股票市场的认识还比较肤浅。

2. 案例启示

广深铁路股份有限公司成功在纽约和中国香港两地上市，不仅获得了巨额的融资，而且为铁路金融提供了范例。它启示人们，应该重视并充分利用国际和国内证券市场的力量，为铁路发展提供支持，而且证券市场蕴含着巨大的能量。

三、铁路运输相关的资本运作业务案例

（一）案例背景

1. 基本情况

美国芝加哥环线铁路兼并案是一个典型的铁路资本运作案例。该项兼并的发起人是加拿大国家铁路公司（CNR），被兼并方是美国钢铁公司（USSC）拥有的 EJ&E 铁路公司。2007 年 9 月加拿大国家铁路公司与美国钢铁公司签署协议，前者以 3 亿美元兼并 EJ&E 铁路公司的主要资产和业务。2008 年 7 月，美国地面运输委员会（STB）完成了加拿大国家铁路公司兼并提案的环境影响评估草案并予以公示。2008 年 12 月 5 日，美国地面运输委员会形成并正式公布环境影响评估最终报告，12 月 24 日决定"有条件地批准 CNR 收购 EJ&E"，这项决定于 2009 年 1 月 23 日正式生效。

2. 业务内容

从金融的角度看，兼并是一系列金融安排的结果，包括筛选兼并对象、资产评估、安排谈判磋商、拟定兼并方案、资金筹措、资金托管等。从铁路角度看，要拟定切实可行的运营方案，使之通过主管部门的审核。

3. 事件结果

美国伊利诺伊州政府、芝加哥大都市委员会、芝加哥公共交通运营公司，以及因效率改善而受益的运输服务客户对该兼并案都持支持态度。但换线铁路沿线的居民多持反对态度，因为兼并后换线通过的列车数量会大幅度增加，造成该区域噪声、空气污染和交通拥堵加剧。为此兼并方提出了改进意见，并接受主管部门 5 年的监督。

（二）案例分析

1. 案例揭示的问题

铁路兼并不仅仅是一个金融问题，它涉及从居民日常生活到城市发展乃至社会公平等多层次、多方面的问题，任何一方的反对都有可能使兼并难以实施。

2. 案例启示

事前必须对相关的法律、法规、政策、民意进行充分调研和科学评估，否则会发生严重风险。另外，对于那些想通过兼并完成城市铁路改造升级的地区，应该及早规划，否则随着社会和经济的发展、人口的积聚，兼并成本会越来越高。

四、铁路运输相关的保险、信托与租赁业务案例

（一）案例背景

1. 基本情况

准池铁路是连接大准铁路（山西省大同至内蒙古自治区鄂尔多斯准格尔旗）和朔黄铁路（山西省神池县至河北省黄骅市）的重载煤运专用铁路。某建设公司在中标后对其所承建的合同项目进行了保险，包括物质损失保险、第三者责任保险、累计清除残骸费用保险三项，合计保费 70 余万元。

2. 业务内容

从金融角度看，该保险案例业务的主要内容是制定保险条款、确定保险

费率、评估投保资产价格、制定理赔条件和程序等。具体执行过程中还涉及投保方的报案、现场维护，以及保险公司的勘察、核实、定损等具体内容。

3. 事件结果

2012 年夏秋及 2013 年春天，由于恶劣天气、隧道塌方和桥墩局部堆落等原因，投保公司累计获得保险公司赔付的 68 万余元。双方对保险合同的执行都很认真，对最后的结果都很满意。

（二）案例分析

1. 案例揭示的问题

在该案例中，铁路建设单位对保险业务很陌生，甚至对保单中的基本术语都知之甚少。同样，保险公司对铁路施工也很陌生，对工程进度、工程设计、施工技术等重要事项难以准确把握。于是双方商定，聘请保险经纪公司投保，最终选择了工程保险经纪公司作为中介，代理铁路建设单位向保险公司投保。由于工程保险经纪公司既有工程项目建设施工方面的专业人员，又对保险业务精通，保证了从投保到理赔、完结全过程顺利。此案例揭示的主要问题是，铁路建设是事故多发项目，合理防范和降低风险损失十分必要。但一方面建设单位缺乏相应的人才和队伍配备，这对于铁路发展是不利的；另一方面保险部门在开发针对铁路特点保险业务的努力也很不够，这对于保险业务的扩大也是不利的。

2. 案例启示

铁路保险等金融业务还存在很大的发展空间。一方面，保险部门应该认真研究铁路建设和运营的特点，开发具有针对性的保险险种，拟定科学合理的保险条款，从而增加对铁路部门的吸引力，扩大自身的业务和收入；另一方面，铁路部门应精细评估自身存在的各种风险，包括风险的成因、发生的概率、损失程度等，选择合适的风险防范途径和措施，包括采取合理的保险措施，达到以最小成本获得最大风险控制效果、提高效益和质量的目的。

本章主要参考资料

［1］曹和平，庄媛媛．非银行类金融机构业务资源动员研究——关于租赁保理的案例与理论分析［J］．财经理论与实践，2016（6）：28－34，41.

［2］骆祚炎，乔艳．私募股权投资效率的随机前沿 SFA 模型检验与影响因素分析——兼论中国股权众筹的开展［J］．金融经济学研究，2015（6）：82－91.

[3] 粟芳，初立苹．向银行业投资的过度性甄别及动机分析 [J]．管理科学学报，2016（11）：74－89．

[4] 段军山，张锐豪．金融衍生品、货币环境与商业银行风险承担 [J]．当代财经，2016（2）：61－73．

[5] 张一林，龚强，荣昭．技术创新、股权融资与金融结构转型 [J]．管理世界，2016（11）：65－80．

[6] 黄文青．我国上市公司债权融资的治理效应研究 [J]．财经问题研究，2010（8）：69－72．

[7] 李似鸿．金融需求、金融供给与乡村自治——基于贫困地区农户金融行为的考察与分析 [J]．管理世界，2010（1）：74－87．

[8] 陆家骝．竞争性融资结构与区域债权资本市场建设 [J]．当代财经，2012（8）：44－51．

[9] 余东华，马路萌．中国银行业竞争程度的测度分析——基于PR模型和利率非市场化 [J]．财贸研究，2012（4）：106－111．

[10] 李广析，孔荫莹．商业银行金融资源与实体经济的配置效率测度——基于贷款结构和盈利模式差异的视角 [J]．江汉论坛，2016（7）：62－68．

[11] 姚耀军，李明珠．金融结构、中小企业与反贫困——基于新结构经济学最优金融结构理论的经验研究 [J]．浙江社会科学，2013（9）：25－33，155－156．

[12] 李健，范祚军．经济结构调整与金融结构互动：粤鄂桂三省（区）例证 [J]．改革，2012（6）：42－54．

[13] 张淦，管弋铭，范从来．金融资产短缺与约束型资产替代 [J]．现代经济探讨，2017（6）．

[14] 马慎萧．美国非金融部门的金融化转型 [J]．政治经济学评论，2016（5）：202－224．

[15] 陈雄兵，邓伟．商业银行表外业务与货币政策信贷传导 [J]．国际金融研究，2016（8）：60－70．

[16] 周守华，吴春雷，赵立彬．金融发展、外部融资依赖性与企业并购 [J]．经济经纬，2016（2）：90－95．

[17] 刘辉，温军，丰若旸．收购兼并、异质企业与技术创新 [J]．当代经济科学，2017（2）：72－85，126－127．

[18] 王颢．保险资金私募股权投资研究 [J]．国际经贸探索，2016（9）：69－83．

[19] 朱丽萍. 我国信托业务风险的特征、来源与影响因素分析 [J].
　　价格理论与实践，2015 (3)：93 - 95.

[20] 胡阳. 银行对融资租赁信贷业务的风险管理研究 [J]. 兰州学
　　刊，2016 (1)：171 - 177.

[21] 袁蓉丽，肖泽忠，邹宏. 金融机构投资者的持股和公司业绩：
　　基于股东积极主义的视角 [J]. 中国软科学，2010 (11)：
　　110 - 122，192.

[22] 成力为，严丹，戴小勇. 金融结构对企业融资约束影响的实证
　　研究——基于 20 个国家制造业上市公司面板数据 [J]. 金融经
　　济学研究，2013 (1)：108 - 119.

[23] 刘又哲. 商业银行小企业信贷风险管理探讨 [J]. 中央财经大
　　学学报，2011 (10)：30 - 35.

[24] 李军，冉光和. 证券公司投资银行业务风险评估研究——基于业务
　　操作人员的调查分析 [J]. 财经问题研究，2011 (12)：73 - 77.

[25] 刘良灿，张同建. 国有商业银行流程操作风险防范研究——基
　　于内部控制视角 [J]. 云南财经大学学报，2010 (5)：81 - 87.

[26] 杜欣欣，杨有振. 商业银行业务转型：风险和路径选择 [J].
　　统计与决策，2014 (8)：155 - 157.

[27] 支春红. 商业银行会计结算业务操作风险的防范和控制 [J].
　　山西财经大学学报，2010 (S2)：204.

[28] 罗长青，李梦真，杨彩林，卢彦霖. 互联网金融对商业银行信
　　用卡业务影响的实证研究 [J]. 财经理论与实践，2016 (1)：
　　54 - 58.

[29] 杜宁. 备用信用证独立性原则研究 [J]. 兰州学刊，2012 (4)：
　　208 - 210.

[30] 李宏，张健. 活期存款与贷款承诺之间风险对冲机制分析——基
　　于中美银行业的比较 [J]. 国际金融研究，2015 (11)：37 - 46.

[31] 庞小凤，邹震田. 我国小额贷款公司资产证券化业务分析 [J].
　　经济体制改革，2017 (2)：144 - 149.

[32] 张子荣. 我国地方政府债务风险研究——从资产负债表角度
　　[J]. 财经理论与实践，2015 (1)：95 - 99.

[33] 李建军，赵冰洁. 互联网借贷债权转让的合法性、风险与监管
　　对策 [J]. 宏观经济研究，2014 (8)：3 - 9.

[34] 潘红波，余明桂. 目标公司会计信息质量、产权性质与并购绩

效［J］.金融研究，2014（7）：140－153.

［35］赵红，王新军.我国农业保险标准化流程与内容研究［J］.山东社会科学，2015（6）：117－121.

［36］周云.试析企业管理层收购中的信托融资［J］.江西社会科学，2010（6）：174－178.

［37］冯曰欣，刘砚平.我国融资租赁业发展现状及策略研究［J］.东岳论丛，2016（3）：125－132.

［38］苏宁.论融资租赁的本质及其行业定位［J］.新疆师范大学学报（哲学社会科学版），2011（5）：59－65.

［39］巴曙松，居姗，朱元倩.我国银行业系统性违约风险研究——基于 Systemic CCA 方法的分析［J］.金融研究，2013（9）：71－83.

［40］徐延利，王玲玲，刘丹，张志波.基于动态 Copula 模型对金融市场风险管理的探究［J］.中国软科学，2010（S1）：105－110.

［41］王竹泉，王贞洁，李静.经营风险与营运资金融资决策［J］.会计研究，2017（5）：60－67.

第七章

航空运输金融

第一节　业务概述

一、航空运输行业简介

（一）行业摘要

1. 行业内涵

航空运输行业是指借助于飞机等航空器械实现货物和旅客空间位移的一种生产活动，可以从三方面来理解。①航空运输行业是资金、技术密集型行业，具有明显的规模经济和范围经济特征，投资量大、技术装备多、资金周转慢，在建设和运营过程中涉及大量的金融活动，如机场建设融资方式的选择、大飞机的融资租赁和开发运输航线的融资等；②航空运输行业是高风险行业，其中最常见的是由于天气原因带来损失的可能性，所以航空运输行业与保险行业合作开发了航空意外险、航空器机身险、延误险和航空运输保险等；③航空运输行业运营成本高，投资规模大，要想获得规模经济效应，就需要维持庞大的机队规模，且在运行过程中需要负担昂贵的起降费和燃油价格，所以收益率较低。我国 2013 年超过 80% 的机场处于亏损状态，民航机场更是严重，依靠国家补贴才得以渡过难关。

2. 行业特点

航空运输行业产品和服务的输出依赖于各国之间经济合作往来，该行业的发展需要大量资金、技术，投入运营成本高，设备操作复杂，对机组人员的要求相对较高，自发形成垄断。加之航空运输的领域是在空中，对自然条件的要求更高，天气对它的影响比其他交通运输方式更甚，所以风险较大。由此可知航空运输行业具有以下特点：商品性、国际性、资金技术密集性、自然垄断性、高风险性。

（二）现状及发展前景

1. 现状

航空运输业近几年发展良好，无论是投资还是融资业务量都显著增加，主要体现在业务量、行业固定资产投资与机场建设的平稳增长。以我国为例，2015 年 1 ~ 11 月，我国民航业完成运输总周转量 777.17 亿吨公里，同比增长 13.7%；2015 年完成固定资产投资 1839.86 亿元，同比增长 28.25%；2014 年旅客吞吐量 1000 万人次以上的运输机场 24 个，较 2013 年增加 3 个，实现旅客吞吐量 5.79 亿人，占该年全部机场旅客吞吐量的 76.76%。

2. 发展前景

航空运输行业的发展，一方面依赖于各国的贸易往来，另一方面依赖于金融市场的发展，同时还依赖于技术的进步。如今各国正处在经济全球化的大浪潮下，生产经营相互依存、相互联系，金融市场也在不断壮大，新兴的金融工具层出不穷，加之科学技术不断进步，据此就为航空运输行业的发展提供了肥沃的土壤。

二、航空运输金融业务的内涵

(一) 航空运输金融业务的含义

1. 什么是航空运输金融业务

航空运输金融是交通运输金融中与航空运输相关的金融活动的总称，而航空运输金融业务则是指在航空运输金融中开展的具体经济活动。具体点讲，航空运输金融业务可以分为以下几种：①航空运输企业在建设、运营过程中，金融机构通过应用和开发各种金融产品介入，通过金融手段有效为航空运输行业服务，如银行为航空公司提供的贷款融资，保险公司为航空运输企业提供的航意险、延误险、航空运输险，以及证券公司为航空运输企业发行股票、债券等；②航空运输企业中的金融机构主动发起的金融活动，如航空运输企业的金融租赁公司开展的大飞机租赁业务、航空运输企业的兼并收购，以及航空运输企业为规避风险开展的衍生品交易等；③航空运输和金融机构以外的机构从事的与航空运输行业相关的金融活动。

2. 航空运输金融业务的特点和要点

航空运输行业资金、技术、风险密集，受国际市场的影响较大，而金融业集散了巨额资金，任何经营决策的失误都可能导致"多米诺骨牌效应"。故航空运输金融有以下特点：国际性、高风险性、垄断性、效益依赖性。

(二) 航空运输金融业务的机构和工具

1. 航空运输金融业务的主要机构

航空运输金融业务的主要机构可以分为参与业务的实体机构和监督机构两部分。其中实体机构又可以分为金融机构（商业银行、证券公司、保险公司、信托公司和租赁公司等）与航空运输企业内部的财务机构或财务公司；监督机构又可以分为金融活动的监管部门（银监会、保监会、证监会等）与航空运输行业的一些监管部门（各国的航空运输协会等）。

2. 航空运输金融业务的主要工具

从大的方面来说，航空运输金融业务的工具可以分为航空运输金融的商业银行工具、证券业务工具、保险业务工具、资本运作工具及租赁业务工具等。其中商业银行工具又包括航空运输企业在商业银行的抵押贷款合同、大额可转让存单、信用卡等；证券业务工具包括航空运输企业上市公司的股票及发行的企业债等；保险业务工具包括航意险、延误险、财产损失险、机身险等各种保单；资本运作工具主要是指兼并收购的双方企业之间的书面合同；租赁业务工具主要是指大飞机租赁、复杂设备租赁的租赁合同。

三、航空运输金融业务的基本内容

（一）投资业务

1. 股权投资业务

（1）直接投资

航空运输金融股权投资直接投资的目的是获得被投资单位的股权，从而可以直接参与被投资单位的经营管理。而投资方式有两种：一是投资者将货币资金、无形资产或者其他资产直接投入企业，形成企业实物资产；二是购买现有企业。

（2）间接投资

航空运输金融股权投资间接投资的目的同样是获得被投资单位的股权，但不是为了参与经营管理，而是看中被投资单位的投资潜力以期未来获得收益。投资方式只有投资者用资本购买被投资公司的股票（准备上市或未上市）这一种方式。

2. 债权投资业务

（1）直接投资

航空运输企业债券投资的直接投资是指航空运输企业直接将资金借贷给被投资单位。例如，某航空运输企业将资金直接贷给下游企业，或者航空运输企业有某下游企业的应收账款等。

（2）间接投资

航空运输企业债券投资的间接投资是指航空运输企业为了获得固定利息收入或者在金融市场上的买卖价差而进行的一种金融活动，如航空运输企业购买其他企业债、国库券等。

3. 衍生品及其他投资

（1）衍生品投资

航空运输金融的衍生品投资是指航空运输企业投资于金融衍生品来应对价格、利率、外汇等风险的一种投资活动。例如，我国东航采用了原油期权、外汇远期和利率互换三种衍生品来应对每年航空燃油价格变动的风险和利率、外汇等变动的风险。

（2）其他投资

航空运输金融的其他投资是指航空运输金融单位发生的构成投资完成额并单独形成交付使用财产的各项其他投资支出，主要包括房屋购置、办公和生活用家具器具购置、可行性研究固定资产购置等。

（二）融资业务

1. 直接融资

（1）股权融资

这里股权融资中直接融资包括两种：一是公开市场发售，即航空运输企业通过发行企业股票来募集资金，包括常说的企业上市、上市企业增发和配股；二是私募发售，即航空运输企业自行寻找特定的投资人，吸引其为航空运输企业投资的融资方式。

（2）债权融资

这里债权融资直接融资主要是指债券融资，即航空运输企业通过发行企业债的形式直接融入资金。

2. 间接融资

（1）股权融资

航空运输企业股权融资的间接融资主要是指股权质押融资，即指出质人（航空运输企业）以其所拥有的股权这一无形资产作为质押标的物，为自己或他人的债务提供担保的行为。

（2）债权融资

航空运输金融中银行信用、信托融资、项目融资及其租赁都属于债权间接融资的范畴，其中银行信用是债权融资的主要形式。具体内容在下文会有涉及。

四、航空运输金融业务的模式

（一）投资模式

1. 股权投资模式

航空运输金融的股权投资模式可以分为三类：一是增资扩股，即航空运输公司投资其他公司新发行一部分股份，以期获得收益的行为；二是股权转让，即航空运输公司接受其他公司股东让渡的股份，从而成为公司股东的投资行为；三是其他投资方式，即除了上述两种投资模式外，还可以两者并用，或者与债券投资并用。

2. 债权投资模式

航空运输金融的债权投资模式主要可以分为商业银行债权投资和证券市场债权投资。其中，商业银行债权投资可以分为可转让定期存单的投资、存款的投资、银行承兑汇票的投资、商业票据的投资，而证券市场的债权投资包括政府债券的投资、金融债券的投资和企业（公司）债券的投资。

3. 其他投资模式

航空运输金融的其他投资模式是指除了股权投资、债权投资以外的投资模式，如股权债权投资并用、有政府介入的投资等。

（二）融资模式

1. 股权融资模式

航空运输金融中的股权融资模式主要可以分为以下四种：一是股权质押融资，即航空运输企业以其所拥有的股权这一无形资产作为质押标的物，为自己或他人的债务提供担保的行为；二是股权交易增值融资，即最直接、快速、有效一种融资模式；三是股权增资扩股融资，是权益性融资的一种形式，是股份公司和有限责任公司上市前常用的融资方式；四是私募股权融资。

2. 债权融资模式

航空运输金融的债权融资模式主要有三种：一是银行信用，二是项目融资，三是发行企业债。其中银行信用是债权融资的主要形式，其又可细分为国内贷款融资和国际贷款融资。项目融资是需要大规模资金项目采取的金融活动，航空运输企业原则上将项目本身拥有的资金记取收益作为还款资金的来源，而且将其项目资产作为抵押条件来处理，该项目事业主体的一般信用能力通常不被作为重要因素来考虑。

3. 其他融资模式

航空运输企业的其他融资模式是指除了股权融资和债权融资以外的模式。例如，结合航空运输行业中基础设施建设众多、项目时间长的特点，融资模式还可以采用以下几种类型。

1）以设施使用协议为基础的融资。

2）以土地开发为诱导的融资。

3）PPP 融资模式。

4）BOT 模式融资。

5）TOT 模式融资。

第二节　市场概述

一、市场环境

（一）供给环境

1. 供给能力

航空运输金融的供给能力主要是指当消费者需要时，航空运输金融可以提供的产品和服务，按照时间划分可以分为实际的供给量和潜在的供给量：前者是指在预测时市场上的实际供给能力，如现在已经比较完善的大飞机融资租赁，航意险、机身险的运用等；后者是指在预测期可能增加的供给能力，如航空运输金融出现一种新的风险应该随之创新的金融工具等。

2. 供给品种

从大的方面来说，航空运输金融产品的供给品种主要包括银行航空运输金融产品、证券航空运输金融产品、保险航空运输金融产品、资本运作航空运输金融产品、租赁航空运输金融产品及衍生品交易航空运输金融产品等。其中，银行航空运输金融产品主要包括银行的各个业务与航空运输企业的合作；证券航空运输金融产品主要包括航空运输金融企业发行的股票、债券等；保险航空运输金融产品主要包括航意险、航空运输货运险、机身险、财产损失险等；资本运作航空运输金融产品主要指航空运输企业之间的兼并收购；租赁航空运输金融产品主要指航空运输的融资租赁和经营租赁；衍生品交易航空运输金融产品主要包括航空运输企业为应对利率、汇率、石油价格变化等风险而衍生出的金融产品。

3. 供给水平

航空运输金融是一种新兴业务。目前与银行所研发的各种金融产品的供给水平较高，其次融资租赁的发展也比较完善，保险方面航意险、延误险等险种开发的较好。但在其他方面的供给水平还较低，所以需要进一步的关注，更深层次的发展。

（二）需求状况

1. 需求规模

航空运输金融的需求规模是指航空运输企业对于金融部门与该企业相关

金融产品的需求数量与质量。这不是一个固定的数字，而是一种一组在特定条件下的函数。

2. 需求品种

航空运输金融的需求品种是指航空运输企业对各种各样金融工具的需求。具体分为5类：①商业银行航空运输金融业务，即航空运输企业需要且商业银行能够提供的金融工具；②证券市场航空金融业务，包括股权投融资业务、债权投融资业务、衍生品投融资业务等；③资本运作航空运输金融业务，包括兼并业务和收购业务等；④保险航空金融业务，主要指商业保险中航意险、延误险、航空运输货运险等；⑤租赁航空金融业务，主要就是指大飞机、复杂设备的租赁。

3. 需求质量要求

航空运输金融的需求质量要求是说要通过该金融产品实现一种怎样的效果。例如，机场建设需要一笔数量巨大、运用时间长的资金，那么航空公司在选择融资工具时，该融资工具就需要满足这样的要求。如果没有融资工具能够满足这样的要求，那么这时就产生了潜在的航空运输金融需求质量要求。

（三）竞争状况

1. 竞争结构

航空运输金融的竞争结构主要是指航空运输金融市场竞争对手力量的变化。主要包括五方面的内容：一是国家发展工业部署，生产力布局中涉及航空运输行业和相关竞争行业的部分；二是科技进步对发展航空运输金融产品的影响；三是航空运输行业企业状况，如企业规模、生产能力、产品方向，技术水平和销售潜力等；四是航空运输行业企业经营策略，如融资方式、投资方向等；五是航空运输企业竞争产品的内在质量。

2. 竞争程度

航空运输金融的竞争程度是指航空运输行业竞争对手之间竞争的激烈程度，其决定因素如下。一是进入航空运输行业的威胁，即进入障碍和预期的报复，航空运输行业属于寡头垄断竞争，进入壁垒相对较高。二是现有航空运输企业之间的抗衡强度。三是航空运输企业上下游的垄断程度，航空运输行业上游企业，如航油、航材、计算机等，理应是为航空运输企业服务的，但大部分却扮演着垄断中间商的角色，所以上游企业的垄断程度会影响航空运输企业的竞争。

二、市场结构

（一）主体结构

1. 主体规模结构

结合航空运输行业的特点，以及航空运输金融现行业务的现状，可知航空运输金融主体结构主要包括银行机构、证券机构、保险机构、租赁机构等。其中，银行机构中的商业银行、证券机构中负责发行航空运输企业股票和企业债的部门、保险机构中负责商业保险的部门，以及金融租赁公司中负责航空运输企业的部门构成了现行航空运输金融的主体规模。

2. 主体类型结构

从大的方面看，航空运输金融业务的主体类型分为两大类：一是开办航空运输相关金融业务的金融机构，二是非金融机构中涉及航空运输金融业务的金融或财务部门。前者可以分为以下几类：银行类机构、证券类机构、保险类机构，后者可分为以下两类：航空运输部门中开设的金融或财务部门，非航空实业部门中开设的涉及航空运输金融业务的金融或财务部门。

在上述分类中，银行类机构主要包括开办航空运输金融业务的商业银行、政策性银行、储蓄银行、信用社等；证券类机构包括证券公司、基金公司等；保险类机构主要包括保险公司、信托公司等；航空运输部门中开设的金融或财务部门及非航空实业部门中开设的涉及航空运输金融业务的金融或财务部门主要包括金融公司、财务公司等。

截至目前，航空运输金融业务主体以商业银行和航空运输部门中开设的金融公司为主，二者的业务规模占全部航空金融业务的大部分。

（二）业务结构

1. 业务品种结构

商业银行航空运输金融业务主要是指商业银行各个业务中涉及航空运输企业的部分；证券行业航空运输金融业务主要包括股权投融资、债权投融资和衍生品交易等；保险行业航空运输金融业务主要包括货物运输保险、航意险、延误险等的应用；租赁行业航空运输金融业务主要指大飞机、复杂设备的融资租赁、经营租赁等；资本运作航空运输金融业务主要就是指金融机构参与的航空运输企业之间的兼并收购。

2. 业务规模结构

在航空运输金融业务中，银行类业务作为基础业务，所占份额比较大；证券类业务中发行股票融资也是航空运输企业常用的融资方式之一；保险类业务中航意险、机身险、航空运输货运险的应用较多；租赁类业务所占份额最大，对于价格昂贵的大飞机或者是容易破损的机器设备，通常都是采用融资租赁的方式来获得；航空运输行业属于寡头垄断，需要不断地通过兼并收购来获得规模效应，故资本运作业务也占有一定的比例。

第三节　业务内容及客户对象

一、业务内容

（一）航空运输相关的商业银行业务

1. 资产业务

（1）贷款业务

在这里的贷款业务是指航空运输企业向商业银行提出申请，按照一定的利率融入资金，并约定如期归还的业务。

（2）证券业务

这里的证券业务一方面是指商业银行的证券投资活动，另一方面也可以理解为商业银行的证券贷款。商业银行证券投资活动是商业银行通过购买航空运输企业发行的公司债来达到商业银行营利的目的。商业银行的证券贷款是指商业银行以航空运输企业发行的股票、债券作为抵押来为该企业放款。

（3）现金业务

航空运输金融中涉及的现金业务主要是航空运输企业在商业银行的现金存款、现金取款等业务。

2. 负债业务

（1）存款业务

航空运输金融的存款业务是指航空运输企业在商业银行开立对公存款账户，将该企业资金存入银行并可以随时或者按照约定支取款项的一种行为。

（2）借款业务

航空运输金融涉及的借款业务在这里是指商业银行的市场融资，即航空运输企业购买商业银行发行的金融债，这样一方面可以缓解商业银行的资金压力，另一方面航空运输企业也会获得高于同期银行存款的利率。

3. 中间业务和表外业务

（1）结算业务

航空运输金融涉及的结算业务是指银行接受航空运输企业委托代收代付，从付款单位存款账户划出款项，转入收款单位存款账户，以此完成各单位之间债权债务的清算或资金的调拨。航空运输企业通常会涉及国外资产，故国际结算业务的比重较大。

（2）信用卡业务

航空运输金融涉及的信用卡业务主要是航空运输企业的对公信用卡业务。

（3）备用信用证业务

航空运输金融涉及的备用信用证业务是指开证行保证在开证申请人未履行应履行的义务时，受益人只要按照备用信用证的规定向开证银行开具汇票（或不开汇票），并提交开证申请人未履行义务的声明或证明文件，即可取得开证行偿付的一种业务。

（4）贷款承诺业务

航空运输金融涉及的贷款承诺业务是指银行与航空运输企业签订合约，规定在有效期内，银行要按照约定的金额、利率等，随时准备满足航空运输企业的借款需求，而航空运输企业要向银行支付承诺一定比例费用的业务。

（5）贷款销售业务

航空运输金融涉及的贷款销售业务是指商业银行的客户经理通过拜访航空运输企业，了解该企业的贷款需求，从而为其制定合理的贷款合约，再通过商业银行内部的贷款审核会，为航空运输企业发放相应贷款的一种业务。

（6）资产托管业务

航空运输金融涉及的资产托管业务是指具备一定资格的商业银行作为托管人，依据有关法律法规，与航空运输企业签订委托资产托管合同，安全保管委托投资的资产，履行托管人相关职责的业务。

（二）航空运输相关的证券市场业务

1. 证券投资业务

（1）股权投资业务

航空运输金融涉及的股权投资业务是指航行运输企业通过货币资金直接购买股权性证券，或者以非货币资金兑换股权性证券。其中股权性证券包括股票和其他股权性证券。

（2）债权投资业务

航空运输金融涉及的债权投资即债权性投资，是指为取得债权所进行的投资，如航空运输企业购买公司债券、国库券等债权性证券的一种投资业务。

（3）衍生品投资业务

航空运输金融中涉及的衍生产品投资业务是指航空运输企业投资衍生品以期回避风险的投资活动。

2. 证券融资业务

（1）股权融资业务

航空运输金融涉及的股权融资业务是指航空运输企业通过公开市场发售或者私募发售股票的方式来融入资金的一种金融活动，实现形式包括航空运输企业上市、上市企业增发配股，以及企业自行寻找投资人的私募发售等。

（2）债权融资业务

航空运输金融涉及的债权融资业务主要是指航空运输企业通过发行企业债的方式来融入资金的一种金融活动。

（3）衍生品融资业务

航空运输金融的衍生品融资主要是指航空运输企业通过金融衍生品交易融入资金的一种融资活动。

（三）航空运输相关的资本运作业务

1. 兼并业务

航空运输金融涉及的兼并业务是指两个或两个以上的航空运输企业根据契约关系进行债权合并，以实现生产要素的优化组合。具体实现形式是航空运输企业以现金方式购买被兼并企业或以承担被兼并企业的全部债权债务等为前提，取得被兼并企业全部产权，剥夺被兼并企业的法人资格。

2. 收购业务

航空运输金融涉及的收购业务是指一个航空运输公司通过产权交易取得其他公司一定程度的控制权，以实现一定经济目标的经济行为。无论是兼并还是收购，对于航空运输企业而言都是资源配置效率的结果，合理应用都可以实现提升产业链条的效果。

（四）航空运输相关的保险、信托与租赁业务

1. 保险业务

（1）社会保险业务

目前而言，航空运输行业与社会保险的合作仅仅是航空运输企业员工的社会保险。

（2）商业保险业务

航空运输金融涉及的商业保险是指保险公司开展的与航空运输活动相关的保险业务，其中最常见的是货物运输中的航空运输保险，客运中的航意险、延误险，以及航空运输行业的机身险。

（3）合作保险业务

航空运输金融涉及的合作保险组织是由航空运输行业中具有共同风险的

个人或单位，为了获得保险保障，共同筹资设立的保险组织形式。目前在航空运输行业中，该保险业务并不常见。

2. 信托业务

（1）信托投资业务

航空运输金融涉及的信托投资，是金融信托投资机构用自有资金及组织的资金对航空运输行业进行的投资。这种投资方式对航空运输企业而言，一方面可以获得长期的资金流入，另一方面又可以削弱部分风险。

（2）信托融资业务

航空运输金融涉及的信托融资，是一种间接融资形式，是指通过金融机构的媒介，由最后信托公司向最后贷款人进行的融资活动。目前航空运输企业有两种渠道可以选择：一是直接找信托公司洽谈，二是委托相关银行代为寻找信托公司。

3. 租赁业务

（1）融资性租赁业务

航空运输金融涉及的融资租赁是指出租人根据航空运输企业对出卖人（供货商）的选择，向出卖人购买租赁物，提供给航空运输企业使用，航空运输企业支付租金，承租期满，货物所有权归属于航空运输企业的交易，是典型的飞机和其他设备租赁所采用的基本形式。

（2）经营性租赁业务

航空运输金融涉及的经营性租赁，又称服务租赁、管理租赁或操作性租赁，是指出租人将自己经营的租赁资产进行反复出租给不同承租人使用，由承租人支付租金，直至资产报废或淘汰为止的一种租赁方式。航空运输企业在该业务中的身份可能是出租人，也可能是承租人。在航空运输行业的发展中，无论是融资租赁还是经营租赁都占有较大比重。

二、客户对象

（一）筛选原则

1. 整体授信原则

航空运输金融整体授信原则是"重点支持，积极介入"。以我国为例，航空运输行业积极支持国航、南航、东航三大航空运输集团综合化金融需求，择优支持具有机队规模优势及良好营利能力的中型航空企业主营业务金融需求。机场行业主要支持枢纽干线机场客户及其改扩建项目，对列入全国民用机场布局规划且取得国家立项的择优支持，所以金融机构在选择航空运输企业合作时应该注重各个企业的不同特点，选择不同的金融工具。

2. 区域授信政策

航空运输金融的区域授信原则是针对各区域的特点，选择经济发展快、有良好前景的地点建设机场。主要有以下几条原则：一是选择民用机场布局规划、客货运输量居行业前列的大型枢纽机场，二是选择所在城市经济较为发达的重点干线机场，三是选择人文自然旅游资源丰富的特色旅游城市建设机场。

3. 客户授信政策

客户授信政策主要可以分为以下四类：一是原则上航空运输企业资产负债率不高于80%；二是有国家背景、经济实力雄厚的航空公司或者年旅客吞吐量500万人次以上、经济发达地区的枢纽及干线机场要重点支持金融发展；三是有一定规模、经营成熟的低成本航空公司，或者股东实力雄厚、资信较好、具有较好竞争力的地方航空公司，以及所在城市经济发展相对较快、旅游资源丰富、股东实力较强、年旅客吞吐量在100万～500万人次的中型机场要适度支持，结合其特点发展航空金融；四是对于负债较高、经营规模较小的地方航空公司、支线航空公司要积极兼并收购，促进资源的有效配置。

4. 项目准入标准

对于机场子行业，项目准入标准应同时满足以下条件：

1）项目符合全国机场布局规划，项目环评、立项等须经国家有权部门批准；

2）以债权形式介入的，项目资本金比例不低于20%。

（二）重点客户及航空设备公司

1. 重点客户

重点客户是指在开展航空运输金融业务时，应重点关注航空运输企业和与之相关的上下游企业。例如，对民航运输子行业，可针对其原料、燃料采购等经营周转融资需求给予包括本外币短期贷款、信用证等全面金融服务支持，支持日常经营资金需求。围绕航空公司航油款项及机场地面服务支付，可通过商票保贴、保理等模式，为航空公司与机场提供授信解决方案。针对飞机租赁业务，结合融资租赁产品、跨境投融资产品提供综合化的金融服务解决方案。所以在金融机构选择与航空运输企业合作时，要关注航空运输企业的自身条件，以期获得长足发展。

以我国为例，航空运输行业重点客户名单如表7-1所示。

表7-1 航空运输行业重点客户

序号	公司名称	序号	公司名称
1	中国国际航空股份有限公司	28	成都航空有限公司
2	中国国际货运航空有限公司	29	春秋航空股份有限公司
3	中国东方航空股份有限公司	30	华夏航空有限公司
4	中国东方航空江苏有限公司	31	东海航空有限公司
5	中国东方航空武汉有限责任公司	32	上海吉祥航空股份有限公司
6	中国货运航空有限公司	33	大新华航空有限公司
7	中国南方航空股份有限公司	34	西部航空有限责任公司
8	珠海航空有限公司	35	河北航空有限公司
9	汕头航空有限公司	36	昆明航空有限公司
10	贵州航空有限公司	37	幸福航空有限责任公司
11	重庆航空有限责任公司	38	顺丰航空有限公司
12	厦门航空有限公司	39	友和道通航空有限公司
13	海南航空股份有限公司	40	西藏航空有限公司
14	中国新华航空集团有限公司	41	东方航空云南有限公司
15	长安航空有限责任公司	42	大连航空有限责任公司
16	天津航空有限责任公司	43	云南英安航空有限公司
17	北京首都航空有限公司	44	浙江长龙航空有限公司
18	扬子江快运航空有限公司	45	中国国际航空内蒙古有限公司
19	云南祥鹏航空有限责任公司	46	瑞丽航空有限公司
20	中国邮政航空有限责任公司	47	青岛航空股份有限公司
21	山东航空股份有限公司	48	中国南方航空河南航空有限公司
22	上海航空有限公司	49	乌鲁木齐航空有限责任公司
23	中国联合航空有限公司	50	福州航空有限公司
24	深圳航空有限责任公司	51	九元航空有限公司
25	河南航空有限公司	52	广西北部湾航空有限责任公司
26	四川航空股份有限公司	53	宁夏货运航空有限公司
27	奥凯航空有限公司		

2. 航空设备公司

航空、航天器及设备制造业方面，围绕国内、国际知名的航空、航天设备制造总装生产企业进行产业链延伸，上游航空材料供应商主要供应钛合金、高温材料、复合新材，涉及上市公司有抚顺特钢、钢研高纳、宝钛股份、博云新材等；中游航空部件制造的参与者主要包括以中航动力、成发科技、中航动控等为代表的动力系统制造商，以及以中航机电、中航电子、中航电测为代表的航空零部件与机载系统制造商；下游整机制造与总装集成商包括中航飞机、洪都航空、中直股份等；提供航空加工服务和设备的上市公司包括新研股份、日发精机和利君股份等。金融机构可以围绕产业链上的关键部件供应及配套服务的企业进行重点营销。

航空设备公司名单如表7-2所示。

表7-2　航空设备公司

序号	公司名称	序号	公司名称
1	中直股份	9	航天电子
2	中航动力	10	威海广泰
3	中航电子	11	航天动力
4	成发科技	12	航天科技
5	中航飞机	13	海特高新
6	德奥通航	14	中航动控
7	中国卫星	15	航新科技
8	洪都航空		

第四节　业务流程

一、航空运输相关的商业银行业务流程

一般业务的交易操作流程主要分几个步骤，其中包括业务受理、业务审核和业务操作。经办人将委托书传真至经纪业务管理总部，随后营业部根据申请下放的限制类权限进行相关操作，总部操作员再按需要进行申报、查询、撤单、数据下载等相应操作，当天操作完毕后，操作员在申报表上签名，下载成交数据报总部，最后按制度规定将客户资料交接归档。以上所述为一般业务的交易操作流程。航空运输行业的业务操作流程也应符合一般业务的操作流程，在此基础上深化、细化。

（一）资产业务流程

1. 贷款业务流程

1）贷款申请。航空运输企业向当地银行提出借款申请。

2）信用等级评估。银行对该企业的信用等级进行评估。

3）贷款调查。银行对该企业的合法性、安全性、营利性等情况进行

调查。

4）贷款审批。

5）签订合同。银行与该企业签订借款合同。

6）贷款发放。银行按借款合同规定按期发放贷款给航空运输企业。

2. 证券业务流程

商业银行证券业务及证券投资业务，是指商业银行将手中的货币资金用于购买股票、债券等有价证券以获取投资收益的行为，其操作流程即为银行根据自己的需要，在选定证券、做好审核工作后进行投资，除收获利息外，直至本金赎回则该流程结束。

3. 现金业务流程

在处理现金业务的过程中，要遵守以下基本规定。

1）现金业务必须坚持"当日核对，双人管库，双人守库，双人押运，离岗必须查库"的原则，做到内控严密、职责分明。

2）现金收付必须坚持"收入现金先收款后入账，付出现金先记账后付款"的原则。

3）现金收付坚持收款当面点清、金额当面问清、钞券当面交清。

4）现金清点必须在有效监控和客户视线以内进行。

5）现金清点按"三先三后"程序操作，先点大数，后点细数；先点主币，后点辅币；先点大面额票币，后点小面额票币。

6）柜员必须坚持"一日三碰库"制度。

7）每日平账后，库房管理员应清点、核对各币种的库房现金。

8）反洗钱。

（二）负债业务流程

1. 存款业务流程

1）建立航空运输企业对公客户信息。

2）柜员审核，主要审核身份证件、开户证明文件复印件和开户申请书是否真实、合法，符合规范。

3）具体操作，包括在开户资料复印件上盖章及完善其他开户资料建立信息。

2. 借款业务流程

这里商业银行借款业务即是指航空运输行业购买商业银行所发行金融债券的业务。具体流程如下。第一，商业银行通过申请，审核后顺利发行金融债券。第二，航空运输企业购买该金融债券。第三，商业银行按时还本付息。

（三）中间业务和表外业务流程

1. 结算业务流程

以银行汇票为例说明银行汇票结算业务流程如下。

1）航空运输企业填写银行汇票申请书向开票银行申请银行汇票。

2）航空运输企业将款项交开票银行。

3）开票银行开出银行汇票。

4）航空运输企业将汇票交给收款人。

5）收款人或者持票人向银行出示汇票要求付款。

2. 信用卡业务流程

1）申请。航空运输企业填写信用卡申请表。

2）审查。银行根据航空运输企业提交的申请表及有关材料，审查其内容是否属实，重点审查信誉情况、评估资信程度。

3）发卡。发卡行将为持卡单位在发卡银行开立单独的信用卡账户，以供购物、消费和取现后进行结算。

4）开卡。核对相关信息，设立密码等。

5）辨识。认真观察信用卡的正背面信息。

6）授权。进一步证实持卡单位的身份可以使用的金额。

7）使用。通常仅限于持卡单位使用。

3. 备用信用证业务流程

备用信用证除与一般的跟单信用证相同，具有独立性和单据化的特点以外，两者也存在不同。在这里介绍跟单信用证流程如下。

1）买卖双方在贸易合同中规定使用跟单信用证支付。

2）买方通知当地银行（开证行）开立以卖方为受益人的信用证。

3）开证行请求另一银行通知或保兑信用证。

4）通知行通知卖方信用证已开立。

5）卖方收到信用证，并确保其能履行信用证规定的条件。

6）卖方将单据向指定银行提交，该银行可能是开证行，或是信用证内指定的付款、承兑或议付银行。

7）该银行按照信用证审核单据。如单据符合信用证规定，银行将按信用证规定进行支付、承兑或议付。

8）开证行以外的银行将单据寄送开证行。

9）开证行审核单据无误后，以事先约定的形式，对已按照信用证付款、承兑或议付的银行偿付。

10）开证行在买方付款后交单，然后买方凭单取货。

4. 贷款承诺业务流程

具体流程为：①航空运输企业提出申请，并提交相应资料。②银行进行调查、审查、审批工作，审批通过后，根据相应品种签订《贷款承诺协议》，签订最高额担保合同。③提出单笔提款申请并递交借据。④发放贷款。需要注意的是，如果航空运输企业最后没有申请这笔贷款，其还是需要向银行缴纳一定的承诺费用。

5. 贷款销售业务流程

1）客户经理拜访航空运输企业，取得该企业的详细资料，包括但不局限于财务报表、企业情况、抵押/质押情况、贷款情况等。

2）根据企业需求设计适合的贷款产品。

3）贷款产品组合/方案经航空运输企业认可后，客户经理着手准备授信调查报告。

4）开贷款审核会，客户经理来讲解该企业基本情况和风险控制措施；

5）考核存贷比。

6）贷款后检查贷款用途，检查抵押物质押物情况，检查该企业经营状况。

7）航空运输企业还清所有款项。

6. 资产托管业务流程

委托人（航空运输企业）与受益人、受托人（商业银行）签订《托管协议》后，商业银行操作流程如下。

1）对航空运输企业的资产、债权、债务进行必要的清查核实。

2）对于没有遗留问题可以注销的企业，提交注销处置方案，经航空运输企业、受益人同意后，按法律程序办理注销手续。

3）对于资不抵债、无法重组的企业，提交破产处置方案，经航空运输企业、受益人同意后，按法律程序办理申请破产的手续。

4）对于可以重组、转让的企业，提交方案，经征求航空运输企业、受益人意见后，进行重组转让。

5）对于可以盘活利用的资产，进行盘活利用。

6）对于在对托管企业全面核实过程中发现的违规处置资产清偿债务、账实不符、隐瞒资产、虚报负债、私分财产等情况，向监管部门、航空运输企业提交书面报告。

二、航空运输相关的证券市场业务流程

(一)证券投资业务流程

1. 股权投资业务流程

在这里主要介绍航空运输企业私募股权投资的一般流程:

1)航空运输企业通过各种方式寻找项目信息,做好项目储备;

2)航空运输企业对项目进行实地调查,并提出投资的初审意见;

3)航空运输企业与项目经理签订保密协议;

4)航空运输企业初审后,对项目进一步调查,填写《项目立项申请表》,并报公司审核;

5)项目尽职调查并进行投资决策;

6)决定投资后,航空运输企业与被投资企业签订投资协议;

7)项目完成后,投资退出。

2. 债权投资业务流程

1)航空运输企业财会部门提出债权投资计划和方案并报总会计师或企业主要负责人审批。

2)办理债权投资手续,包括申请债权投资资金、签订合同,以及办理资金划付手续,并于债权投资购入当日以企业的名义登记。

3)债权投资管理,包括债权投资的各类债权凭证的保存、存取债权凭证的记录,以及建立债权投资合账,并定期与被投资单位核对。

4)债权投资的核算。

5)债权转让与兑付。需提前兑付或转让的,需经审核并报企业主要负责人或企业办公会审批后财会部门方可办理;投资到期的,正确核算债权本金和利息,经授权会计主管复核后作入账处理。

3. 衍生品投资业务流程

无论是衍生品投资业务还是衍生品融资业务,其本质都是衍生品交易。其交易员的具体操作流程如下。

1)通过自主判断进行交易,在这里要注意风险控制,若只亏损5%,则强行平仓;若账户本金亏损10%,则与投资总监沟通并查找问题;若账户本金亏损20%,则暂停交易。

2)自主判断进行交易后,若不需要持仓过夜,则收市前平仓;若需要持仓过夜,则在收市前半小时申请授权。

3)若没有授权,则在收市前平仓;若授权通过,则要确定商品期货和股指期货的持仓比例。其中,商品期货的持仓量不得超过交易员管理资金量的

1/3，股指期货的持仓量不得超过交易员管理资金量的1/2。

4）交易员每天收市后（四点前）将当天的交易清单以邮件方式发送相关人员。

（二）证券融资业务流程

1. 股权融资业务流程

在这里主要介绍航空运输企业的上市融资。

1）航空运输企业通过股东大会决定上市；

2）委托中介结构；

3）尽职调查；

4）拟定上市方式；

5）改制与重组；

6）引进战略资本；

7）提交上市文件；

8）招股挂牌融资。

2. 债权融资业务流程

在这里详细介绍债券融资的业务流程如下。

1）确定融资意向。航空运输企业确定融资意向并与券商形成合作框架，券商出具可行性报告。

2）经航空运输企业董事会决议后，进行发行准备。

3）主承销商向证监会预报发行申请材料，证监会发行部出具反馈意见并召开临时股东大会，对其反馈意见进行答复，证监会以此审核。

4）审核通过，则发行上市进行融资。

3. 衍生品融资业务流程

交易员的具体操作流程如下：

1）通过自主判断进行交易，在这里要注意风险控制，若只亏损5%，则强行平仓；若账户本金亏损10%，则与投资总监沟通并查找问题；若账户本金亏损20%，则暂停交易。

2）自主判断进行交易后，若不需要持仓过夜，则收市前平仓；若需要持仓过夜，则在收市前半小时申请授权。

3）若没有授权，则在收市前平仓，若授权通过，则要确定商品期货和股指期货的持仓比例。其中，商品期货的持仓量不得超过交易员管理资金量的1/3，股指期货的持仓量不得超过交易员管理资金量的1/2。

4）交易员每天收市后（四点前）将当天的交易清单以邮件方式发送相关人员。

三、航空运输相关的资本运作业务流程

（一）兼并业务流程

1. 股权兼并流程

1）起草、修改股权兼并框架协议。

2）对出让方、担保方、目标公司的重大资产、资信状况进行尽职调查。

3）制定股权兼并合同的详细文本，并参与与股权出让方的谈判或提出书面谈判意见。

4）起草内部授权文件（股东会决议、放弃优先购买权声明等）。

5）起草连带担保协议。

6）起草债务转移协议。

7）对每轮谈判所产生的合同进行修改组织，规避风险并保证最基本的权益。

8）对谈判过程中出现的重大问题或风险出具书面法律意见。

9）对合同履行过程中出现的问题提供法律意见。

10）协助资产评估等中介机构的工作。

11）办理公司章程修改、权证变更等手续。

12）对目标公司的经营出具书面的法律风险防范预案（可选）。

13）协助处理公司内部授权、内部争议等程序问题（可选）。

14）完成股权兼并所需的其他法律工作。

2. 债权兼并流程

1）对被兼并企业进行清产核资，厘清债权债务，搞好产权界定。

2）兼并双方共同提出可行性报告。

3）兼并双方就兼并的形式和资产债权债务担保的处置办法及职工的安置方案等兼并基本内容进行协商，达成兼并意向性协议。

4）兼并协议修改完成后，由企业双方法定代表人签署兼并协议。

5）按照兼并协议和审批文件等实施兼并，办理资产划转工商登记税务登记等有关手续。

6）由兼并双方的出资者和政府有关部门进行验收，经各方认可后完成兼并。

（二）收购业务流程

1. 股权收购流程

1）起草、修改股权收购框架协议。

2）对出让方、担保方、目标公司的重大资产、资信状况进行尽职调查。

3）制定股权收购合同的详细文本，并参与与股权出让方的谈判或提出书面谈判意见。

4）起草内部授权文件（股东会决议、放弃优先购买权声明等）。

5）起草连带担保协议。

6）起草债务转移协议。

7）对每轮谈判所产生的合同进行修改组织，规避风险并保证最基本的权益。

8）对谈判过程中出现的重大问题或风险出具书面法律意见。

9）对合同履行过程中出现的问题提供法律意见。

10）协助资产评估等中介机构的工作。

11）办理公司章程修改、权证变更等手续。

12）对目标公司的经营出具书面的法律风险防范预案（可选）。

13）协助处理公司内部授权、内部争议等程序问题（可选）。

14）完成股权收购所需的其他法律工作。

2. 债权收购流程

1）资料审查，即审查证明债权债务关系或资产所有权的有关法律文书。

2）债务人资信调查及现场检查，包括债务人的历史经营情况、债务人的主体资格和现实经营状况、主要经营业务等。

3）在资料审查和现场核查的基础上，对拟接收的不良资产进行评估分类，进而制订出接收方案和初步的处置意见。

4）审查担保性条款和担保合同。

5）签订《债权转让协议》和《债权转股权协议》。

四、航空运输相关的保险、信托与租赁业务流程

（一）保险业务流程

1. 社会保险业务流程

航空运输金融的社会保险业务是航空运输企业为员工办理的一种保险业务。办理流程为航空运输企业在单位注册地社保局进行申请，填写《社会保险登记表》和《在职职工登记表》，提供工商营业执照原件和复印件、地税等级证原件和复印件、组织机构代码、参保员工身份证复印件和参保单位近期工资名册表等材料，通过审核后进行社会保险缴费即可。

2. 商业保险业务流程

航空运输金融中涉及的商业保险，在这里重点介绍货物运输险中的航空

运输险业务流程。当发货人或其他相关利益方有购买货物运输保险的需要时，应按以下步骤办理保险：

1）与保险公司所属的各经营网点联系投保或咨询。

2）选择所需使用的条款。

①进出口货运险：航空运输货物保险条款、航空运输货物战争险条款、航空运输货物罢工险条款。

②国内货运险：国内航空货物运输保险条款。

3）在业务员的指导下填写投保单。

4）确定保险金额。

5）费率厘定。

6）免赔条件。根据承保的货物的性质、包装、船舶、港口的管理好坏，设定免赔率。

7）保险公司将根据以上条件缮制保单，在投保人支付保费后，出具保单给投保人。

3. 合作保险业务流程

在交通运输行业中，合作保险业务仅开展在海运方面，有船东相互保障协会。航空运输金融未涉及合作保险业务方面，故此业务流程不做阐述。

（二）信托业务流程

信托投资与信托融资业务在原理上都是一致的，只是委托人的身份不同，故信托投资业务与信托融资业务流程基本一致。①项目受理，接受融资方提供的项目资料。②业务人员初审，根据项目方提供的资料进行判断，确定是否可操作。③立项。④尽职调查。⑤对尽职调查进行总体分析，做出判断。⑥寻找资金来源；⑦谈判，与融资方及资金提供方讨论合同；⑧实施报批，向公司提交书面报告，申请实施，资料要比立项更为详细。⑨签订合同和落实风险控制措施。⑩担保措施落实后，可放款。

（三）租赁业务流程

1. 融资性租赁业务流程

1）租赁公司与供货商签署租赁物买卖合同。

2）租赁公司与承租人（航空运输企业）签署融资租赁合同。

3）租赁公司向银行申请保理融资业务。

4）双方签署保理合同。

5）租赁公司与银行书面通知航空运输企业应收租金债权转让给银行，该企业填具确认回执单交租赁公司。

6）银行受让租金收取权利，给租赁公司提供保理融资。

7）航空运输企业按约分期支付租金给银行。

2. 经营性租赁业务流程

1）承租人（航空运输企业）向出租人（租赁公司）提出租赁申请。

2）租赁公司受理后，与航空运输企业签订租赁合同。

3）租赁公司向航空运输企业提供租赁设备。

4）航空运输企业支付租金给租赁公司。

5）航空运输企业在使用租赁设备期间，负责为设备提供维修、保养等服务。

第五节 风险控制

一、违约风险

（一）违约风险的成因

1. 客观原因

1）经济运行的周期性。航空运输行业是强周期行业，在经济扩张期，较强的营利能力使总体违约率降低；在经济紧缩期，营利情况总体恶化，航空运输企业因各种原因不能及时足额还款的可能性也因此增加。

2）对于航空运输企业经营有影响的特殊事件的发生。这种特殊事件发生与经济运行周期无关，但对航空运输企业经营有重要的影响，如空难等。

3）航空运输企业客观的财务状况发生变化，即在客观情况下航空运输企业能够按时足额还款的能力下降。

2. 主观原因

违约风险产生的主观原因有以下两点。第一，借款人的陈述与保证中掺杂虚假事实，这样势必就会增加贷款银团收回本息的风险；第二，借款人违反与国际银团之间的约定事项，约定事项是对国际银团贷款协议期间尚未发生的事态的承诺，借款人违反约定事项将对贷款银团的权益造成消极的影响。

（二）违约风险类型

1. 客观型

根据客观原因的不同，可将客观型违约风险分为三类。

1）经济运行周期违约风险。航空运输业为强周期行业，对宏观经济变化较为敏感，当经济处于上行周期，商务往来与外贸活动频繁、个人消费水平提升，带动航空出行需求和货运业务增长，此时发生该种违约风险的可能性就较低；反之若处于航空运输经济的下行周期，则发生该种违约风险的可能性就相对较高。

2）公司经营违约风险，如航空运输企业因为服务质量问题或空难等引发的风险。

3）不可抗力违约风险，即指因借款人死亡、丧失行为能力等引发的违约风险。

2. 主观型

主观型违约风险可分为两类。

1）陈述虚假事实违约风险。航空运输企业在借款前期，为顺利"取得"贷款，在向银行介绍基本情况时弄虚作假，并在银行进行调查时掩饰事实，或者在做出保证时做出虚假保证，这一系列的行为产生的不能按时还本付息风险就叫作陈述虚假事实违约风险。

2）违反约定事项违约风险。其中约定事项是对国际银团贷款协议期间尚未发生的事态的承诺。

二、市场风险

（一）市场风险的成因

1. 国际市场方面的原因

国际市场的原因主要是由于汇率变动而产生的损失。航空运输企业属于资金密集型行业，且大量采购、资金需求以美元计价，在日常运营中，燃油成本占比较高，因此汇率及油价变动所引发市场风险的可能性就大大增加。以我国为例，国内航空公司的成本（包括购买飞机、租赁飞机、贷款、燃油等）大都是以美元结算的；国内航空公司的利润（载人和货运等）大都是以人民币结算的。所以，当人民币升值时，用人民币利润去偿还美元的成本，航空公司的利润就相对增加了；相反，当人民币贬值时，航空公司的利润就相对减少。同时，汇率的变动会影响旅游业的发展，人民币升值则会促进出境旅游，航空公司的业绩就会增加，相反航空公司的业绩就会相应下降。

2. 国内市场方面的原因

国内航空运输金融市场风险的形成原因主要有以下几点。第一，国内市场利率的变化。市场利率变化会导致商业银行的实际收益与预期收益或实际成本与预期成本发生背离。同时原本投资于固定利率的金融工具，当市场利率上升时，可能引发价格下跌的风险。第二，国内市场航空运输金融产品或服务的价格及供需情况发生变化。第三，航空运输行业原材料、配件等物资供应的充足性、稳定性和价格发生变化。第四，潜在进入者、竞争者与替代品的竞争也可能会引发航空运输行业的市场风险。

（二）市场风险主要类型

1. 国际市场型

国际市场风险主要指汇率风险，可分为交易风险、折算风险和经济风险。其中，交易风险指运用外币进行计价收付的交易中，航空运输企业因外汇汇率的变动而蒙受损失的可能性；折算风险指经济主体对资产负债表的会计处理中，将功能货币转换成记账货币时，因汇率变动而导致账面损失的可能性；经济风险指意料之外的汇率变动通过影响企业的生产销售数量、价格、成本，引起企业未来一定期间收益或现金流量减少的一种潜在损失。

2. 国内市场型

按照前述国内市场风险的形成原因分析可知，国内航空运输金融市场风险从大的方面可以分为两大类：交易性市场风险和金融性市场风险。交易性市场风险又可细分为原材料价格变化市场风险和替代品竞争市场风险。金融性市场风险又可分为利率变化市场风险和金融产品价格变化市场风险。

三、运营风险

（一）运营风险的成因

1. 体制原因

运营风险产生的体制原因主要体现在以下方面。①航空运输企业资产不具有明确的实物边界和价值边界，部分政府机构责任不明。②航空运输企业形成的由股东代表大会、董事会、监事会和高级经理人组成的公司制度中，各个组织机构权责不明，不能合理区分和确定企业所有者、经营者和劳动者各自的权利和责任。③航空运输企业的生产经营职能与社会职能相混淆，在确定营利目标与住房分配、养老、医疗等福利事业目标时，没有主次之分。④航空运输企业的组织结构不尽合理，在生产、供销、财务、研究开发、质量控制、劳动人事等方面没有有效的企业内部管理制度和机制。

2. 过失原因

运营风险产生的过失原因主要体现在以下方面。①航空运输金融产品结构、新产品研发缺陷可能引发的风险。②航空运输金融新市场开发操之过急，或者市场营销策略不当引发的风险。③航空运输金融高中层管理人员和重要业务流程中专业人员的知识结构欠缺、专业经验不足等方面可能引发的风险。④期货等衍生产品投融资业务中发生失误带来的风险。⑤质量、安全、环保、信息安全等管理中发生失误导致的风险。⑥航空运输金融现有业务流程和信息系统操作运行情况的监管、运行评价及持续改进能力方面引发的风险。

（二）运营风险类型

1. 体制型

按照体制型运营风险的产生原因，可以将此类风险分为四类。①产权模糊运营风险，即未搞清实物形态国有资产边界的运营风险，未搞清国有资产的价值和权利边界的运营风险。②权责混淆运营风险，即没有明确界定所有者、经营者、劳动者及其他企业利益相关者各自的权利和责任所引发的运营风险，以及虽然明确了权利和责任，但权利和责任之间不能做到相互制衡所引发的运营风险。③政企不分运营风险，即企业的营利目标与相关福利性事业不能够有效区分引发的运营风险，或者政府没有合理利用自己所有权的职能所引发的运营风险。④管理落后运营风险，即航空运输企业现行的管理制度与先进的市场经济不相符产生的运营风险。

2. 过失型

按照过失型运营风险的产生原因，可以将此类运营风险分为两大类。①从业人员素质低下运营风险，这类运营风险可能是由于管理人员操作失误、研发人员知识结构不完善或者操作人员专业经验不足等情况所引发的。②企业现行监管能力不足运营风险，这类风险可能是由市场营销策略不恰当，或者企业现有业务流程和信息系统失灵等情况引发的。这些风险的共同点即当事人无不良企图，没有造成损失的主观意愿，纯属工作疏忽所致。

第六节　案例分析

一、航空运输相关的商业银行业务案例

（一）案例背景

1. 基本情况

商业银行与航空公司的合作历史悠久，在贷款、结算、现金管理及融资租赁等方面，航空运输企业离不开银行金融业务方面的支持。例如，我国早在 1998 年，建行就与东航股份紧密合作，签订了《银企合作协议》。2002 年后，建行又与东航集团牵手，给予其年度综合授信，相互建立了战略合作关系。

2. 业务内容

2016 年，建行分别与中国东方航空集团公司、中国东方航空股份有限公

司在上海签订了银企战略合作协议。建行将为东航方面提供本外币融资、资金清算、结算与查询、财务顾问和咨询等全方位金融服务，给予政策允许的优惠利率与费率，并联合推出首张双币种航空联名信用卡"东航龙卡"，集"东方万里行"会员卡和龙卡双币种信用卡两者功能为一体，可为消费者带来诸多便利。

3. 事件结果

2016 年建行与东航签订战略合作协议后，建行将优先为东航提供包括本外币短期贷款、中长期贷款、票据承兑和贴现、贸易融资，以及适合临时性资金需求的透支账户等各种本外币融资产品，并提供政策允许的优惠利率与费率。建行还将利用其独具特色的重要客户服务系统、网上银行服务系统为东航方面提供资金清算、结算与查询服务，满足集团化资金管理需求。建行的财务顾问和咨询服务将在东航并购重组、融资、投资过程中提供财务顾问服务、提出专家理财建议并利用衍生金融工具设计资金增值方案、汇率与利率风险控制方案。

（二）案例分析

1. 案例揭示的问题

商业银行作为传统金融机构中的重要组成部分，在航空运输行业的发展中起了重要作用，为该行业的发展提供了必不可少的金融工具。但商业银行的合作对象多为大的航空集团，民营航空公司的机会相对较少，银行的抵押贷款也很少可以通过审核，更不用说商业银行全面的金融服务。

2. 案例启示

首先，航空运输行业与商业银行的合作应该朝着综合性的方向发展，在授信支持、投资银行、贸易融资、现金管理、跨境结算、融资租赁、零售金融、网络金融、财务顾问、行业研究咨询等多个方面提供全面的综合金融服务。其次，航空运输企业应依托银行专业化金融服务的优势，进一步加大双方的合作力度，实现互利共赢，共同实现做大、做优、做强的发展目标。最后，民营航空运输企业也应加快与商业银行的合作，发展有自己特色的航空运输金融。

二、航空运输相关的证券市场业务案例

（一）案例背景

1. 基本情况

东航集团旗下东航股份和法荷航之间有着多年良好的业务合作和交流关

系。法荷航空集团总部位于法国巴黎，承担欧洲远程航线业务，在全球拥有强大的航空网络，在巴黎和阿姆斯特丹拥有主导地位，在欧洲、非洲及南美拥有强大的市场地位。2017 年，法荷航的航线网络覆盖 118 个国家的 328 个目的地。

2. 业务内容

2017 年，东航、达美航空及法荷航三方共同宣布，东航集团和达美航空将对法荷航进行战略投资入股。东航集团通过海外全资子公司及东航股份公司分别与法荷航签署了《股份认购协议》和《市场合作协议》，东航集团下属海外全资子公司将在当前确认的交易框架下，参与法荷航的定向增发出资 3.75 亿欧元，持有法荷航约 10% 的股权，并向法荷航委派 1 名董事；2015 年 9 月 4.5 亿美元战略入股东航的达美航空本次亦以同等的投资规模及投资架构共同投资，认购法荷航约 10% 的股权，并向法荷航委派 1 名董事。

3. 事件结果

根据双方的《市场合作协议》，东航集团和法荷航双方未来将有三项计划。第一，合力打造中欧干线市场，通过中欧门户携手拓展优化衔接机会，在缩短最短中转时间、分享和改善机场服务资源及设施、统一旅客服务标准和流程、实现联程值机、建立无缝隙旅客和行李流程等方面提升客户体验，为中欧旅客提供更便捷、更顺畅、更多样化的出行选择。第二，在符合法律规定的前提下，双方共享优质非航空资源并进一步升级旅客合作计划。第三，双方将瞄准世界航空业互联网化的前沿趋势，合作提升 IT 与业务的融合性，寻求资源协同，并探讨未来在包括维修服务和其他业务领域的深度合作机会。

（二）案例分析

1. 案例揭示的问题

航空运输行业本身竞争激烈，其对经济、政治环境具有高度的敏感性，再加上单个航空公司所占有的资源毕竟有限，如对航线的控制、机场服务资源的掌控和设备维修等。这就会导致单个航空公司独立运营时产生损失的可能性增大。所以要通过合作的方式来降低运营风险，减少非理性的价格战，促进双方互利共赢，共同做大、做高、做强。

2. 案例启示

如上文所述，航空运输行业作为一个高风险的行业，在发展的过程中不能一味"单打独干"，更要积极寻求与其他企业、行业的合作，这样在未来才会有共同做大做强的可能。此次东航对法荷航的股权投资，使双方的合作不仅扩大了彼此业务范围合作，更促进了经营权的融合，对法荷航而言，更是获得了资金支持。总之，对于三方（东航、法荷航、达美航空）而言，都是互惠互利的好事，对于全球的旅客而言，也会享受到更加便捷、更加丰富和更具品质的航空旅行服务。

三、航空运输相关的资本运作业务案例

（一）案例背景

1. 基本情况

在全球经济危机的影响下，国内航空业遭受严重的亏损，出现并购的浪潮。2008年下半年以来航空需求疲软，以及由燃油价格大跌带来的套保浮亏，使航空运输企业陷入全行业亏损。上航宣布，截至2008年年末，燃油套保浮亏1.7亿元，实际已经交割的现金亏损850万元。东航更是已经浮亏数十亿元。在国资委的推动和市场竞争需要的情况下，东航采用吸收合并的模式重组上航。

2. 业务内容

2008年3月，东航与上航在国内部分航线开展为期近一个月的代码共享合作。7月，国资委和上海市国资委共同探讨和推进东航与上航之间的合并重组。之后东航获得来自国资委70亿元注资，上航获得上海国资委的10亿元注资。"东上重组"后，上航将成为东航的全资子公司，并保留品牌。2009年7月，"ST东航"与"ST上航"双双公布重组方案并复牌。2009年8月，"东上重组"获得民航局的批准。2009年10月，东航、上航联合重组等相关事项分别获两家公司临时股东大会高票通过。2009年11月30日，方案获中国证监会上市公司并购重组审核委员会通过。这标志着东航上航联合重组工作已基本完成监管部门的审核，将进入最后资产交割阶段。

3. 事件结果

东航和上航合并后，行业的集中度有了明显提高。合并后的三大航空公司各占全国总周转量的25%。而旅客运量方面，三大航空公司占了73%。对东航自身而言，在上海市场的份额，客运从32%提高到47%，货运从18%提高到27%，加强了在上海机场的话语权和主导能力，进一步提高了公司的营利能力。再融资后，东航资产负债率降至96.5%，扭转了负资产的局面。但是东航的股本从77亿股升至96亿股，吸收合并后股本将扩大到113亿股，扩大了47%。对于原先东航流通A股3.96亿股而言，比重从年初的8%下降到3.5%左右。

（二）案例分析

1. 案例揭示的问题

1）航空运输行业为强周期行业，对宏观经济变化较为敏感，宏观政治、经济政策对航空业都会产生周期性影响，从中长期看，航空运输业的发展与整个国民经济发展状况和国民收入水平高度相关，并因经济周期的波动而具有周期性。

2）突发性因素对航空运输的影响也不可小觑，战争、恐怖事件、安全事故等突发性事件的影响使得航空业周期更难把握。航空运输行业应积极寻求规避风险的方法，不能仅依赖金融衍生品交易。

2. 案例启示

在航空运输这个高风险的行业，兼并重组可以提高行业集中度，减少非理性的价格战，而且这种兼并重组方式对产业结构、产品结构和企业组织结构的调整，整个经济结构的优化升级，以及资源配置的优化和经济效率的提高，都是十分有利的。但是兼并重组后，东航的每股收益可能会出现比较大的摊薄。所以在选择兼并重组时不仅要考虑重组后带来的好处，也要考虑对企业本身所产生的影响，慎重选择。

四、航空运输相关的保险、信托与租赁业务案例

（一）案例背景

1. 基本情况

航空运输业规模经济的特征要求航空运输企业拥有庞大的机队规模，但航空运输业收益率低的特征又不能保证该规模的实现，融资租赁的出现就解决了这个难题。航空运输企业在融资租赁过程中，不需要全额出资购买设备，而是通过每期交付资金来获得航空设备的使用权，这样一方面保证了机队规模，另一方面又解决了航空运输企业的融资问题。在融资租赁中最重要的中介机构是金融租赁公司，它一般承担出租人的角色，航空运输企业通常为承租人。天津渤海租赁有限公司（以下称"渤海租赁"）即为这样一家金融租赁机构，目前是国内最大的融资租赁公司。

2. 业务内容

2015 年，渤海租赁与中国进出口银行、巴西国家经济社会发展银行（BNDES）和巴西航空工业公司共同签署了融资框架协议。渤海租赁拟向巴西航空工业公司购买 40 架 E190 系列飞机（总价值达 21.4 亿美元），并将其租赁给天津航空使用，由中国进出口银行及巴西国家经济社会发展银行提供航

空信贷融资支持。飞机计划于 2015 年开始交付，2020 年交付完成。

3. 事件结果

在中国进出口银行及巴航工业的支持下，渤海租赁与 BNDES 就项目的结构、担保增信措施、融资期限成本、提款条件、飞机交付条件、飞机国际利益登记等一系列内容，经过一年多的谈判终于达成共识，于 2016 年 8 月正式签订项目所涉及的各项协议。巴西圣保罗当地时间 8 月 29 日，在各方的共同努力下，渤海租赁利用在东疆注册的 SPV 公司完成操作合作协议中第一架 E195 飞机（属于 E190 系列飞机）经营租赁项目。通过中国进出口银行成功获得 BNDES 提供的金额为 2626 万美元出口信贷支持资金及渤海租赁自有资金，从巴西航空工业公司购买一架 E195 飞机，以经营租赁方式交付给天津航空使用，租赁期限 12 年。

（二）案例分析

1. 案例揭示的问题

航空运输业本身竞争激烈，对经济、政治环境具有高度的敏感性，经营环境复杂多变。航空公司为了争夺市场、提高营利能力，就要更加注重成本管理和科学灵活的经营战略。虽然融资租赁、经营租赁解决了航空运输企业一部分的融资问题，但不同的租赁模式有不同的效果。就此案例而言，虽然此次出口信贷的融资租赁结构更加复杂，谈判过程中的不确定性更多，但有效降低了融资成本，拓宽了融资渠道，保障了飞机的交付。所以在租赁模式的选择上，无论是金融租赁公司还是航空运输企业都要考虑的更加全面。

2. 案例启示

融资租赁、经营租赁除了为金融租赁公司带来收入外，还可以为航空公司带来以下优势。①在短期内快速扩大机队规模。②保持飞机资产组合的灵活性。因为航空领域的快速发展和公司自身发展情况，为飞机的机型投入、不同机型的分配组合带来非常大的不确定性。而租赁飞机可以减少整机购买的风险性，并减少改变机型组合带来的二手折旧损失和时间占用损失。③降低资金占用成本。租赁飞机可以使航空公司的资金迅速回流，并进一步用来扩充机队或自身的运营投入、服务投入等方面的资金消耗，减少资金占用。此外商业银行业应该积极寻求合作，积极发展"银租合租"业务（商业银行＋金融租赁公司），拓展飞机租赁市场，在风险可控的条件下可以为商业银行带来可观的利息收入和中间业务收入。

本章主要参考资料

[1] 解兴权. 中国民用航空运输业产业政策研究 [J]. 经济社会体制比较, 2002 (4): 105 – 110.

[2] 贺富永. 我国航空运输业发展战略研究 [J]. 理论探索, 2005 (2): 71 – 73.

[3] 高玥. 自然垄断产业的产权改革与规制: 我国航空运输业例证 [J]. 改革, 2012 (5): 40 – 46.

[4] 任芃兴, 陈东平. 非正规金融机构向正规金融机构流动性危机传染机制研究——基于存款者全局博弈视角 [J]. 中央财经大学学报, 2015 (12): 40 – 47.

[5] 陈辉. 论金融工具计量与我国财务报告改进——基于国际金融工具准则修订之探讨 [J]. 宏观经济研究, 2013 (4): 10 – 13.

[6] 贺玮. 私募股权投资与企业技术创新行为——来自中国创业板市场的证据 [J]. 求索, 2015 (7): 106 – 109.

[7] 余剑梅. 我国上市公司股权融资偏好研究 [J]. 经济纵横, 2012 (11): 102 – 104.

[8] 齐俊妍, 孙倩, 索园园. 美国金融服务出口竞争力对其国际非股权投资 (NEM) 的影响 [J]. 国际商务, 2005 (3): 44 – 54.

[9] 李凯风. 城镇基础设施建设 PPP 融资模式风险管理研究 [J]. 求索, 2016 (1): 109 – 113.

[10] 王岚, 盛斌. 中国出口竞争优势的空间分解——内部供给能力和外部市场潜力 [J]. 世界经济研究, 2011 (2): 27 – 31.

[11] 蒋清宏. 货币供给水平与中国近代经济周期的契合和背离——货币数量论的解释 [J]. 江海学刊, 2012 (2): 158 – 170.

[12] 陈启斐, 刘志彪. 需求规模与服务业出口: 一项跨国的经验研究 [J]. 财贸经济, 2014 (7): 82 – 94.

[13] 马大来, 陈仲, 常王玲. 我国工业企业竞争结构对国际贸易影响的区域收敛性——基于空间面板数据模型的研究 [J]. 软科学, 2014 (3): 7 – 11.

[14] 张志坚. 我国融资租赁发展的问题与对策 [J]. 山东社会科学, 2015 (3): 123 – 126.

[15] 施刚. 国外商业银行小微企业信贷模式比较与启示 [J]. 金融论坛, 2016 (1): 40 – 49, 71.

[16] 沈红，波黄卉，廖理．中国信用卡市场持卡人透支行为研究 [J]．统计研究，2013（10）：61－67．

[17] 贺培．备用信用证：企业参与国际竞争的有效工具 [J]．国际经济合作，2002（9）：28－32．

[18] 王静．我国中小民营企业境外上市融资策略研究 [J]．国际经贸探索，2009（1）：30－35．

[19] 郭桂霞，巫和懋．公司治理与中小企业融资方式 [J]．经济学，2012（1）：135－154．

[20] 同生辉．收购方为什么要在兼并交易中雇用投资银行 [J]．当代经济科学，2012（1）：66－74．

[21] 陆涛孙．上市公司并购重组的商誉风险 [J]．中国金融，2017（10）：69－71．

[22] 李晨丹．公共航空运输企业市场准入研究 [J]．河北经贸大学学报，2014，35（2）：126．

[23] 冷奥琳，张俊瑞，邢光远．公司对外担保违约风险传递机理和影响效应研究——基于上市公司债券利差数据的实证分析 [J]．管理评论，2015（7）：3－14．

[24] 倪得兵，梁旭晖，唐小我．相关双边汇率波动与供应链中汇率风险传导 [J]．管理科学学报，2015（10）：1－13．

[25] 何东．地方性产业投资公司运营风险评估 [J]．宏观经济研究，2013（10）：74－78．

[26] 杨晶昊．银行系金融租赁公司资本扩充和股权结构优化的探索 [J]．经济体制改革，2014（2）：197－200．

第八章

水上运输金融

第一节　业务概述

一、水上运输金融的内涵

（一）水上运输金融业务的含义

1. 什么是水上运输金融业务

水上运输金融业务是与水上运输行业相关的金融活动的总称。水上运输金融业务可分为以下三类。①在水上运输业建设或经营运营过程中，金融机构通过应用和开发各种金融产品介入，通过金融手段对水上运输行业的相关要素进行配置的业务活动，如金融机构提供船舶融资业务，将资本投向更营利的水上运输项目中；金融机构提供水上运输保险服务、水上运输衍生品服务，分散水上运输行业风险。②水上运输企业涉足金融活动，如大型水上运输企业与金融机构合作开展船舶租赁业务；水上运输企业成立保险合作社分散水上运输过程中的运输风险。③水上运输和金融以外的其他部门从事与水上运输相关的金融活动，如会计事务所为水上运输企业债券发行、公司上市等金融活动提供相关财务服务。

2. 水上运输金融业务的特点

水上运输金融业务主要包含船舶融资、水上运输保险、水上运输衍生品、资金结算四种业务类型。水上运输金融业务的特点如下。①包含的金融产品种类复杂，涉及各种类型金融机构和金融市场。水上运输行业为资本密集型行业，具有多样化的金融服务需求，涉及商业银行、政策性银行、融资租赁公司、证券公司、信托公司投资基金公司等各类金融机构，以及外汇市场、股票市场、债券市场、衍生工具市场等金融市场。②具有明显的风险管理特性。水上运输行业对于成本和风险具有高敏感性，促使水上运输金融业务提供具有风险管理功能的金融产品，如水上运输保险、水上运输衍生品等。③提供了巨大的跨国资金结算服务。水上运输企业作为国际贸易的衍生需求，大量的跨国贸易包含了巨大的资金流动，由此，水上运输金融业务提供了大量的跨国资金结算业务。

（二）水上运输金融业务的机构和工具

1. 水上运输金融业务的主要机构

水上运输金融业务涉及的主要机构可分为两类：开办水上运输相关金融业务的金融机构，和非金融机构中涉及水上运输金融业务的金融或财务部门。前者可以分为以下几类：银行类机构、证券类机构、保险类机构。后者可进一步划分为以下两类：①水上运输部门中开设的金融或财务部门，如水上运输企业开办的财务公司、保险合作社等；②非水上运输部门中开设的涉及水上运输金融业务的金融或财务部门，如经纪人公司、信息研究咨询公司、律师事务所、会计师事务所等。

2. 水上运输金融业务的主要工具

依据金融业务类型，水上运输金融业务工具可划分为以下几种：投融资工具、风险管理工具、支付结算工具。投融资工具主要包含债券、股票、商业票据、信用证、银行承兑汇票等。风险管理工具又可分为保险工具和水上运输衍生品工具，保险工具主要包括船舶保险、货物运输保险、保赔保险和海事责任保险等，水上运输衍生品工具主要有运费价格衍生品、燃油价格衍生品、汇率衍生品等。支付工具主要包括银行汇票、支票、本票、委托收款、信用证、银行卡、商业汇票、电汇等。

二、水上运输金融的基本内容

（一）投资业务

1. 股权投资业务

（1）直接投资

水上运输金融中股权直接投资指投资者以获取水上运输企业或水上运输项目的经营控制权为目的进行的投资行为。例如，多方投资者共同出资开展某港口修缮扩建项目，每个投资者依据各自的出资额享有相应的港口修缮扩建项目经营建设权或使用权。水上运输金融中股权直接投资的投资对象通常为水上运输业建设项目，较少直接设立水上运输企业或直接购买水上运输企业大量股票。水上运输业建设项目一般指船舶建造、港口建造、港口修缮扩建、航道改建等可形成实物资产的项目。

（2）间接投资

水上运输金融行业中股权间接投资指以获取一定的收益而进行的股权投资。水上运输股权间接投资与股权直接投资的最大差别在于投资目的不同，直接股权投资以获取经营决策权为目的，间接股权投资的目的仅为获取一定的收益。水上运输业中股权间接投资常见的形式有：在二级市场购买一定数量的股票、通过私募市场投资水上运输企业股票，但只享有水上运输企业营利的权利及承担水上运输亏损的风险，而不享有对水上运输企业经营决策的能力。

2. 债权投资业务

（1）直接投资

水上运输金融中债权直接投资指投资者利用货币资金、无形资产和其他实物资产，以债权的形式投资于水上运输企业或水上运输业建设项目中，从而取得对水上运输企业、水上运输业建设项目的经营或控制权的投资方式。

（2）间接投资

水上运输金融中债权间接投资指投资者以获取一定收益为目的而对水上运输企业或水上运输业建设项目进行的投资方式。债权间接投资者没有被投资的水上运输企业或水上运输业建设项目的经营和控制权。投资者可通过购买水上运输企业发行的公司债、企业债等多种债券类型进行投资。

3. 衍生品及其他投资

（1）衍生品投资

水上运输金融中衍生品投资指水上运输企业以某种目的进行衍生品交易的行为。水上运输衍生品是在运价、石油价格、汇率、利率等基础上而产生的一种衍生品工具。水上运输企业通过购买水上运输衍生品达到对运输风险、成本风险、汇率风险、利率风险进行管理的目的。对水上运输衍生品进行投资可提前锁定风险，对水上运输企业来说具有套期保值的功能。

（2）其他投资

水上运输金融中除了股权、债权和衍生品投资外，还有保险投资、信托投资、基金投资等多种投资方式。船舶作为巨额移动财产，风险系数极高，事故频发且后果严重，特别需要保险服务。水上运输保险具有为海上运输提供转移风险、均摊损失和损失补偿等功能，作为一种损失补偿机制在水上运输金融中具有重要的地位。信托投资则在船舶融资租赁中较为常见。基金投资丰富了投资者对水上运输业投资的渠道。

（二）融资业务

1. 直接融资

（1）股权融资

水上运输金融中直接股权融资指水上运输企业在没有金融机构介入的情况下通过股票进行资金融通的方式。水上运输金融中直接股权融资业务按融资的渠道来划分，主要有公开市场发售和私募发售两大类。所谓公开市场发售就是通过股票市场向公众投资者发行水上运输企业的股票来募集资金，企业上市、上市企业的增发和配股都是利用公开市场进行股权融资的具体形式。所谓私募发售，是指水上运输企业自行寻找特定的投资人，吸引其增资入股企业的融资方式。

（2）债权融资

水上运输金融中直接债权融资指水上运输企业在没有金融机构介入的情况下通过债券进行资金融通的方式。与直接股权融资相比，水上运输企业通过债权融资，不需让渡企业的经营权，只需为债券购买者定期支付利息并到期归还本金即可。

2. 间接融资

（1）股权融资

水上运输金融中间接股权融资指水上运输企业借助金融机构通过出让股权进行融资的行为。水上运输企业进行间接股权融资的过程如下：暂时闲置货币资金的单位通过存款的形式，或者购买银行、信托、保险等金融机构发行的有价证券，将其暂时闲置的资金先行提供给这些金融中介机构，然后再由这些金融机构购买需要资金的水上运输企业发行的股票，从而把资金提供给这些水上运输企业使用，实现资金融通。

（2）债权融资

水上运输金融中间接债权融资指水上运输企业借助金融机构利用债券进行融资的行为。水上运输企业进行间接债权融资的过程与间接股权融资的过程类似，此处不再重述。

三、水上运输金融业务的模式

（一）投资模式

1. 股权投资模式

进行水上运输企业股权投资的模式主要有以下两种：在二级市场买卖水上运输企业股票，对水上运输企业进行私募投资。在第一种股权投资模式中投资者对已经发行的水上运输企业股票进行买卖，通过水上运输企业股票的差价获取收益。在第二种投资模式中，私募投资选择的水上运输企业的通常为具有发展潜力的非上市公司，在水上运输企业上市前的 3～7 年对其进行投资，并在其上市时撤出资金的投资方式。

2. 债权投资模式

进行水上运输企业债权投资的模式可分为以下两类：直接购买水上运输企业发行的债券，金融机构对水上运输企业发放贷款。在第一种投资模式中，投资者直接在证券市场购买水上运输企业发行的债券，以获取利息收益。在第二种模式中，金融机构利用筹集的资金购买水上运输企业发行的债券或直接对水上运输企业发放贷款。

3. 其他投资模式

水上运输金融中除股权投资、债权投资外，其他投资方式主要有衍生品投资和保险投资。衍生品投资主要模式为水上运输企业在衍生品交易市场进行衍生品交易，衍生品投资有场内交易和场外交易两种交易模式。水上运输企业的保险投资模式主要是水上运输企业购买保险公司的船舶保险、货运保险、保赔保险等相关的水上运输保险产品。

（二）融资模式

1. 股权融资模式

在水上运输金融中股权融资模式按照融资渠道划分有两种：在公开市场发售股票，发售私募股票。水上运输企业在公开市场发售股票的模式如下：首先，进行公司改制，成立股份公司；其次，向监管部门申报的相关材料；最后，监管部门审核通过后正式发行股票。发售私募股票的模式如下：首先，准备私募股权融资相关材料；其次，寻找合适的投资者进行谈判；最后，获取私募股权融资。

2. 债权融资模式

水上运输企业进行债权融资模式有两种：水上运输企业公开发行债券，取得金融机构贷款。公开发行债券的模式为：债券的发行者在发行前向债券管理部门提交申报书，获得批准后正式发行债券。水上运输企业获得金融机构贷款的融资模式为：首先，水上运输企业向金融机构提出借款申请并提供有关资料；其次，金融机构对水上运输企业的实际情况进行调查；最后，金融机构对符合要求的水上运输企业发放贷款。

3. 其他融资模式

水上运输企业除了通过股权融资和债权融资外，其他的融资方式有融资租赁、信托融资、基金融资、信用证融资等多种形式。在水上运输中，融资租赁是除股权融资和债权融资外最普遍的融资方式。水上运输融资租赁业务有直接融资租赁、经营性租赁、出租回售、转租赁、委托租赁、分成租赁等形式。直接融资租赁是典型的投融资租赁方式，其模式为承租人指定设备及生产厂家，委托出租人融通资金购买并提供设备，由承租人使用并支付租金，租赁期满由出租人向承租人转移设备所有权。

第二节　市场概述

一、市场环境

（一）供给环境

1. 供给能力

水上运输金融市场中金融产品供给品种相对完整，包含船舶融资、融资租赁、水上运输保险、水上运输衍生品、资金结算等多个金融产品种类，可满足水上运输企业的基本金融需求。虽然水上运输金融市场中金融产品供给种类相对完整，但金融机构的产品设计技术能力和风险管理水平相对较弱，尚不完全具备针对个别企业的特殊情况提供相应产品的能力。

2. 供给品种

水上运输金融市场中供给的水上运输金融产品品种主要有：船舶融资、水上运输保险、水上运输衍生品、资金结算等。其中，船舶融资主要包含银行贷款、融资租赁、出口信贷机构贷款三种产品种类；水上运输保险供给品种主要有传统型水上运输保险（船舶保险、货物运输保险和保赔保险），以及少量创新型水上运输保险（物流责任保险和码头操作责任保险等）；水上运输衍生品产品种类主要有运费价格衍生品、燃油价格衍生品、汇率衍生品、利率衍生品等；资金结算产品种类主要有现金结算和非现金结算。

3. 供给水平

水上运输金融市场创新能力较低，提供高端金融产品的能力较弱。例如，水上运输市场供给的运输保险多为传统型水上运输保险，而对于需求量较高的创新型保险（海事责任保险等），提供数量较少且质量较差。对于水上运输衍生品，提供的衍生品种类较少，尚不能达到针对水上运输企业特殊情况进行产品设计的水平。

（二）需求状况

1. 需求规模

在水上运输金融市场中，水上运输企业对船舶融资的需求规模最大，对银行贷款、融资租赁、债券融资的融资需求依次降低。例如，2011 年中国水上运输市场融资总量中，银行贷款 250 亿美元，融资租赁 40 亿美元，债券融资 28 亿美元。水上运输业作为高风险型行业，其对风险管理产品具有较高的需求，其中对于水上运输保险和水上运输衍生品均有较大的需求规模。

2. 需求品种

水上运输企业对金融产品的需求品种主要有船舶融资、水上运输保险、水上运输衍生品、资金结算。水上运输企业融资需求以银行贷款、融资租赁为主，股权和债券融资为辅，基金、信托等其他方式为补充。水上运输企业保险需求涉及的保险产品主要包括船舶营运险、船舶建造险、船舶停航险、船舶修理险、拆船保险、集装箱保险、平安险、水渍险和一切险、保赔保险、物流责任保险、码头操作责任保险等。水上运输企业衍生品需求品种有运费价格衍生品、燃油价格衍生品、汇率衍生品、利率衍生品等。资金结算需求种类为国内、国际结算。

3. 需求质量要求

水上运输市场对于成本和风险的敏感决定了水上运输企业对水上运输金融的需求特征，要求金融机构能够提供满足水上运输企业风险管理和成本控制需求的产品，要求水上运输金融机构具有较强的产品设计能力和风险管理水平。水上运输企业对于融资需要更多类型的创新；水上运输保险需要能覆盖水上运输业新型风险的产品，水上运输衍生品需要为水上运输企业量身定做的产品。

（三）竞争状况

1. 竞争结构

从水上运输金融行业进入壁垒、业内竞争程度、产品替代压力来分析其竞争结构。政府对金融类公司、企业的成立资质有较高要求，水上运输金融行业的进入壁垒较高。水上运输金融行业内现有企业竞争的激烈程度较低，潜在竞争者较少。水上运输金融产品与其他行业金融产品相比存在较大的产品替代压力。例如，对于社会投资者来说，购买船舶债券的核心价值是获得利息以营利，但具体是哪个行业发行的债券对投资者并无影响，因而船舶债券在金融市场中存在较大的产品替代压力。

2. 竞争程度

从水上运输金融行业内现有金融机构的竞争程度、水上运输金融产品替代品压力、水上运输企业的砍价能力等多方面分析，水上运输金融行业内竞争较为激烈。虽然水上运输金融市场中金融机构的数量有限，但各金融机构在行业扩张期大幅增容船舶融资、融资租赁等业务，而金融业的退出壁垒较大，致使金融机构间竞争加剧。水上运输业的有价证券与其他行业相比同质性高，投资者容易选择性价比更高的其他行业有价证券，有较大的替代品压力。水上运输业为资金密集型行业所需融资金额较大，买方购买成本占其总成本的比重较大，金融机构提供的水上运输金融差异较小，此方面买家砍价能力较强。

二、市场结构

(一) 主体结构

1. 主体规模结构

水上运输金融中主体规模结构如下：银行业规模远远大于非银行业规模，国有银行规模远远大于银行业中民营银行规模。保险和衍生品是水上运输企业进行风险管理的重要金融工具，在非银行机构中，水上运输金融市场中保险公司及衍生品经销商现已初具规模。随着融资租赁业务需求逐年增长，融资租赁公司的规模也逐年扩大。信托、基金等非银行金融机构整体规模偏小，并且间接融资一直处于主导地位，导致证券行业规模也偏小。

2. 主体类型结构

水上运输金融业中主体类型结构为：以银行类主体为主，以非银行主体的保险公司、融资租赁公司、衍生业务经销商、证券公司为辅，基金公司、信托公司、财务公司等为补充。在金融机构中融资租赁公司个数较少，但在水上运输金融部门中融资租赁企业占较大比重。因保险业务、衍生品交易业务占较大比重，在水上运输金融部门中保险公司、衍生业务经销商等部门所占比重较大。

(二) 业务结构

1. 业务品种结构

水上运输金融市场中主要包含船舶融资、水上运输保险、水上运输衍生品、资金结算四个业务品种。其中船舶融资和资金结算为水上运输金融市场中的基础业务，两种业务占据了水上运输金融市场的绝大份额。水上运输保险、水上运输衍生品为水上运输企业重要的风险管理工具，两个业务品种同样占据了水上运输金融市场中较大份额。

2. 业务规模结构

水上运输金融业务规模结构与水上运输金融市场的发展阶段有密切关系。从国际经验来看，水上运输金融是服务于一个地区的水上运输业而发展起来的，但到一定阶段以后，可脱离当地水上运输实体而成为区域或全球水上运输金融中心。例如，伦敦伴随水上运输业的发展，水上运输保险、融资、结算、衍生品交易等各类水上运输金融服务不断在伦敦聚集。目前伦敦的水运货物吞吐量不断下降，但其水上运输金融服务不仅业务品种完整、业务规模结构合理，而且其服务体系完整处于世界领先地位。

第三节　业务内容及客户对象

一、业务内容

（一）水上运输相关的商业银行业务

1. 资产业务

（1）贷款业务

商业银行为水上运输企业提供的贷款业务主要是船舶贷款，这是水上运输企业进行船舶融资最常见的形式。船舶建造方和购买方都有可能为筹集船舶建造资金和船舶价款向银行申请贷款。船舶贷款通常贷款数额大、还款期限长、手续规范且相对简单。但是商业银行对船舶贷款的审批严格对担保要求较多，且贷款成本（贷款利率）较高。

（2）证券业务

商业银行针对水上运输企业开展的证券业务有：商业银行接受水上运输企业的委托代理发行、兑付、买卖各类有价证券；接受水上运输企业委托代办债券还本付息、代发股票红利、代理证券资金清算等。代理水上运输企业证券业务主要有：代发行水上运输企业证券业务、代售水上运输企业证券业务、代购水上运输企业证券业务、代兑付水上运输企业债券业务、代保管水上运输企业证券业务等。代理证券资金清算业务则包含一级清算业务和二级清算业务。

（3）现金业务

商业银行针对水上运输企业开展的现金业务主要包含账户管理、收付款管理、流动性管理、跨境管理、投融资管理、风险管理等。账户管理是为水上运输企业客户提供账户梳理、账户整合的各种解决方案。收付款管理是为水上运输企业客户提供最适合的收付款服务。跨境管理是利用银行遍布全球的分支网络和代理行网络，为水上运输跨国企业提供全球现金管理服务。投融资管理为银行帮助水上运输企业客户进行合理投资和有效融资，在避免流动性风险的同时，实现资金增值。风险管理是银行帮助水上运输企业应对市场波动给企业财资管理带来的风险，确保资金收益的同时，有效控制流动性、汇率和利率的波动风险。

2. 负债业务

（1）存款业务

商业银行针对水上运输企业开办的存款业务主要是企业存款业务，包括活期存款、定期存款、协定存款、通知存款。水上运输企业双方在存款时与银行事先约定期限、利率，到期后支取本息的存款为定期存款。水上运输企业与银行约定期限、商定结算账户需要保留的基本存款额度，由银行对基本存款额度内的存款按结息日或支取日活期存款利率计息的存款为协定存款。水上运输企业在存入款时不约定存期，支取时提前通知银行约定支取日期和金额的存款为单位通知存款。

（2）借款业务

借款业务是指商业银行向中央银行、同业银行机构等借入资金或公开发行金融债，以缓解资金周转的困难。水上运输金融中商业银行的借款业务主要是水上运输企业购买商业银行发行的金融债。在此业务中，水上运输企业可以获得高于存款利率的收益，商业银行则缓解了资金周转的压力。

3. 中间业务和表外业务

（1）结算业务

水上运输金融中商业银行开展的结算业务指商业银行帮助水上运输企业对一定经济行为引起的货币关系的计算和结清业务。从业务内容来说，商业银行结算业务可分为人民币结算业务、国际结算业务。人民币结算业务结算方式主要包括银行汇票、商业汇票、银行本票、支票、汇兑结算、委托收款、托收承付、信用卡结算等。国际结算业务包括进口结算、出口结算、开立保函/备用信用证、跨境贸易人民币结算等业务。

（2）信用卡业务

商业银行为水上运输企业提供的信用卡业务为一种贷款零售业务。信用卡业务主要为水上运输企业主提供日常生活和企业正常经营活动的消费信贷，以及一定额度和一定期限的流动性资金贷款，具有小额、短期的基本特征。

（3）备用信用证业务

备用信用证是指由银行或其他机构及个人做出的保证其在受益人凭借相关单据提出付款请求时付款的一项独立承诺。备用信用证有三方当事人：申请人、开证行、受益人。在水上运输金融中，商业银行作为开证行，水上运输企业作为申请人或受益人。

（4）贷款承诺业务

在水上运输金融中，贷款承诺是指银行承诺在一定时期内或者某一时间按照约定条件提供贷款给水上运输企业的协议，是一种承诺在未来某时刻进行的直接信贷。根据承诺方是否可以不受约束地随时撤销承诺，贷款承诺可分为可撤销贷款承诺和不可撤销贷款承诺。根据利率的变动特性可以划分为固定利率承诺和变动利率承诺，前者是指承诺方必须以预先确定的利率向借款人提供信用，后者一般根据市场主导利率加上一个附加率来确定。根据对贷款金额的使用情况，可分为定期贷款承诺、备用承诺和循环承诺。

（5）贷款销售业务

水上运输金融涉及的贷款销售业务指商业银行将已形成的水上运输企业贷款采取各种方式出售贷款债权给其他投资者。贷款销售业务也叫信贷资产转让业务。信贷资产转让业务包括回购型信贷资产转让和卖断型信贷资产转让两种形式。在卖断型信贷资产转让中，可按无条件卖断和附条件卖断两种方式施行。对于附条件卖断，只保留优先按照公允价值回购权利的资产转让、带有担保责任的资产转让，以及没有担保责任但承诺在一定条件下买回的资产转让等类型。

（6）资产托管业务

水上运输金融中涉及的资产托管业务指水上运输企业在委托各类投资机构进行证券、股权等投资的同时，委托独立的第三方（托管银行）对委托资金进行保管，要求托管银行按照事先约定的要求或者是相关的法律法规对资金进行划付，并委托托管银行对投资机构的投资行为进行监督。

（二）水上运输相关的证券市场业务

1. 证券投资业务

（1）股权投资业务

水上运输金融中股权投资业务按照投资者投资目的不同可分为直接股权投资和间接股权投资。投资者进行直接股权投资的主要目的在于获得水上运输企业或水上运输项目的经营控制权；进行间接股权投资的主要目的在于获取一定的收益。无论直接股权投资还是间接股权投资者均可通过以下两种方式投资于水上运输企业：购买水上运输企业公开发行的股票，对水上运输企业进行私募股权投资。

（2）债权投资业务

证券市场中针对水上运输企业的债权投资主要指投资者购买水上运输企业发行在债券市场发行的债券。投资者在证券市场投资于水上运输企业债券，只能获取一定收益，不能享有水上运输公司的经营决策权。投资者除获取固定利息外，还可以在市场对水上运输企业债券进行买卖从中赚取差价。随着利率的升降，投资者如果能适时地买进卖出，则可获取较大收益。

（3）衍生品投资业务

按衍生品的投资目的，水上运输衍生品投资可分为以下两类：水上运输企业为规避风险进行套期保值而投资于水上运输衍生品，市场中的投机者为获取投机收益而投资于水上运输衍生品。水上运输金融市场中可投资的衍生品除了常规的远期外汇合约、外汇期货、外汇期权、货币互换等外，还包含运费价格衍生品、燃油价格衍生品、航运指数期货（期权）等。

2. 证券融资业务

（1）股权融资业务

水上运输金融中股权融资业务指水上运输企业股东出让部分所有权来进行融资的相关业务。股权融资的主要形式有：在公开市场发行股票，私募股权融资。股权融资所获得的资金，水上运输企业无须还本付息，但新股东将与老股东同样分享企业的利润增长。水上运输企业进行股权融资具有筹集的资金期限长并且比较稳定的特点。

（2）债权融资业务

在证券市场中水上运输企业取得债权融资的业务主要是在证券市场发行债券。水上运输企业可发行企业短期融资券、企业债券、资产支持下的中长期债券等多种类型的债权。水上运输企业债权融资获得的只是资金的使用权而不是所有权，企业必须支付利息，并且债务到期时须归还本金。债权融资能够提高企业所有权资金的资金回报率，具有财务杠杆作用。

（3）衍生品融资业务

在证券市场中水上运输企业一般不会通过衍生品进行融资。水上运输企业进行衍生品交易的目的通常有两种：以规避风险为目的进行套期保值；以追逐风险利润为目的进行投机投资。水上运输企业为了规避风险，通过衍生交易，或者传统交易与衍生交易的组合，抑或完全衍生交易的组合，在一个市场（产品）上交易的损失可以由另一个市场（产品）交易的收益来弥补。水上运输企业进行衍生品投资的主要目的不在于投机获利，而在于规避风险、套期保值、进行资产管理。

（三）水上运输相关的资本运作业务

1. 兼并业务

水上运输金融中兼并业务指含有水上运输企业的兼并活动。企业兼并指通过产权的有偿转让，把其他企业并入本企业或企业集团中，使被兼并的企业失去法人资格或改变法人实体的经济行为。水上运输企业在此活动中可作为兼并方或被兼并方。企业兼并的主要形式有：购买兼并、接收兼并、控股兼并、行政合并、企业横向兼并、企业纵向兼并、企业综合兼并。

2. 收购业务

水上运输金融中收购业务指含有水上运输企业的收购活动。收购是指一个公司通过产权交易取得其他公司一定程度的控制权，以实现一定经济目标的经济行为。收购的主要形式有：横向收购、纵向收购和混合收购。横向收购是指同行业间发生的收购行为。纵向收购是指都参与水上运输生产过程或经营环节紧密相关的公司之间的收购行为。混合收购又称复合收购，是指生产和经营彼此没有关联的产品或服务的公司之间的收购行为。

（四）水上运输相关的保险、信托与租赁业务

1. 保险业务

（1）社会保险业务

水上运输金融中涉及的社会保险业务通常指为水上运输企业员工提供社会保障。社会保险的主要项目包括养老保险、医疗保险、失业保险、工伤保险、生育保险。社会保险是一种缴费性的社会保障，资金主要是水上运输企业和员工本人缴纳，政府财政给予补贴并承担最终的责任。但是水上运输企业员工只有履行了法定的缴费义务，并在符合法定条件的情况下，才能享受相应的社会保险待遇。

（2）商业保险业务

水上运输金融市场中商业保险业务主要指水上运输保险业务。在水上运输金融市场中水上运输保险种类丰富，具有为水上运输提供转移风险、均摊损失和损失补偿等功能，作为一种损失补偿机制在水上运输中具有重要的地位。尤其在发生船舶沉没、贸易合约失败或第三方财产损失时，水上运输保险能够分摊贸易过程中各方面潜在的风险。水上运输保险满足了高风险的水上运输行业控制风险的需求，促进水上运输行业健康发展。

（3）合作保险业务

水上运输金融中合作保险指由共同具有水上运输风险的个人或单位，为了获得保险保障，共同筹资设立的保险组织形式。合作保险组织可分为消费者合作保险组织和生产者合作保险组织。水上运输金融市场中合作保险组织类型主要为消费者合作保险组织。水上运输保险消费者合作保险组织是由水上运输保险消费者组织起来并为其组织成员提供保险的组织。

2. 信托业务

（1）信托投资业务

水上运输金融中信托投资业务指金融信托投资机构用自有资金及组织的资金对水上运输业进行投资。信托投资一般分为直接投资和间接投资两类。直接投资即投资者以获取水上运输企业部分或全部经营控制权而进行的信托投资。间接投资即投资者以获取一定收益而对水上运输企业进行的信托投资。

（2）信托融资业务

水上运输相关的信托融资指水上运输企业从信托机构获取融资的行为。水上运输企业取得信托融资的途径有两种：直接找信托公司洽谈，委托相关机构代为寻找信托公司。即使水上运输企业直接找信托公司进行洽谈，通常也需要委托金融机构帮忙设计"资产包"，按其风险管理程序进行预评估，然后再与信托公司接触，提高成功的可能性。

3．租赁业务

（1）融资性租赁业务

融资性租赁是指当水上运输企业需要添置设备时，不是向金融机构直接申请贷款来购入，而是委托租赁公司根据水上运输企业的要求和选择代为购入所需的设备，水上运输企业以租赁的方式从租赁公司手里租赁设备来使用，从而达到水上运输企业融通资金的目的。融资租赁一般包括直接融资租赁、联合融资租赁、转租赁、售后回租和杠杆融资租赁等类型。

（2）经营性租赁业务

经营性租赁又称服务租赁、管理租赁或操作性租赁，是指出租人将自己经营的租赁资产反复出租给不同承租人使用，由承租人支付租金，直至资产报废或淘汰为止的一种租赁方式。水上运输金融中经营性租赁业务中水上运输企业既可以充当承租人也可以充当出租人。通常船舶制造企业充当出租人，提供水上运输服务的企业充当承租人。这种租赁的出租人除提供租赁物外，还负责租赁物的维修和保养等服务。

二、客户对象

（一）投资者

1．直接投资者

水上运输金融中直接投资者指以获取水上运输企业部分或全部经营控制权为目的的投资者。水上运输金融中直接投资者可以是金融机构、个人、企业等。水上运输企业中的直接投资者大多为水上运输企业，水上运输企业将营利获得的资金重新投入到水上运输行业中，投资船舶、建设码头、开发新航线、提供水上运输服务等，完成水上运输行业资金循环。

2．间接投资者

水上运输企业的间接投资者指以获取一定收益为目的的投资者。水上运输金融中间接投资者大多为金融机构和证券市场交易者。参与间接投资的金融机构包括商业银行、证券公司、信托公司、基金公司、财务公司、保险机构等。金融机构可通过为水上运输企业发放贷款、购买水上运输企业发行的证券等多种形式对水上运输企业进行投资。

（二）融资者

1. 直接融资者

水上运输金融中直接融资者通过出让部分水上运输企业或水上运输业建设项目部分经营控制权而进行融资。水上运输金融中直接融资者主要包含以船舶及相关设备的制造和修理为主的船舶企业；以船公司、船务代理和货运代理为主的水上运输企业，以港口和相关物流提供水上运输服务的港口和临港企业。

2. 间接融资者

水上运输金融中间接融资者指通过中介机构进行融资的水上运输企业。进行间接融资的水上运输企业大多数通过商业银行进行融资。水上运输企业通过商业银行获取融资的主要方式有流动资金贷款、固定资产贷款、票据融资、贸易融资等。水上运输金融中间接融资者的融资目的主要是解决企业在生产运营过程中临时性、季节性的资金需求，为保证企业的生产运营活动正在进行而进行融资。

第四节　业务流程

一、水上运输相关的商业银行业务流程

（一）资产业务流程

1. 贷款业务流程

商业银行对水上运输企业开展贷款业务的流程如下。

1）借款人向银行提交借款申请书。

2）借款人向银行提交相关资料，包括营业执照、公司章程、近三年财务报告、项目立项及批复文件、项目经济效益分析、用还款计划等。

3）银行进行贷前的调查和评估，对借款人的信用等级，以及借款的合法性、安全性、营利性等情况进行调查，核实抵押物、质物、保证人情况，形成评估意见。

4）经银行内部审查同意的，双方就借款合同、抵押合同、担保合同的条款达成一致意见，有关各方签署合同。

5）借款人办理合同约定的抵押登记等有关手续。

6）借款人提出提款申请。

7）银行资金到账，借款人用款。

2. 证券业务流程

商业银行参与和水上运输企业相关的证券业务，主要是帮助水上运输企业发行证券或承销证券，其业务流程如下。

1）成立项目小组：总行负责组成包括评级公司、律师事务所、会计师事务所在内的债务融资工具工作小组，安排作业进度，协调各中介机构。

2）制作全套文件：由项目工作小组协助企业准备全套注册文件。

3）向交易商协会提交注册文件：将全套注册文件向交易商协会推荐。

4）接受注册发布公告准备发行：在获得"接受注册通知书"后协助企业寻找发行时机，公告并发行。

3. 现金业务流程

商业银行办理与水上运输企业相关的现金业务流程如下。

（1）提交材料

1）客户的营业执照、组织机构代码证和税务登记证的复印件；客户在银行会计系统的客户信息、账户信息资料。

2）客户现金管理服务申请表。

3）客户与银行签订的现金管理协议。

4）客户出具的业务授权书。

（2）办理流程

1）客户向银行提交申请并填写客户审批表。

2）银行与客户签订协议、授权书，并指导客户填写服务申请表。

3）银行在系统中维护相关参数，产品服务在客户指定日期生效。

（二）负债业务流程

1. 存款业务流程

存款业务具有多种业务品种，但基本操作流程相同，以单位活期存款与定期存款业务办理流程为例：水上运输存款单位开立账户时应到拟开户行领取空白"开户申请书"和"印鉴卡"一式三份，如实填写各项内容，并加盖与账户名称一致的单位公章和法人章或根据法人授权书的内容加盖其授权人章；在"印鉴卡"上还可加盖单位财务专用章和法人章，或加盖财务专用章、法人和财务主管人员章。

2. 借款业务流程

1）同业客户经提供借款银行资质审查通过后，与提供借款银行签订同业借款合同，建立业务关系。

2）同业客户根据借款需求，向提供借款银行咨询确定具体交易方向、金额及价格等要素。

3）提供借款银行针对交易期限、额度、客户资质等情况进行业务综合审查。

4）同业客户在提供借款银行核定的同业融资专项授信额度和提款期内，逐笔签订《提款通知书》确定每笔借款。

（三）中间业务和表外业务流程

1. 结算业务流程

结算业务中包含人民币结算业务和国际结算业务，不同的业务品种具体业务流程有所差别，但也存在相似之处。接下来以水上运输金融人民币结算业务中支票结算业务流程为例介绍结算业务流程。

1）水上运输企业客户到开户网点购买支票。

2）客户备足存款，签发支票，并加盖预留银行印鉴或编制、填写支付密码。

3）银行受理支票。出票人开户行受理支票的，审核无误、客户账户金额足够支付的，予以支付。

持票人开户行受理支票的，持票人应在支票背面做成委托收款背书。银行审核无误后，予以办理；出票人开户行受理票据交换提回支票的，审核支票无误、客户账户金额足够支付的，予以支付，否则退票处理。

总而言之，结算业务可分为以下两个步骤：银行审核结算凭证和银行执行结算指令。

2. 信用卡业务流程

水上运输金融信用卡业务流程：

1）与银行客户经理进行沟通，了解水上运输企业的权益和义务。

2）与银行就双方合作签订协议。

3）提供如下申办要件。

4）银行进行审批、核准。

5）发行卡片，开始享受各项权益。

申办时单位须提供：

1）经年检的营业执照（副本）原件及复印件。

2）组织机构代码证原件及复印件。

3）银行须提供的其他要件。

申办时员工须提供：

1）填写完整信息的个人申请表。

2）提供有效的个人身份证明。

3. 备用信用证业务流程

1）进口商提交《开证申请书》，银行经审核后凭保证金或占用授信额度开出信用证。

2）出口商收到信用证通知后，按信用证条款备货装运。

3）出口商提交信用证规定单据，交单行将单据寄往银行要求付款或承付。

4）银行收到单据后，经审核无误向出口商付款或承付。

5）承付到期日对外付款。

4. 贷款承诺业务流程

可撤销贷款承诺业务流程：

1）客户经理了解到水上运输企业需求，取得相关资料。

2）按银行内部授信审查程序进行审批。

3）经银行授信审查程序批准，对外出具承诺函。

4）贷款承诺函出具后，银行公司业务部门对水上运输企业和项目的进行持续跟踪。

5）在水上运输企业正式提出授信需求后，按照银行贷款业务流程操作。

不可撤销贷款承诺业务流程和可撤销贷款承诺业务流程相同，但不可撤销性贷款承诺的审批程序比可撤销性贷款承诺严格。

5. 贷款销售业务流程

1）贷款销售方向金融机构知会贷款销售信息，双方协商交易价格、期限和方式。

2）贷款销售方向金融机构提供有关贷款文件的复印件。

3）双方签署信贷资产转让协议，明确转让金额、期限、利率及转受让双方的权利及义务等事项；贷款销售方协助金融机构办妥相关质押变更等法律手续。

4）金融机构向贷款销售方划付转让款项。

5）回购型转让项下，回购合同到期，贷款销售方向金融机构还付资金。

6. 资产托管业务流程

水上运输金融中涉及的资产托管业务品种众多但业务流程类似，具体操作流程如下。

1）业务联系：水上运输企业及受托人与当地银行分支机构联系。

2）签订协议：在双方充分沟通的基础上，签署《××托管合同》。

3）开立账户：按照监管部门要求，代理开立资金托管账户、证券账户。

4）资产移交：移交资产，包括账户中的资金、各类证券等。

5）托管运作：按照托管合同中的规定，提供资产保管、年金基金归集、待遇支付、会计核算、资产估值、清算交割、绩效评价等服务，对企业年金基金的投资运作进行监督，并定期向监管部门和受托人提供托管报告。

二、水上运输相关的证券市场业务流程

（一）证券投资业务流程

1. 股权投资业务流程

1）项目接收。

2）项目初审：对项目进行初步调查，提出可否投资的初审意见并填制《项目概况表》。

3）项目立项：项目初审后认为可以对企业做进一步调查研究的，由研究员形成《前期调研报告》，由项目经理填写《项目立项审批表》，报公司项目考评会批准立项。

4）项目尽职调查：立项批准后，项目经理及尽职调查团队到项目企业进行尽职调查，并填写完成《尽职调查报告》；尽职调查认为可以投资的企业与项目，编写完整的《投资建议书》。

5）投资决策：完成《投资决策委员会决策意见表》，形成投资决议。

6）动态跟踪管理：对项目企业进行跟踪管理，取得相关资料、参加重要会议，并形成《企业情况月度分析表》及《企业情况季度报告》。

7）投资退出：项目经理提交《投资退出方案书》并组织实施、项目退出后完成《项目总结报告》。

2. 债权投资业务流程

1）项目咨询、意向沟通。

2）资格条件初步审查。

3）初审通过，项目实地考察及评价。

4）评审委员会做出立项决定。

5）成立调研小组进行尽职调查。

6）项目纵深论证综合分析评估。

7）评估结束，提交投资建议收。

8）集体评审结束交董事会通过。

9）签订相关项目合同实施项目投资。

10）项目后续管理加强风险控制。

11）投放资金回收投资利润分成。

12）项目完成。

3. 衍生品投资业务流程

1）投资者进行业务申请，衍生品交易机构审核准入标准。

2）符合准入标准的进行风险类型评价。

3）双方签署主协议及补充协议。

4）投资者提出产品需要，衍生品交易机构提供产品方案。

5）衍生品交易者进行产品报价。

6）签署确认交易书。

7）风险对冲管理。

8）衍生品交易机构发布盯市通知，投资者接收盯市通知。

9）产品交割与清算。

（二）证券融资业务流程

1. 股权融资业务流程

水上运输金融股权融资业务包含首次公开发行业务和增发/配股业务，增发/配股业务流程与首次公开发行业务流程现实。下面介绍首次公开发行业务流程。

1）改制：选择券商，确定改制方案后报省级人民政府或国务院主管部门批准设立股份公司。

2）辅导：辅导期为一年，每三个月向证监局报送一期辅导报告，并由证监局出具验收报告。

3）制作申报材料：申报材料由主承销商出具推荐函后上报证监会审核。

4）证监会审核：证监会发行监管部综合处受理申报材料，通过可等待发行排队，不通过可以撤回申报或整改后再次申请上会。

5）发行上市阶段：发行部审定发现价格、发行数量；将发行方案上报证券交易所；上市交易。

2. 债权融资业务流程

1）确定融资意向阶段：发行人形成融资意向并与券商进行初步接洽，形成合作框架；券商就本次发行融资方式及具体发行方案出具可行性报告；发行人最终确定发行方案。

2）发行准备阶段：聘请中介机构，签订主承销协议；中介机构进行尽职调查，并与发行人共同制作申报材料；发行人审议公司债券融资方案。

3）证监会审核阶段：主承销商向证监会预报发行申请材料，证监会发行部出具反馈意见；发行人审议公司债发行相关议案，并公告股东大会决议；主承销商向证监会补充股东大会决议，对反馈意见进行答复；证监会发行审核委员会审核发行材料，做出核准或不予核准的决定。

4）在指定报刊上刊登募集说明书及其摘要；路演，确定公司债最终票面利率；正式发行，发行人获得募集资金；制定上市公告书，并在指定报刊刊登，债券上市交易。

3. 衍生品融资业务流程

衍生品融资其本质为衍生品交易，具体业务流程如下。

1）产品询价：客户提交询价申请表，衍生品部进行报价确认。

2）交易确认：确认交易后客户提供以下资料：①经过年检的营业执照复印件，组织机构代码证复印件，税务登记证复印件；②法定代表人证明书、法定代表人身份证复印件；③加盖机构公章和法定代表人签章的法定代表人专项授权书、授权代理人身份证复印件；④签署过的《期权类金融衍生品交易业务风险揭示书及产品说明书》。

营业部填写以下文件：①客户基本信息表；②机构客户风险承受能力问卷；③客户风险承受能力初次评估结果告知函；④适当性评估结果确认书。

客户签署：①SAC 主协议；②SAC 补充协议；③期权类金融衍生品交易确认书。

期权成立：客户打款到衍生品部指定账户。

3）产品终止：产品到期结束后，期权买方获得行权收益。

三、水上运输相关的资本运作业务流程

（一）兼并业务流程

1. 股权兼并流程

1）收购双方进行洽谈，达成初步兼并意向，此阶段主要是兼并方与目标公司及股东进行接触。

2）兼并方自行或委托律师、会计师开展尽职调查。

3）正式谈判，签订兼并协议或股权转让协议。

4）兼并双方的内部审批：①兼并方是公司法人的，应提交股东会审议表决；兼并方是自然人的，无须审议表决；②被兼并方是公司法人的，应提交股东会审议表决；被兼并方是自然人的，无须审议表决；③无论被兼并方是公司法人还是自然人，均须经过目标公司股东会审议表决，并充分保障其他股东的优先购买权。

5）股权交割及变更登记：①办理资产、经营管理权转移手续；②办理工商、税务变更登记手续；③办理相关的报批手续（若有）。

2. 债权兼并流程

1）被兼并企业进行清产核资，厘清债权债务，搞好产权界定。

2）兼并双方共同提出可行性报告，征求被兼并企业债权银行意见并征得主要债权人同意，股份制公司必须通过董事会或股东会形成决议。

3）兼并双方就兼并的形式和资产债权债务担保的处置办法及职工的安置方案等兼并基本内容进行协商，达成兼并意向性协议。

4）需要企业所在地地方政府提供优惠政策的，应由地方政府提出审查意见。

5）兼并协议修改完成后，由企业双方法定代表人签署兼并协议。

6）按照兼并协议和审批文件等实施兼并，办理资产划转工商登记税务登记等有关手续。

7）由兼并双方的出资者和政府有关部门进行验收，经各方认可后完成兼并。

（二）收购业务流程

1. 股权收购流程

1）收购方与目标公司或其股东进行洽谈，初步了解情况，进而达成收购意向，签订收购意向书。

2）收购方在目标公司的协助下对目标公司的资产、债权、债务进行清理，进行资产评估，对目标公司的管理构架进行详尽调查，对职工情况进行造册统计。

3）收购双方及目标公司债权人代表组成小组，草拟并通过收购实施预案。

4）债权人与被收购方达成债务重组协议，约定收购后的债务偿还事宜。

5）收购双方正式谈判，协商签订收购合同。

6）双方根据公司章程或公司法及相关配套法规的规定，提交各自的权力机构，如股东会就收购事宜进行审议表决。

7）双方根据法律、法规的要求，将收购合同交有关部门批准或备案。

8）收购合同生效后，双方按照合同约定履行资产转移、经营管理权转移手续，除法律另有规定外，应当依法办理包括股东变更登记在内的工商、税务登记变更手续。

2. 债权收购流程

水上运输金融机构网点收购个人债权及客户证券交易结算资金，通俗地讲，就是面临破产或被清算的金融机构直接或间接地，通过收购客户的债权，达到退还客户存款、保证金等的目的。例如，一个客户在某证券公司存入了 5 万元保证金，但目前这家证券公司及其营业部面临破产、倒闭等情况，无法支付客户 5 万元的保证金，这样，这位客户就拥有对该证券公司 5 万元的债权。这时，在国家有关部门的运作下，该证券公司答应全额收购客户的这 5 万元债权，这样，该客户就和证券公司签订债权收购协议，让证券公司用 5 万元的现金，收购了自己对该证券公司拥有的 5 万元债权。证券公司就通过这种形式，把欠客户的 5 万元保证金退还给了客户。因此，个人债权收购实际是金融机构发生经营危机时，保障投资者利益的国家收购行为。

四、水上运输相关的保险、信托与租赁业务流程

（一）保险业务流程

1. 社会保险业务流程

1）接单初审。将不合格的投保件剔除掉。

2）新单登记。对某些重要信息第一次录入。

3）录入复核。新单登记后开始正式录入工作（第二次录入），录入完成后进行复核。

4）复核完成后进入核保。核保按照惯例分成了事务核保和医务核保。事务核保和医务核保有机结合，对投保件做出风险评估，同时做出各种核保处理。

5）登录制单。核保通过的投保件，电脑将自动向财务发出对账的请求。只要财务的实收暂收费大于或等于业务应收费（标准保费和加费之和），该投保件即可在电脑上实现登录。

6）保单发送。制单后对保单进行清分，并通过各种方式送达客户，在客户签收后，对回执进行录入，开始计算冷静期。同时即可进行投保资料的建档工作。

2. 商业保险业务流程

1）收集船舶资料及填写投保单。

2）风险评估。

3）拟定险别、费率、免赔额等承保条件。

4）与投保人协商一致。

5）报总经理室审批。

6）报总公司审批。

7）修改承保条件。

8）签发保单。

9）按约定收取保险费。

10）出具保费收据。

3. 合作保险业务流程

1）合作保险公司根据成员单位、创维员工需求向财务公司提供保险产品优惠方案和业务合作模式。

2）合作保险公司与财务公司确定具体业务合作流程。

3）财务公司与合作保险公司确定代理费率等，并签订项目合作协议和兼并代理协议。

4）财务公司按照协议展开业务并收取代理费。

（二）信托业务流程

1. 信托投资业务流程

1）前期调查。

2）立项。①业务部分内部审核填写《立项申报表》；②业务部门将《立项申报表》及项目相关资料交给合规风控部门同时会签信托运营部审核；③经主管立项部门签字后，由运营部给编号、存档；④《立项申报表》返回业务部，立项完成。

3）项目签报并经主管业务领导审批。

4）填写《合同审批表》。

5）主管业务领导签字。

6）合规与风控部审查。

7）副总、总经理签字。

8）合同成立。

2. 信托融资业务流程

1）项目受理。信托公司接受融资方提供的资料。

2）业务人员初审。根据项目方提供的资料，判断是否可操作，并提出资金来源渠道。

3）立项。如果初审通过，又属于未涉足的业务类型，需要办理立项。业务人员向公司提供的立项资料包括：①业务人员对项目的基本分析；②融资方提供的各种资料。

4）尽职调查。到项目现场进行相关调查，以证明项目方提供的各种分析和资料是准确的。

5）对尽职调查进行总体分析，做出判断。

6）寻找资金来源。

7）谈判。与融资方及资金提供方讨论合同，主要是确定融资规模、资金使用时间、利率、风险控制措施等。

8）实施报批。

9）签订合同和落实风险控制措施。

10）放款。

（三）租赁业务流程

1. 融资性租赁业务流程

1）租赁公司与供货商签署租赁物买卖合同。

2）租赁公司与承租人签署融资租赁合同，将该租赁物出租给承租人。

3）租赁公司向银行申请保理融资业务。

4）银行给租赁公司授信、双方签署保理合同。

5）租赁公司与银行书面通知承租人应收租金债权转让给银行，承租人填具确认回执单交租赁公司。

6）银行受让租金收取权利，给租赁公司提供保理融资。

7）承租人按约分期支付租金给银行，承租人仍然提供发票，通过银行给承租人。

8）当租金出现逾期或不能支付情况时，如果银行和租赁公司约定有追索权，承租人到期未还租金时，租赁公司须根据约定向银行回购银行未收回的融资款，如果供货商或"其他第三方"提供租金余值回购保证或物权担保的，由供货商或其他第三方向银行回购银行未收回的融资款。如果是无追索保理，则保理银行不得对租赁公司追索，只能向承租人追偿。

2. 经营性租赁业务流程

1）未来承租人把自己所需租赁的设备名称、规格和型号向租赁机构提出委托。

2）租赁机构研究该项委托后，与未来承租人一起磋选租设备的租期、租金和支付方式等租赁条款，待谈妥后与未来承租人签订租赁合同。为简化手续，经营租赁的出租人往往将各类待出租设备按不同的租期和支付方式，分别列出固定租赁费率，供承租人选择，承租人只需按固定格式填写一份表格式简单租约。

3）出租人交货、收租并提供出租设备的维修服务。

4）出租人到期收回租赁设备。

第五节　风险控制

一、违约风险

（一）违约风险的成因

1. 客观原因

造成水上运输金融违约风险的客观原因如下：

1）宏观经济环境。水上运输行业是顺周期性行业，当经济周期性扩张时水上运输企业营利性普遍增强，当经济周期性紧缩时水上运输企业营利普遍减弱，经济紧缩时企业的违约风险增强。

2）政府的经济政策和管理措施。政府的经济政策和管理措施的变化，可以影响到水上运输企业利润、投资收益的变化，当经济政策和管理措施使水上运输企业营利性降低时增加了违约风险。

3）自然环境和天气的变化对水上运输企业运营产生巨大影响。某些突发自然现象，如地震、台风、洪水、海啸等造成企业财产损失，增加了违约风险。

2. 主观原因

造成水上运输金融违约风险的主观原因如下：

1）客户道德风险。水上运输企业借款人因还款意愿不强，即使具备还款能力也不愿按时还款；借款人在不具备还款能力的情况下申请贷款，造成违约。

2）借款人进行不真实的陈述与保证。借款人在进行贷款时，借款人的陈述与保证中掺杂虚假事实，直接增加贷款收回本息的风险，构成违约。

3）违反合约内的约定事项。约定事项是对借款协议期间尚未发生的事态的承诺，水上运输企业借款人违反约定事项将对债权者的权益造成消极的影响，构成实际的违约事件。

（二）违约风险类型

1. 客观型

客观型违约风险是由于不可抗力等方面导致的债务方必须选择违约，这种形式的违约既给对方造成不良影响，同时也会给自己带来损失。水上运输金融中客观违约风险类型主要有以下几种：

1）因不可抗力因素导致的违约。水上运输企业在合约签订期间，因不可抗力，如某些自然现象（地震、台风、洪水、海啸等）和某些社会现象（战争等）而导致企业大量财产损失、资金链断裂而没有能力履行合约。

2）经济周期性波动导致的违约风险。水上运输行业是周期性行业，其营利能力与经济周期密切相关，经济收缩时整个行业营利水平下降，造成违约。

3）因水上运输企业经营不善导致的违约风险。因系统性风险或企业在经营中遇到突发事件造成违约。如因客户拖欠应付账款导致资金链断裂等因素导致水上运输企业经营不善。

2. 主观型

在水上运输金融中，主观型违约风险是指合同双方中有人出于主观故意、自身道德缺乏或者某些目的在有充足能力履行合同的情况下选择拒绝履行合同的违约风险。预期违约是典型的主观型违约行为。预期违约又叫先期违约、事先违约、提前违约、预期毁约，是指当事人一方在合同规定的履行期到来之前，明示或者默示其将不履行合同，由此在金融机构和水上运输企业之间发生一定的权利义务关系的一项合同法律制度。

二、市场风险

（一）市场风险的成因

1. 国际市场方面的原因

国际水上运输市场为世界经济贸易的派生需求，其不仅受世界经济贸易的影响，而且也受到世界各国政治因素、自然因素的影响。利率、汇率、通货膨胀的变动，石油价格波动、国家和地区间的贸易逆差和顺差都会对水上运输企业的营利性预期产生巨大波动，成为造成水上运输市场风险的影响因素。

2. 国内市场方面的原因

在水上运输业发展鼎盛时期，水上运输企业为了扩大收益、抢占市场份额，纷纷扩充自身运力，导致经济增速放缓的背景下产生了运力严重过剩的情形。水上运输企业面临着市场需求增速放缓、运力严重过剩、运价下跌、燃油成本上升等影响水上运输企业营利预期的难题。水上运输市场是水上运输金融市场的基础，水上运输市场的低迷、紧缩会迅速传导到整个水上运输金融市场中，加大水上运输金融市场风险。

（二）市场风险主要类型

1. 国际市场型

国际水上运输市场的主要风险有：

1）国家风险。国家风险是指由于水上运输企业经营中目标国各种难以预料的经济、政治和法律等因素变动，导致国际水上运输企业投资环境、经营环境发生变化，使国际水上运输企业预期成本或利润和实际不一致所带来的风险。国家风险主要包括经济风险、政治风险和法律风险。

2）金融风险。金融风险是指金融损失的可能性，其主要是由于金融因素，如利率、汇率变动、通货膨胀而引起水上运输企业实际的收益或成本和预期结果有偏差。

3）成本风险。由于世界经济发展的不平衡和世界各国存在贸易保护主义等自然和人为的因素，使得区域与区域、国与国之间的商品贸易出现幅度较大的顺差和逆差。无论是贸易逆差还是顺差都将增加水上运输企业的成本，使得水上运输企业的实际成本和预期结果存在较大偏差。

2. 国内市场型

水上运输企业主要面临的市场风险包括：

1）水上运输市场周期性波动风险。经济收缩时国际贸易量大幅削减时，水上运输企业的运量也会随之下降，从而影响水上运输企业的收益。

2）成本风险。燃料成本占水上运输企业运输成本的比重较高，使水上运输企业对油价的变化非常敏感。

3）运价波动风险。水上运输运价受到世界经济、政治、运输成本、原材料价格、燃油价格、劳务成本等因素影响。运价是水上运输企业收益来源的基础，水上运输市场中存在的巨大运价波动风险，对水上运输企业的营利和市场竞争力产生重要的影响。

4）竞争风险。随着水上运输企业服务同质化的发展，特别是受中国经济增速放缓等因素的影响，水上运输需求量出现大幅度下降，水上运输市场的竞争日趋激烈。

三、运营风险

（一）运营风险的成因

1. 体制原因

水上运输企业因体制原因造成的运营风险指与水上运输企业外部宏观环境有关的风险。外部宏观环境包括政治环境和经济环境。政治环境主要指水上运输政策，水上运输政策的变化可能导致货物滞留、巨额罚款、船舶扣押等突发事件。经济环境主要指因宏观经济环境而造成的经济波动，如水上运输市场中运价的波动、贸易需求变化、水上运输市场运力变化等都会影响水上运输企业的预期收益。

2. 过失原因

水上运输企业因过失原因造成的运营风险指由水上运输企业内部环境而产生的风险。例如，水上运输企业运营者未能准确判断外部投资环境，在市场低迷期采取扩张性战略，购进或增加船舶租金，使得企业面临较大的经营风险。又如，水上运输企业客户逾期交付账款、高级管理人员流失、高级船员流失等在企业经营过程中的不确定因素均会增加企业管理风险。

（二）运营风险类型

1. 体制型

体制型风险主要包括自然风险、政治风险、水上运输市场风险和金融风险。自然风险主要有自然灾害，如地震、台风、洪水、海啸等不可抗力因素。政治风险主要有水上运输政策变化、社会不稳定因素，如罢工、战争等因素。水上运输市场风险主要由运价变动、市场需求变化、市场供给变化、竞争程度等因素造成。金融风险主要由利率、汇率变动造成。

2. 过失型

过失型风险包括船舶投资及租赁风险、管理风险、信用风险和人力资源风险。船舶投资及融资租赁风险主要由水上运输企业经营者对投资市场误判而带来的经营风险。管理风险主要由无序竞争、重点客户流失、营运成本失控等因管理失误带来的风险。信用风险指因水上运输企业客户的违约行为而带来的运营风险。人力资源风险指因水上运输企业员工业务操作失误、高级管理人员和重要技术人员流失而带来的运营风险。

第六节　案例分析

一、水上运输相关的商业银行业务案例

（一）案例背景

1. 基本情况

福建华东造船厂是福建省级重点项目，总投资达 30 亿元，拥有深水岸线2200 多米，是目前福建省规模最大的修造船厂。项目位于罗源湾北岸，由福建华荣海运集团股份有限公司和香港东环船坞有限公司合资建设。

2. 业务内容

因急需资金，福建华东船厂将海域使用权、土地、船坞、码头等资产所有权和使用权让渡给民生银行福州分行和厦门分行，以此获取融资。

3. 事件结果

福建华东造船厂与民生银行福州分行达成协议，由民生银行福州分行向福建华东船厂提供资金支持，福建华东造船厂将海域使用权让渡给民生银行福州分行，并在两年内由本公司或关联企业进行回购，回购前上述资产由民生银行福州分行租赁给本公司使用。同时，福建华东造船厂与民生银行厦门分行达成协议，由民生银行厦门分行向福建华东船厂提供资金支持，福建华东造船厂将土地、船坞、码头等资产所有权和使用权让渡给民生银行厦门分行，并在两年内由本公司或关联企业进行回购，回购前上述资产由民生银行厦门分行租赁给本公司使用。

（二）案例分析

1. 案例揭示的问题

福建华东造船厂因资金紧缺，将公司拥有的海域使用权让渡给商业银行，然后再从商业银行租赁海域使用权，以此获得了资金。同时，福建华东造船厂将土地、船坞、码头等资产所有权和使用权让渡给商业银行，以此获取资金后，再签订协议在两年后对让渡的资产所有权和使用权进行回购，至此完成整个融资过程。

2. 案例启示

造船厂为资金密集型企业，拥有较大比重的固定资产，造船厂在进行融资时可采取较为灵活的抵押贷款。该案例带给我们以下启示：①除固定资产，如土地、船坞、码头等具有较大价值的实物可进行抵押外，海域使用权等无形的使用权也可进行抵押；②该案例为典型的利用资产抵押获取流动资金的方式，实现这一方式的主要步骤为造船厂两年后回购质押的所有权和使用权。

二、水上运输相关的证券市场业务案例

（一）案例背景

1. 基本情况

中远航运股份有限公司（简称中远航运）是由广州远洋运输公司作为主发起人，联合广远海运服务有限公司、广州外轮代理公司、深圳远洋运输股份有限公司和广州中远国际货运有限公司于 1999 年 12 月 8 日共同发起成立的。经上海证券交易所"上证上字【2008】14 号文"核准，中远航运股份有限公司发行 105000 万元（1050 万张）认股权和债券分离交易的可转换公司债券，于 2008 年 2 月 26 日起在上海证券交易所挂牌交易。

2. 业务内容

1）发行人：中远航运股份有限公司。

2）发行规模：105000 万元。

3）发行面值：发行的债券按面值发行，每张面值 100 元。

4）债券上市的起止日期：2008 年 2 月 26 日至 2014 年 1 月 28 日。

5）债券利率及利息支付。债券按票面金额计息，计息起始日为债券发行日（2008 年 1 月 28 日），票面利率为 0.8%。债券首次付息日期为发行日的次年当日（2009 年 1 月 28 日），以后每年的 1 月 28 日（节假日顺延）为当年付息日。发行人将于每年付息日起的 5 个交易日内完成付息工作。在付息债权登记日当日上证所收市后，登记在册的债券持有人均有权获得当年的债券利息。

6）到期日及兑付日期。债券的到期日为 2014 年 1 月 28 日，兑付日期为到期日 2014 年 1 月 28 日之后的 5 个工作日内。

3. 事件结果

中远航运股份有限公司在 2014 年 1 月 23 日上海证券交易所收市后，对在中国证券登记结算上海分公司登记在册的全体"08 中远债"持有人进行了兑付。

中远航运股份有限公司与中证登上海分公司签订"委托代理债券兑付、兑息协议"，委托中证登上海分公司进行债券兑付、兑息。中远航运股份有限公司在本期债券兑付、兑息日 2 个交易日前将"08 中远债"的本金及利息足额划付至中证登上海分公司指定的银行账户。中证登上海分公司在收到款项后，通过资金结算系统将债券本金及利息划付给相应的兑付机构（证券公司或中证登上海分公司认可的其他机构），投资者于兑付机构领取了债券本金及利息。

（二）案例分析

1. 案例揭示的问题

中远航运股份有限公司在 2008 年发行的分离交易可转债"08 中远债"由中诚信证券评估有限公司担任评级机构，评级结果为 AAA 级。此次"08 中远债"募集的资金中，5000 万美元（约合 3.7 亿元）用于投资建造 4 艘 2.7 万吨多用途船项目，剩余募集资金继续用于建造 2 艘 5 万吨半潜船项目。"08 中远债"是为船舶建造而募集的资金，且信用评级给出了较高的评级结果。

2. 案例启示

"08 中远债"中包含"债券回售条款"。发行募集资金和所附认股权证由于持有人行权所募集资金拟投资项目的实施情况，若根据中国证监会相关规定属于改变募集资金用途的，债券持有人有权将持有债券全部或部分以面值加上当期应计利息的价格向该公司回售债券。持有人在附加回售条件满足后，可以在公告的附加回售申报期内进行回售。该条款保证了中远航运股份有限公司将募集到的资金专款专用，同时保证了债券按时兑换。

三、水上运输相关的资本运作业务案例

（一）案例背景

1. 基本情况

中国远洋运输（集团）总公司是以国际航运、物流码头、船舶海工修造为主业的跨国企业集团，拥有和经营 600 余艘现代化商船，4800 万载重吨，年货运量超 4 亿吨，远洋航线覆盖全球 160 多个国家和地区的 1500 多个港口，船队规模在世界名列前茅。中国海运（集团）总公司是以航运为主业的跨行业、跨地区、跨所有制、跨国经营的特大型综合性企业集团。

中国远洋（601919）运输（集团）总公司在 A 股的上市公司包括中国远洋、中远航运（600428）、中集集团（000039）。中国海运（集团）总公司在 A 股的上市公司包括中海发展（600026）、中海科技（002401）、中海集运（601866）、中海科技。

2. 业务内容

2015 年 8 月 10 日开始，中远系、中海系旗下中国远洋、中远航运、中海集运、中海发展、中海科技 5 家上市公司集体停牌至今。当时公告称，控股股东正在筹划下属公司相关业务板块资产整合事项，涉及公司的重大资产重组。2015 年 8 月，中远集团和中海集团在中央层面的要求下，联合组建了集团层面的 5 人"改革领导小组"，由中海集团董事长、党组书记许立荣为组长。

3. 事件结果

中国远洋运输（集团）总公司与中国海运（集团）总公司重组为中国远洋海运集团有限公司（简称中远海运集团），注册地为上海浦东自贸区陆家嘴金融片区内，注册资本 110 亿元，拥有总资产 6100 亿元，员工 11.8 万人。

（二）案例分析

1. 案例揭示的问题

中远、中海的合并对国内航运业来说将是巨大利好。两个集团均经营油轮、干散货和集装箱运输业务。中海集团的航运业务基本上都实现了上市，

集运业务在中海集运，干散货和油轮运输业务主要在中海发展。中远的集装箱运输和干散货运输主要集中在中国远洋，而油运业务主要在大连远洋，目前尚未上市。

中远集运经营 175 艘货柜船，中海集运则经营 156 艘。按运力计算，中远、中海集团整合后，其干散货总运力超过现居世界前两位的日本商船三井和日本邮船，跃居世界第一，集装箱船队运力排名第四，码头吞吐量在全球码头运营商中排名第一。

2. 案例启示

中远和中海集运航线重合度较高，易于开展仓位共享等方面的合作；而且，在大船化驱使下，两大集运船队规模不具优势，形成合力有利于市场竞争，未来优先从集运开始整合的可能性较高。集运板块也将从合并中获益最多。集运协同效应和规模效应非常明显，若中远和中海的集运业务合并，运力将排名全球第四；航线网络资源整合将提高经营效率，运营成本也将大大节省。

四、水上运输相关的保险、信托与租赁业务案例

（一）案例背景

1. 基本情况

2008 年 8 月 31 日，上海外滩茂悦大酒店，民生金融租赁股份有限公司、中国船级社、福建国航远洋运输集团三方"战略合作协议书"暨"十八艘巴拿马型散货船租赁战略合作协议"签署仪式。

民生金融租赁股份有限公司注册资本 32 亿元，其中民生银行出资 26 亿元人民币，持有股份 26 亿股，持股比例 81.25%。

中国船级社（简称 CCS）是中国唯一从事船舶入级检验业务的专业机构，是国际船级社协会（IACS）10 家正式会员之一。CCS 在国内外设有逾 60 家检验网点，形成了覆盖全球的服务网络。截至 2008 年 7 月 24 日，CCS 船队总艘数 2029 艘，2728 万总吨。

福建国航远洋运输集团是福建省首家民营股份制海运企业，已经成为我国电煤运输市场上一支重要的骨干力量。截至 2007 年年底，福建国航远洋集团经营的船队规模排在全国第六，位于国内沿海船队的第三。

2. 业务内容

民生金融租赁未来三年内除了为福建国航控股的上海国电海运有限公司提供十八艘巴拿马型散货船的融资租赁服务外，还将与其在船舶委托经营管理、金融政策，以及航运市场信息互换等方面开展全方位合作。此间中国船

级社则将全面提供信息及技术支持。

3. 事件结果

此次租赁的货船用于福建国航远洋运输集团本部及控股公司上海国电海运公司和天津国电海运公司新造船舶和进口二手船舶。该集团在 2010 年前新增灵便型和巴拿马型海轮 25 艘，新增运力达 100 万载重吨以上，总投资将超过 80 亿元人民币。

（二）案例分析

1. 案例揭示的问题

多数做船舶租赁的银行本身并非船舶经营的专家，他们只能从银行的角度分析每个船舶融资项目。分析一个融资项目是否可行的重要依据是看其回报是否足够偿付贷款及担保是否足够。从银行家而非船舶经营专家的角度分析这两个问题就会造成一种过度依赖当前市场来进行判断的倾向。

2. 案例启示

作为首批银监会批准设立的银行系金融租赁公司之一，民生金融租赁股份有限公司自成立伊始，就把船舶融资租赁业务作为重点和特色业务，为客户提供一体化的船舶融资租赁解决方案，全力打造国内船舶融资租赁领域的一流品牌。民生金融租赁股份有限公司看准了国内沿海运输及造船业巨大的市场前景和融资需求，锁定散货船运输和疏浚市场，集合一批经验丰富的优秀人才，并聘请了航运界、法律界资深人士等组成专家顾问团队，为客户提供船舶管理、船舶制造、船舶融资等方面的支持和服务，保障船舶融资租赁产品的顺利实施。

本章主要参考资料

［1］ 戴勇. 国际航运金融业务的发展与借鉴 ［J］. 上海经济研究，2010（1）：73－81.

［2］ 计小青，曹啸. 航运金融市场的需求特征及其对上海国际航运中心建设的启示 ［J］. 上海金融，2011（5）：12－15.

［3］ 王善平，李志军. 银行持股、投资效率与公司债务融资 ［J］. 金融研究，2011（5）：184－193.

［4］ 戴勇. 我国航运产业基金的运行模式研究 ［J］. 上海金融，2010（4）：31－34.

［5］ 李丹. 金融波动、船舶融资约束与银行业选择 ［J］. 商业研究，

2014, 56 (5): 51 - 54.

[6] 董岗, 朱道立. 港口集疏运通道投资与多车型拥挤收费均衡 [J]. 管理科学学报, 2013, 16 (5): 83 - 94.

[7] 杨珍增, 孙欢, 王捷. 中国船舶贸易融资的制度约束与解决途径研究——以船舶产业基金为例 [J]. 亚太经济, 2013 (1): 50 - 54.

[8] 李敏强, 刘子利. 天津滨海新区航运金融市场建设政策研究——基于航运金融市场特征的分析 [J]. 天津师范大学学报 (社科版), 2012 (6): 24 - 27.

[9] 李俊青, 韩其恒. 不完全金融市场、海外资产结构与国际贸易 [J]. 经济研究, 2011 (2): 31 - 43.

[10] 查贵勇, 高峰. 上海发展航运金融的 SWOT 及其路径分析 [J]. 国际商务研究, 2010, 31 (6): 3 - 9.

[11] 鲁艳荣. 银行信贷资产业务受限 [J]. 中国金融, 2016 (21): 103 - 103.

[12] 肖崎, 赵允宁. 我国金融脱媒对商业银行资产负债业务的影响分析 [J]. 上海金融, 2017 (1): 81 - 86.

[13] 于研, 魏文臻杰. 银行利差与表外业务的内生性研究——基于中国上市商业银行 2008 ~ 2013 年的实证分析 [J]. 国际金融研究, 2015, 340 (8): 64 - 74.

[14] 陈雄兵, 邓伟. 商业银行表外业务与货币政策信贷传导 [J]. 国际金融研究, 2016, 352 (8): 60 - 70.

[15] 黄国平, 李捷, 程寨华. 证券投资基金、资本市场及货币政策传导机制 [J]. 管理科学, 2016, 29 (3): 136 - 147.

[16] 孙南申, 彭岳. 证券融资市场开放与境内投资者法律保护 [J]. 上海财经大学学报, 2014, 16 (5): 84 - 93.

[17] 徐昭. 上市公司并购类业务及金融创新发展的建议 [J]. 现代管理科学, 2016 (11): 33 - 35.

[18] 何惠珍. 我国航运保险发展问题探析 [J]. 国际经济合作, 2012 (1): 89 - 94.

[19] 张传良, 刘祥东. 产业链金融信托业务模式与产品设计 [J]. 金融理论与实践, 2016 (4): 90 - 95.

[20] 田剑英, 章云龙. 船舶融资租赁及航运企业资金困境摆脱: 宁波证据 [J]. 改革, 2012 (8): 135 - 142.

[21] 覃邑龙, 梁晓钟. 银行违约风险是系统性的吗 [J]. 金融研究,

2014（6）：82－98.

［22］许遵武. 后金融危机时期国际航运企业信用风险分析与管理
　　　　［J］. 管理世界, 2014（6）：1－8.

［23］章勇敏, 沈茜. 航运企业的市场风险管理策略研究［J］. 世界
　　　　海运, 2014, 37（11）：6－11.

第九章

道路运输金融

第一节　业务概述

一、道路运输金融业务简介

（一）道路运输金融业务的含义

1. 什么是道路运输金融业务

道路运输金融业务是与道路运输行业相关的金融活动的总称，主要有以下几种基本情况：①金融机构通过应用和开发各种金融产品，运用金融手段对道路运输行业的相关要素进行配置的业务活动，如道路线路建设中金融机构为其提供强大的资金支持等；②道路运输部门通过道路货运（主要是集装箱货运）、客运班线、枢纽场站等涉足金融活动，如对托运货物办理保险业务等；③道路运输部门和金融机构以外的其他部门从事与道路运输相关的金融活动，如非道路的实业部门以项目融资的方式介入道路运输部门等。

2. 道路运输金融业务的特点和要点

根据本书对道路运输金融业务的定义，道路运输金融业务应兼具道路运输和金融业务两方面的特点，具体概括如下。①金融属性。道路运输金融业务是一类金融活动，而不是道路运输本身。②道路运输背景。道路运输金融业务是专指与道路运输行业相关的金融活动，而不是普遍意义上的金融活动，不同于其他运输方式，道路运输可实现门对门运输。③实在性。道路运输金融业务是可实际经营的一类具体业务和活动，而不是一个抽象的概念。④双重约束性。由于在各类经济活动中金融活动通常受到的监管最严厉，道路运输金融业务作为一类金融活动自然也会受到相应的限制，包括资质要求、经营方式等，同时还面临道路运输方面有关规定的制约。⑤前期投资大，投资时限长。道路的大型基础设施属性决定了其投资的密集性，属于典型的资金密集型产业。

（二）道路运输金融业务的机构和工具

1. 道路运输金融业务的主要机构

道路运输金融业务的主要机构可以分为两类：一是开展与道路运输相

关金融业务的金融机构,二是非金融机构中涉及道路运输金融业务的金融或财务部门。在上述分类中,银行类机构主要包括开展道路运输金融业务的商业银行、政策性银行等;证券类机构包括证券公司、基金公司等;保险类机构主要包括保险公司、信托公司等;道路运输部门中开设的金融或财务部门,以及非道路实业部门中开设的涉及道路运输金融业务的金融或财务部门等。

2. 道路运输金融业务的主要工具

道路运输金融业务的主要工具指在投资中各类财产所有权或债权凭证的通称,是用来证明证券持有人有权取得相应权益的凭证。股票、公债券、基金证券、票据、提单、保险单、存款单等都是道路运输金融业务的主要工具。目前我国道路资金投入的来源主要有国内银行贷款、国际金融组织和外国政府贷款、高速公路企业债券、转让道路收费权、股票融资、组建产业投资基金、民间集资等。显然随着经济的发展社会需求的深入,新的金融衍生工具也会增加,华尔街的金融和经济专家也会创造出新的投资工具。

二、道路运输金融业务的基本内容

(一) 投资业务

1. 股权投资业务

(1) 直接投资

道路运输金融的直接投资是指投资者将货币资金直接投入投资项目,形成实物资产或者购买现有企业的投资,资产所有权和资产经营权合二为一。道路交通运输业主要依靠地方政府投资和中央政府的专项基金来开展生产活动。

(2) 间接投资

道路运输金融的间接投资是指投资者以其资本购买公司股票等各种有价证券,以预期获取一定收益的投资。由于其投资形式主要是购买各种各样的有价证券,因此也被称为证券投资。与直接投资相比,间接投资的投资者除股票投资外,一般只享有定期获得一定收益的权利,而无权干预被投资对象对这部分投资的具体运用及其经营管理决策。

2. 债权投资业务

(1) 直接投资

道路运输金融的债权性直接投资,是指企业为取得债权所做的投资,如购买国库券、公司债券等,即直接投资于生产性或经营性资产,然后用其开展经营或生产活动并获取现金,以获得其他企业的债权及在未来约定日期还本付息的承诺。从其债权投资的企业来看，通常包括业务关联企业和非关联企业。业务关联企业主要涉及道路运输金融企业，他们通常会借款给其控股子公司或其他业务关联公司，以保证配件及设备等产品的供应，从而促进企业自身的发展。此外，道路运输金融企业也会借款给非关联公司，使企业内部的闲置资金获得高于银行同期的借款利息。

（2）间接投资

道路运输金融的债权性间接投资指专业的投资机构通过投资道路运输类企业获得债权，投资机构与受资企业之间形成债权债务关系，投资机构并不直接控制经营性资产。投资机构所取得的债权有固定的期限，到期可收回本金；有事先约定的利率，可定期收取利息。道路运输金融企业通常有以下两种间接债权投资方式：一是道路运输金融机构将其闲置资金借给银行或信托、保险等金融机构，再由这些金融机构审查借款企业的资质后提供贷款；二是道路运输金融企业直接从金融中介结构购买企业发行的公司债券，间接地将资金提供给借款企业。

3. 衍生品及其他投资

（1）衍生品投资

道路运输金融的衍生品是与道路运输金融相关的派生物，通常是从原生资产派生出的各种金融合约及其组合的总称，其价值取决于一种或多种基础资产或指数。合约的基本种类包括远期合约、期货合约、掉期（互换）和期权。道路运输金融业务的一个典型特点是运输能耗成本高，故投资方一般会购买燃油产品的期货、远期或期权来保值增值，防止其利润波动。

（2）其他投资

其他投资是指在道路运输金融业务中属建设单位的一方发生的构成投资完成额并单独形成交付使用财产的各项其他投资支出。其他投资主要包括房屋购置、林木支出、办公和生活用家具器具购置、可行性研究固定资产购置等。

（二）融资业务

1. 直接融资

（1）股权融资

道路运输金融的股权融资是指道路运输金融企业的股东愿意让出部分企业所有权，通过企业增资的方式引进新的股东的融资方式，总股本同时增加。在道路交通运输金融业务中，道路交通运输部门或相关的金融机构可以通过向银行借贷和资本市场发行股票的方式公开募资。例如，道路运输金融部门通过配股和增发股权等协助企业融资。

（2）债权融资

道路运输金融的债权融资是指道路运输金融的企业通过借钱的方式进行融资，债权融资所获得的资金，企业首先要承担资金的利息，另外在借款到期后要向债权人偿还资金的本金。例如，道路运输部门向非银行的金融机构的申请的信贷业务。

2. 间接融资

（1）股权融资

道路运输金融的间接股权融资是资金供给者与需求者通过金融机构为媒介间接实现的股权融资的活动，指拥有暂时闲置货币资金的道路运输金融企业通过购买银行、信托、保险等金融机构发行的股票等股权产品，将其暂时闲置的资金先行提供给这些金融中介机构，然后再由这些金融机构以贷款、贴现等形式，或通过购买需要资金的单位发行的有价证券，把资金提供给这些单位使用，从而实现资金融通的过程。道路的基础设施建设就是在政府等公共机构提供资本金的基础上通过银行贷款的间接融资建设而成。道路运输金融部门可以通过增资扩股、股权出让的方式来达到融资目的。

（2）债权融资

道路运输金融的间接债权融资是指通过金融中介机构吸收社会存款再对企业进行的债权资金融通方式，如增资扩股、引进战略投资者、发行短期融资债券等，以增加资金来源，这样才能更好更多地为道路安全设施建设提供资金支持。

三、道路运输金融业务的模式

（一）投资模式

1. 股权投资模式

道路运输金融企业的股权投资模式是指道路运输金融企业购买其他企业的股票或以货币资金、无形资产和其他实物资产直接投资于其他单位，最终目的是为了获得较大的经济利益，这种经济利益可以通过分得利润或股利获取，也可以通过其他方式取得。例如，产业投资基金是以非公开流通的股权投资方式直接投资于交通产业领域的一种集合投资制度，道路运输金融的股权投资模式通常具有投资大、投资期限长、风险大，以及能为企业带来较大的利益等特点。

2. 债权投资模式

道路运输金融企业的债权投资模式主要包括两种：一是可转让定期存单，也称为流通存单，是指银行开出的可以在二级市场转让的、存款期限一般为1

个月到 1 年的定期存单；二是存款，是根据可以收回的原则，把货币资金存入银行或其他信用机构保管，并按照期限和种类取得一定利息的投资形式。

3. 其他投资模式

道路运输金融企业的组合投资模式理念是相信价格与价值是独立的，价格的变化反映了风险，而投资者应该选择一个证券组合来承担所需要的风险水平。组合投资战略的核心假设就是价格等于价值，如果所谓的"效率市场假设"成立的话，价值投资将毫无用武之地。任何一只证券的风险都被其余证券的回报所抵销。组合投资的精髓就在于分析值，并设计一个最优的多元化投资组合，运用此种投资模式可使道路运输金融企业获得一定投资收益。

（二）融资模式

1. 股权融资模式

在道路运输金融企业融资的多种手段中，股权质押融资、股权增资扩股融资和股权私募融资逐渐成为使用最多的融资方式。股权质押融资是指出质人以其所拥有的股权这一无形资产作为质押标的物，为自己或他人的债务提供担保的行为。增资扩股也称股权增量融资，是权益性融资的一种形式，是股份公司和有限责任公司上市前常用的融资方式。股权私募融资，是相对于股票公开发行而言，以股权转让、增资扩股等方式通过定向引入累计不超过200 人的特定投资者，使公司增加新的股东获得新的资金的行为。

2. 债权融资模式

道路运输金融企业债权融资的方式包括以下几种：一是国内银行贷款，二是国外银行贷款，三是发行债券融资。债券是道路运输金融企业向社会筹措资金时，直接向投资者发行，承诺按既定利率支付利息并按约定条件偿还本金的债务凭证。债券的本质是债的证明书，具有法律效力。采用资产证券化、股票融资、拍卖等新型融资方式，通过"化整为零""风险共担"等办法，让众多的中小投资者都能参与高速公路行业的投资，从而有效地突破道路行业的资金壁垒，加大融资的广度和深度，更好地保证高速公路行业可持续发展。道路运输金融企业通过向个人或机构投资者出售债券、票据等筹集营运资金或资本开支。

3. 其他融资模式

第一种民间借贷融资。民间借贷是指自然人之间或自然人与法人、其他组织之间的借贷关系，如转让道路经营权来吸收社会资本。第二种是信用担保融资。信用担保作为一种特殊的中介活动，介于商业银行与道路运输金融企业之间，它是一种信誉证明和资产责任保证结合在一起的中介服务活动。

第三种是融资租赁。融资租赁指实质上转移与资产所有权有关的全部或绝大部分风险和报酬的租赁。融资租赁在道路交通运输业运用最多的是公路安全设施建设。第四种是财政融资。从中国国情出发，道路财政融资的资金来源主要为财政部门掌握的预算外资金和各种财政周转金、社会保障金、政府的借款收入、政策性银行等。

第二节　市场概述

一、市场环境

（一）供给环境

1. 供给能力

道路运输金融的供给能力是指在一定时期内、一定条件下、一定市场范围内可提供给消费者的道路运输金融业务的总量。金融供给能力受经济、政策、制度及内在因素的制约，具体包括：①道路运输金融产品价格；②道路运输金融产品生产成本；③其他因素，包括生产要素的价格和国家政策等。

2. 供给品种

道路运输金融的供给品种指资金融通过程中的各种载体，包括小额信贷产品、风险分担下的贷款产品、权益质押、动产质押、保单及无形资产质押、联保互保、专业担保等，大致可分为四类：一是道路运输相关的商业银行业务，包括贷款业务、证券业务等；二是道路运输相关的证券市场业务，包括股权投资业务、债权投资业务等；三是道路运输相关的资本运作业务，包括兼并业务、收购业务；四是道路运输相关的保险、信托与租赁业务。

3. 供给水平

道路运输金融产品的供给水平主要取决于生产能力。在预测未来供应水平时，要尽可能掌握较全面的资料和信息，以便正确估计形势。提高供给水平的途径主要有：①深化现有金融机构改革，提高其服务的深度和广度；②提高直接融资比重；③培植民营金融组织；④多元化融资模式创新。

（二）需求状况

1. 需求规模

道路运输金融的市场需求规模主要是研究道路运输金融行业的整体规模，包括目标产品或行业在指定时间内的产量、产值等。道路运输金融的需求规模是市场需求的测量目标，市场需求是需求规模的推动力，主要表现为融资租赁需求规模增加、资本市场的融资需求规模增加和政策性金融需求规模增加。

2. 需求品种

道路运输金融的需求品种指资金融通过程所需的各种载体，包括货币、黄金、外汇、有价证券等。道路运输金融的需求品种可分为四类：一是道路运输相关的商业银行业务，以满足投资理财需求，包括股票债券、基金外汇、家庭保险等；二是道路运输相关的证券市场业务，包括债权融资业务、衍生品融资业务等；三是道路运输相关的资本运作业务，包括兼并业务、收购业务；四是道路运输相关的保险、信托与租赁业务。

3. 需求质量要求

道路运输金融的需求质量要求包括以下五个方面。①金融业的规模要求：金融业的规模指标表示金融发展的整体概况，虽然属于数量层面，但是它也是金融发展质量的影响因素之一，金融业增加值从宏观的视角反映出金融的规模，金融机构贷款年末余额体现金融对实体经济促进作用的发挥程度，金融机构存款年末余额表明金融业吸收资金的能力。②银行业要求：银行业资产总额是对银行业发展总体情况的概括，商业银行不良贷款比率反映银行风险。③证券业要求：证券市场年交易额反映证券业发展的概况，年末国内上市公司数量和 A 股融资额体现出证券业对实体经济在融资方面的作用。④保险业要求：保险业指标层下选取了保险密度和保险深度两个指标，分别表示保险业的规模和保险业对实体经济的贡献。⑤金融对经济的促进要求：金融作为经济活动的中心，它的发展始终是为了实体经济服务，会对实体经济的发展起到一定的作用。国民生产总值、人均 GDP 和城镇居民可支配收入都反映了金融对经济发展的促进作用。

（三）竞争状况

1. 竞争结构

道路运输金融的竞争结构主要有四种：完全竞争的市场竞争结构、完全垄断的市场竞争结构、寡头垄断的市场竞争结构和垄断竞争的市场竞争结构。在现实金融市场上，既不存在完全竞争，也不存在完全垄断，而寡头垄断金融市场竞争结构则是普遍的。寡头竞争市场很容易阻碍企业间的公平竞争，导致金融市场效率低下。

2. 竞争程度

道路运输金融的竞争程度是指道路运输行业的竞争对手之间竞争的激烈程度。实证分析表明中国银行业整体竞争程度测度的 H 统计量为 0.119，即中国银行业整体刚刚进入垄断竞争状态，所以道路运输金融行业竞争程度比较低，远未达到完全竞争水平。

二、市场结构

（一）主体结构

1. 主体规模结构

道路运输业务主体类型按部门分为金融部门、道路部门和其他部门，三大类部门又可细分为以下几类：贷款业务部、证券业务部等部门主要负责道路运输相关的商业银行业务；股权投资业务部、债权投资业务部等部门主要负责道路运输相关的证券市场业务；兼并业务部、收购业务部主要负责道路运输相关的证券市场业务；社会保险业务部、商业保险业务部等部门主要负责道路运输相关的保险、信托与租赁业务。

截至目前，道路运输金融业务主体以商业银行和道路运输部门中开设的金融公司为主，二者的主体规模占全部道路金融主体的大部分。例如，近年来中国股份制银行及城市商业银行虽然发展迅速，但仍未改变由大型国有商业银行组成的寡头垄断结构，工、农、中、建、交五大国有大型商业银行的市场份额依然占据相对的垄断地位。

2. 主体类型结构

道路运输金融业务的主体类型分为两大类，一是开办道路运输相关金融业务的金融机构，二是非金融机构中涉及道路运输金融业务的金融或财务部门。在上述分类中，银行类机构主要包括开办道路运输金融业务的商业银行、政策性银行等；证券类机构主要包括证券公司、基金公司等；保险类机构主要包括保险公司、信托公司等；道路运输部门中开设的金融或财务部门，以及非道路实业部门中开设的涉及道路运输金融业务的金融或财务部门等。

（二）业务结构

1. 业务品种结构

道路运输金融业务的业务类型主要分为两大类，一是金融机构中涉及道路运输的相关业务，二是非金融机构中涉及的道路运输金融业务。在上述分类中，银行类机构的道路运输金融业务主要包括商业银行、政策性银行等开设的道路运输金融业务；证券类机构的道路运输金融业务包括证券公司、基金公司等开设的道路运输金融业务；保险类机构的道路运输金融业务主要包括保险公司、信托公司等开设的道路运输金融业务；道路运输部门，以及非道路实业部门中涉及的道路运输金融业务主要包括金融公司、财务公司等开设的道路运输金融业务。

2. 业务规模结构

对于道路运输业务品种，按发行者的性质可分为直接道路运输金融产品和间接道路运输金融产品。直接道路运输金融产品是指最后贷款人与最后借款人之间直接进行融资活动所使用的工具，由公司、企业、政府机构等非金融机构发行或签署。间接道路运输金融产品是指道路运输金融机构在最后贷款人与最后借款人之间充当媒介，进行间接融资活动所使用的工具。截至目前，道路运输金融业务以商业银行和道路运输部门中开设的道路运输金融业务为主，二者的业务规模占全部道路金融业务的大部分。

第三节　业务内容及客户对象

一、业务内容

（一）道路运输相关的商业银行业务

1. 资产业务

（1）贷款业务

贷款业务是指商业银行向道路运输部门发放贷款的业务，通常采用按贷款期限长短和按贷款用途两种方式分类。按照期限长短可以把贷款业务分为长期、中期和短期贷款业务，按用途可分为流动资金贷款、技术改造贷款和固定资产投资贷款业务。

（2）证券业务

证券业务是指道路运输金融公司通过其设立的证券营业部，接受客户委托，代理客户买卖证券或者商业银行通过购买道路运输相关证券获取利润的业务。

（3）现金业务

现金业务指道路运输金融公司协助企业科学合理地管理现金账户头寸及活期存款余额，以达到提高资金流动性和使用效益目的的业务。

2. 负债业务

（1）存款业务

存款业务是道路运输金融公司负债业务中最重要的业务，是道路运输金融公司资金的主要来源。道路运输金融公司的存款按存款性质可划分为活期存款、定期存款、储蓄存款和通知存款等。

（2）借款业务

借款业务是商业银行通过票据的再抵押、再贴现等方法从中央银行融入资金和通过同业拆借市场向其他银行借入短期资金的活动中与道路运输金融公司业务有关的业务活动。

3. 中间业务和表外业务

（1）结算业务

结算业务是指由商业银行为客户办理因债权债务关系引起的与货币支付、资金划拨有关的收费业务中与道路运输金融公司业务有关的业务。

（2）信用卡业务

信用卡业务是指涉及经授权的道路运输金融公司向社会发行的具有消费信用、转账结算、存取现金等全部或部分功能的信用支付工具的业务。

（3）备用信用证业务

备用信用证业务是开证行应借款人要求，以道路运输金融公司作为信用证的收益人而开具的一种特殊信用证，以保证在借款人破产或不能及时履行义务的情况下，由开证行向收益人及时支付本利的业务。

（4）贷款承诺业务

贷款承诺业务是指道路运输金融公司在未来某一日期按照事前约定的条件向客户提供约定信用的业务，包括可撤销承诺和不可撤销承诺两种。

（5）贷款销售业务

道路运输金融的贷款销售业务要以客户为中心，以需求为导向，挖掘客户的内在问题，引导客户思维，从而发展潜在客户。

（6）资产托管业务

资产托管业务是指具备一定资格的商业银行作为托管人，依据有关法律法规，与委托人签订委托道路运输金融资产托管合同，安全保管委托投资的道路运输金融资产，履行托管人相关职责的业务。

（二）道路运输相关的证券市场业务

1. 证券投资业务

（1）股权投资业务

股权投资业务是指道路运输企业购买其他企业的股票，或以货币资金、无形资产和其他实物资产直接入股其他单位的业务，最终目的是为了获得较大的经济利益，如传统国有道路运输企业通过控股参股发展多元化投资。

（2）债权投资业务

债权投资业务是指为取得债权所做的投资，如道路运输企业购买国库券、公司债券等。

（3）衍生品投资业务

道路运输金融的衍生品投资业务是指一种金融合约，其价值取决于一种或多种基础资产或指数，合约的基本种类包括远期、期货、掉期（互换）和期权。

2. 证券融资业务

（1）股权融资业务

道路运输金融的股权融资业务是指通过企业增资的方式引进新的股东，如中小道路运输企业开展上市融资业务筹集资金。

（2）债权融资业务

道路运输金融的债权融资业务是指企业通过发行企业债券的方式进行融资的业务，如道路运输企业可在全国场外市场通过可转债、道路运输企业私募债等方式进行债券融资。

（3）衍生品融资业务

道路运输金融的衍生品融资业务是与金融相关的派生物，通常是指从原生资产业务派生出来的金融业务。

（三）道路运输相关的资本运作业务

1. 兼并业务

兼并业务指两个或两个以上道路运输企业通过契约方式进行合并。兼并是道路运输企业迅速扩张的行为，想达到兼并双方资源共享、优势互补的目的，使兼并后的总收益大于未兼并前企业效益的简单相加，如道路客运企业与道路货运企业兼并后共同发展多元业务。兼并的动因归纳起来主要有以下几类：一是提高道路运输金融业务的市场份额，提升道路运输行业战略地位；二是实施品牌经营战略，提高道路运输金融企业的知名度，以获取超额利润；三是通过兼并跨入新的行业，实施多元化战略，分散投资风险。

2. 收购业务

收购业务是指道路运输金融企业通过产权交易取得其他公司一定程度的控制权，以实现经济目标的经济行为。按支付方式划分，收购业务可分为五类：一是用现金购买资产，二是用现金购买股票，三是用股票购买资产，四是用股票交换股票，五是用资产收购股份或资产。例如，上海强生收购公交控股等八家公司的出租车辆及经营权就是典型的道路运输金融中的收购业务。

（四）道路运输相关的保险、信托与租赁业务

1. 保险业务

（1）社会保险业务

社会保险业务是指道路运输金融企业运用国家通过立法强制建立社会保险基金，对参加劳动关系的劳动者在丧失劳动能力或失业时给予必要的物质帮助的制度而开展的业务。

（2）商业保险业务

商业保险业务的经营主体是商业保险公司，道路运输企业通过与保险公司签订合同为企业相关人员和乘客投保。

（3）合作保险业务

合作保险业务是由社会上具有共同风险的道路运输金融企业为了获得保险保障，共同筹资设立保险组织形式的业务。

2. 信托业务

（1）信托投资业务

信托投资业务的方式可分为两种：一种是参与经营的方式，称为股权式投资，即由信托投资机构委派代表参与对投资的道路运输金融公司企业的领导和经营管理，并以投资比例作为分取利润或承担亏损责任的依据。另一种是合作方式，称为契约式投资。

（2）信托融资业务

道路运输企业以自身预测收入为基础资产，与金融中介机构合作，发起实施权益证券化方案，并实施融资。信托融资业务是道路运输金融公司根据自身的生产经营状况、资金拥有状况，以及公司未来经营发展的需要，通过科学的预测和决策，采用一定的方式，从一定的渠道向公司的投资者和债权人去筹集资金，组织资金的供应，以保证公司正常生产需要，经营管理活动需要的理财行为。例如，道路客运企业将班线客运客票收入收益权信托给信托公司，构成信托资产，以此方式进行融资。

3. 租赁业务

（1）融资性租赁业务

道路运输金融的融资租赁业务实质上是出租人提供融资便利，承租人分期付款购买租赁物。融资租赁一般包括直接融资租赁、联合融资租赁、转租赁、售后回租和杠杆融资租赁等类型。

（2）经营性租赁业务

道路运输金融的经营性租赁业务又称服务租赁、管理租赁或操作性租赁，是指出租人将自己经营的租赁资产进行反复出租给不同承租人使用，由承租人支付租金，直至资产报废或淘汰为止的一种租赁方式。

二、客户对象

（一）投资者

1. 直接投资者

道路运输金融业投资的原则是积极介入高速公路项目，优化综合金融服务方案，积极争取相应资金归集和结算业务，提升和道路运输行业相关企业合作的紧密度和综合贡献度。道路运输金融业直接投资者包括国家高速公路项目、省级主干线高速公路、省会和计划单列市的机场高速公路项目，车流量可观、经济测算良好且具备还款能力的主干线一级公路项目。

2. 间接投资者

间接投资是指道路运输企业以其资本购买其他公司债券、金融债券或公司股票等，除股票投资外，一般只享有定期获得一定收益的权利，而无权干预被投资对象。

（二）融资者

1. 直接融资者

道路运输金融业直接融资者有企业集团、公共机构、个人等，融资方式有以下几种：①企业为取得资金让出部分股权；②向公共机构借取资金；③发行公司债券；④BOT、PPP 模式的项目融资。建成项目投入使用所产生的现金流量成为偿还贷款和产生收益的唯一来源。

2. 间接融资者

间接融资指拥有暂时闲置货币资金的单位通过存款的形式，或者购买银行、信托、保险等金融机构发行有价证券，再由这些金融机构以贷款、贴现等形式，把资金提供给道路运输企业使用，从而实现资金融通的过程。道路运输金融业选择间接融资者的标准是资产负债率不高于80%，公司治理规范，财务制度完善，具备较强的公路建设能力，发展规划明确。其他优质客户包括：国家高速公路和省级主干线高速公路公司的项目法人；整体收入保持稳定或呈上升趋势，或已投入运营路段具有较强的营利能力与综合偿债能力的项目法人。

第四节　业务流程

一、道路运输相关的商业银行业务流程

（一）资产业务流程

1. 贷款业务流程

目前，中国商业银行的贷款业务流程实行审贷分离，分级审批，贷款调查、审查、检查分岗运作，根据信贷岗位责任制的要求，建立不同部门或岗位横向和纵向的制衡机制，目的是不同部门或岗位相互制约，规范运作及程序化管理。这种贷款流程设计跨越多个部门、经过多个环节，形成了人人有责、各部门分担责任的状况，但链条长、效率较低，部门之间容易相互推诿责任，妨碍业务的发展。

2. 证券业务流程

道路运输金融证券业务流程是：①开立证券账户和开立资金账户；②交易委托；③竞价成交；④股权登记，包括证券存管、清算交割交收。通过对同一证券经纪商同一种证券的买与卖进行冲抵清算，确定应当交割的证券数量和价款数额，然后按照"净额交收"的原则办理证券和价款的交割。

3. 现金业务流程

道路运输金融的现金业务流程分为现金收入业务流程和现金支出业务流程。道路运输金融的现金收入业务流程的第一步是提取现金，第二步是收到客户交来的现金后凭收款依据收取现金，收到销货款后，审核销货发票、销货单的一致性。道路运输金融的现金支出业务流程的第一步是付款时先审核领款人填制的领款凭证，第二步是费用报销，第三步是现金存入银行。

（二）负债业务流程

1. 存款业务流程

道路运输金融的存款业务流程的第一步是建立客户信息；第二步是审核，审核内容包括身份证件是否符合个人存款实名制要求，以及开户证明文件复印件是否与原件相符等；第三步是具体业务操作，包括在开户资料复印件上加盖审核名章，审核无误后交账户管理员进行系统录入；第四步是根据"开户申请书"及其他开户资料建立相关信息。

2. 借款业务流程

道路运输金融的借款业务流程，第一步是客户申请，第二步是受理审查，第三步是借款前调查，第四步是项目评估，第五步是风险审查，第六步是借

款审议与审批，第七步是报备，第八步是合同审查，第九步是用款条件审查，第十步是与客户签订合同，最后一步是客户用款和借款业务发生后的管理 – 信用收回。

（三）中间业务和表外业务流程

1. 结算业务流程

道路运输金融的结算业务流程包括业务受理、资料初步审核、影像扫描并传输、对后台回馈的处理信息进行后续的处理和维护，办理数据录入、业务授权、票据审核、业务处理、核算、记账等交易和电子验印。

2. 信用卡业务流程

道路运输金融的信用卡业务流程，第一步是电子系统对申请表信息的完整度进行评估，通过初步电子筛选后，表单会进入人工审核阶段；第二步是根据数理统计原理和人工经验对道路运输金融企业历史数据进行分析，并对申请人进行综合评估和排序，决定最终能否给道路运输金融企业批卡、给多少额度，在系统批与不批之间存在模糊时，还会再次回到人工审批。简言之，即申请人要通过前台申请—填报申请资料—提供资信证明—后台资信审查—打卡—返回前台—通知客户取卡等过程。

3. 备用信用证业务流程

道路运输金融的备用信用证业务流程，第一步是买卖双方在贸易合同中规定使用跟单信用证支付，第二步是买方通知当地银行开立以卖方为受益人的信用证，第三步是开证行请求另一银行通知或保兑信用证，第四步是通知卖方信用证已开立，第五步是卖方收到信用证并确保其能履行信用证规定的条件，第六步是卖方将单据向指定银行提交，第七步是该银行按照信用证审核单据，第八步是开证行以外的银行将单据寄送开证行，第九步是开证行审核单据无误后以事先约定的形式对已按照信用证付款、承兑或议付的银行偿付，第十步是开证行在买方付款后交单，然后买方凭单取货。

4. 贷款承诺业务流程

道路运输金融企业办理项目贷款承诺业务的条件有以下几个：①国家相关部门正式批准立项；②已完成项目可行性研究报告；③由银行调查评估后，经授信审批程序逐级审查同意提供项目贷款承诺函。符合以上条件后进行正式的贷款承诺业务流程：首先是道路运输金融公司提出申请，并提交相应资料；其次是银行进行调查、审查、审批工作，审批通过后根据相应品种签订《贷款承诺协议》，签订最高额担保合同；再次是提出单笔提款申请并递交借据；最后是发放贷款。总的来说，包括业务受理阶段、评估阶段、审批阶段及用款阶段等环节。

5. 贷款销售业务流程

贷款销售业务的第一步是寻找合格的目标客户，一旦发现了目标客户，在接触目标客户之前要先确定贷款销售方法，制定贷款销售计划。第二步是道路运输金融公司向客户推销相关的贷款销售业务，根据目标客户的情况适时调整推销方式。第三步是当客户准备申请贷款时可根据情况引导客户做决定，同时摸索潜在客户的购买习惯。最后一步是跟进与监督，贷款销售的跟进与监督有助于道路运输金融公司与客户之间建立更牢固成熟的关系。

6. 资产托管业务流程

道路运输金融企业资产托管业务流程的第一步是对托管的道路运输金融企业的资产、债权、债务进行必要的清查核实；第二步是对没有遗留问题可以注销的道路运输金融企业提交注销处置方案，经委托人、受益人同意后，按法律程序办理注销手续，其中，对于资不抵债、无法重组的企业，提交破产处置方案，经委托人、受益人同意后，按法律程序办理申请破产手续。

二、道路运输相关的证券市场业务流程

（一）证券投资业务流程

1. 股权投资业务流程

道路运输金融企业股权投资业务流程的第一步是成立股权基金，可选择有限合伙制、公司制、信托制这三种组织形式中的一种。第二步是选择投资项目。基金成立之后，怎么才能募集到所需资金，这就需要对投资项目进行选择。第三步是融资。投资项目经过选择得以确定之后，需要筹集的资金数额也就得到确定，这样就可以通过各种渠道筹集项目投资所需资金，进入资金募集阶段。第四步是投资。如果顺利地募集到所需资金，就进入正式的投资阶段，把筹集到的资金通过一定的方式（联合投资、分阶段投资、匹配投资、组合投资）投资到预先选择确定好的投资项目。第五步是后续管理。投入资金之后，要提供一系列增值服务，帮助被投资企业实现发展，并制定一定的激励约束制度，促进其发展，从而达到增值的目的。第六步是退出。等待合适的时机，通过一定的方式（IPO、管理层回购、股权转让、清算）退出被投资企业，实现资本增值。

2. 债权投资业务流程

道路运输金融企业债权投资业务流程是债权投资业务开展的基础，业务流程的设计关系到投资项目的运作效益和投资的风险控制水平的高低，主要

分以下几步：①接洽项目，洽谈、沟通、探讨投资项目的可能性，交流投资相关资料；②项目审定，确定项目经理和协理责任人，负责对项目进行调研评估，确认投资规模、投资回收期和回报率是否可行；③进行项目实地考察，进一步分析投资估算、财务评价等。

3. 衍生品投资业务流程

道路运输金融企业衍生品投资业务流程是业务开展的基础，业务流程的设计关系到投资项目的运作效益，主要包括：①资格条件初审，主要包括道路运输金融公司法人名称、性质等；②出具评价报告，评价报告要求内容详细、数据准确、及时完整，阐明是否同意投资的倾向性意见，提出是否正式立项的书面报告，项目负责人做出初步结论并签署意见。

（二）证券融资业务流程

1. 股权融资业务流程

道路运输金融企业股权融资业务流程如下：首先，项目经理出具调查评估报告，提交综合业务部审核，前往实地进一步核实项目运作情况，确认项目的真实性和可行性，并签署意见。然后，根据项目经理提供的投资项目调查评价报告和相关资料，集体进行评审。最后，从道路运输金融公司的利益出发，审查投资项目的技术、经济和商业可行性，分析申报项目的主要风险点及风险规避和防范措施。依据该笔业务预计给公司带来的效益和风险，决定是否批准该笔投资业务。

2. 债权融资业务流程

道路运输金融企业债权融资业务流程如下：道路运输金融公司评审委员会初审通过，做出立项决定后，公司成立项目调研小组，重点在财务、经营效益上进行评估和分析，包括投资估算、生产规模、工艺技术、产品成本、市场预测、投资回收期和回报率等。具体指标有：是否具有可持续发展的竞争优势；是否具有开放先进的管理理念，团结协调的高素质管理团队和五年以上明确的商业运行计划、市场潜力与市场占有策略等。

3. 衍生品融资业务流程

道路运输金融企业衍生品融资业务在调研期间需向有关专家及主管部门咨询，如确有必要，可委托专业技术咨询或调查机构进行专项评估。如出现未预料情况应及时向公司领导汇报，讨论并提出相应的工作建议。调研工作完成后，草拟分析评估报告和投资建议书，业务部进行项目审定。经审核、修改定稿后，正式编写项目投资建议书，然后公司评审委员会对项目调研小组提交的项目投资建议书进行审查、评定。

三、道路运输相关的资本运作业务流程

（一）兼并业务流程

1. 股权兼并流程

道路运输金融企业股权兼并流程的第一步是明晰目标公司股权结构。第二步是进行资产评估，明晰股权结构、确认转让的份额后，股权受让方应请国家认可的资产评估机构对被收购公司的资产及权益进行评估，出具评估报告。第三步是调查目标公司的对外债务，目标公司的对外债务的存在及数额对道路运输金融公司来说至关重要，同时因其具有较大的隐蔽性，因此可以说是股权兼并中的最大风险所在。

2. 债权兼并流程

道路运输金融企业债权兼并流程的第一步是被兼并企业进行清产核资，厘清债权债务，搞好产权界定；第二步是兼并双方共同提出可行性报告；第三步是兼并双方就兼并的形式和资产债权债务担保的处置办法及职工的安置方案等兼并基本内容进行协商，达成兼并意向协议；第四步是兼并协议修改完成后，由企业双方法定代表人签署兼并协议；第五步是按照兼并协议和审批文件等实施兼并，办理资产划转工商登记税务登记等有关手续；最后由兼并双方的出资者和政府有关部门进行验收，经各方认可后完成兼并全过程。

（二）收购业务流程

1. 股权收购流程

道路运输金融企业股权收购流程的第一步是开展初步调研，进行项目筛选。初步调研的目的是系统客观地收集信息和数据，并对收集到的信息和数据进行研究，提出合理可行的建议和方案，从企业发展需求和行业预期发展潜力中对项目进行筛选，为收购决策提供依据；第二步是开展尽职调查，提出投资建议；第三步是开展实质性谈判，制定投资方案；第四步是签订股权收购协议，办理股权交割及支付手续；第五步是组建管理团队，开展日常管理。

2. 债权收购流程

道路运输金融企业债权收购流程的第一步是签订协议，第二步是通知债务人，第三步是办理批准、登记等手续。在债权收购过程中应注意收购的债权不得违反法律规定且要签订债权收购合同。还要有债权收购通知，不论是否签订债权收购合同，一项债权收购都应当通知债务人，否则对债务人不发生债权收购的法律效力。

四、道路运输相关的保险、信托与租赁业务流程

（一）保险业务流程

1. 社会保险业务流程

道路运输金融企业社会保险业务流程概括起来有四点。①社会保险登记：提出本地区按不同社会保障项目进行登记的企业、事业单位、国家机关及其职工范围；向缴费单位索要相关证件和资料，为参保人员建立社会保险个人账户；借助工商、税务部门拥有的资料核查没有参加社会保险的单位和个人。②社会保险费的申报和缴纳：通知相关单位和个人按照政策规定及时缴纳社会保险费。③社会保险资格复核，建立社会保险记录：确定申请人的社会保险待遇，并记录入册。④业务办理：按照社会保险待遇发放社会化的要求，社会保险经办机构为每一个受保人在银行开设一个支付账户，按时将应当支付的待遇金额划拨到每一个人的支付账户。

2. 商业保险业务流程

道路运输金融企业的商业保险业务流程包括：①提出申请，即公民根据自身情况到商业保险相关机构提出申请；②调取相关信息及资料，相关机构在获取居民申请后，将居民的个人资料输入商业保险业务系统，建立个人账户；③资格核查，建立账户后，根据居民申报材料和相关政策规定对其资格进行核实，对合乎条件的进一步确定其应享有的待遇，对不符合条件的驳回其申请；④为符合条件的居民办理业务。

3. 合作保险业务流程

道路运输金融的合作保险业务流程大概包括四步：①由公民个人提出获取养老金申请；②业务办理机构根据公民申请，获取相关养老金政策；③业务办理机构根据政策条件，核查公民获取养老金资格，并发放养老金；④由业务办理机构对个人账户数据进行修改。

（二）信托业务流程

1. 信托投资业务流程

道路运输金融企业的信托投资业务流程第一步是项目受理，接受融资方提供的项目资料；第二步是业务人员初审，根据项目方提供的资料，进行判断，是否可操作，并提出资金来源渠道；第三步是立项，如果初审认为可操作，需要办理立项；第四步是尽职调查，即到项目现场去进行相关调查，尽职调查完成后要写出尽职调查报告；最后是放款，担保措施落实后可放款。

2. 信托融资业务流程

道路运输金融企业的信托融资业务流程第一步是管理层与信托投资公司制订一个信托计划，由信托投资公司和管理层利用信托计划向商业银行或其他投资者进行贷款融资，并通过信托投资公司的中介作用，利用股权作贷款担保；第二步是管理层与信托投资公司共同签订正式的信托合同。信托投资公司利用融到的资金以自己的名义购买目标公司的股权；第三步是管理层持有的股份可以根据信托合同所约定的权限由信托投资公司持有、管理、运用和处分，管理层按照信托计划将股权作为偿还本息的质押物，并通过信托投资公司将持股分红所得现金逐年偿还贷款。管理层将股权转让变现或贷款归还完毕，使信托目的实现后，信托投资公司将现金或股权归还给信托合同指定的受益人。

（三）租赁业务流程

1. 融资性租赁业务流程

道路运输金融企业的融资性租赁业务流程包括：①成员单位（承租人）向财务公司（出租人）提出申请，并委托租赁站（设备管理人）；②集团项目评估委员会审查主体资格及项目风险；③租赁站选型配套；④财务公司作为出租人进行租前调查、内部决策；⑤租赁站组织技术谈判和商务谈判；⑥成员单位与财务公司签订租赁合同，财务公司与设备厂商签订购买合同；⑦成员单位会同租赁站验收、安装设备；⑧财务公司直接支付货款或委托成员单位支付货款；⑨账务处理，租金结算；⑩租赁站监督设备维修、保养，租赁站代理财务公司设备管理、检查；⑪租赁期满处理，设备报废处置。

2. 经营性租赁业务流程

道路运输金融企业的经营性租赁是一种双边交易，业务手续比较简单，分为以下几个步骤。①接待服务：客户接待是企业服务人员了解客户需求，推进租赁服务的过程。②承租人身份核实：承租人是指租赁客户，包括自然人、法人或其他团体，承租人身份核实是维护出租方合法权益和公共安全利益的重要环节和关键流程。③租赁合同与告知：租赁合同是租赁双方就相应权利、义务签订的合同，告知是指企业以书面和口头形式说明租后服务事项和需要特别声明的其他问题。④收取租金和保证金：租金是租赁企业向承租人收取的使用费，保证金是为了保证租赁双方履约、守约，由企业向承租人预先收取的一定金额的担保费用。⑤服务监督：服务监督是一项重要的综合性基础工作，贯穿租赁服务的全过程，是企业随时获取服务信息，不断改进服务质量的措施。⑥结算：租赁结束后，租赁双方应及时依照合同及收费标准进行费用结算，企业应当通过计算机系统进行月度、季度、年度经营核算，实行信息化管理。

第五节 风险控制

一、违约风险

(一) 违约风险的成因

1. 客观原因

道路运输金融企业的违约风险产生的客观原因包括以下几种。①经济下行：受经济下行影响，行业持续低迷，业绩大幅下滑，"僵尸企业"面临被淘汰的风险。②产能过剩：产能过剩形势仍不容乐观，且多以民营企业为主，抗风险能力弱。③政策因素：政策因素也是一些主营业务相对单一的发行主体的主要风险来源，因主营业务单一，调整缺乏灵活性。因此，政策因素对于主营业务占绝对主导的企业影响很大。

2. 主观原因

道路运输金融企业的违约风险产生的主观原因包括以下几种。①经营不善：经营不善是导致违约风险加剧的主要原因，从现有违约企业来看，有些因粗放式发展，通过增加债务等方式大力开拓与主营业务不相干的其他业务，激进的投资扩张导致现有主营业务几乎停滞，核心资产被剥离，也带来了融资风险和财务费用的增加。②经济实力和信誉。③股权与控制权的争夺、实际控制人发生意外或被调查，以及涉嫌违规被诉讼等公司治理问题。

(二) 违约风险类型

1. 客观型

道路运输金融企业的客观型违约风险包括以下几种。①自然界风险，主要包括源于地权等其他各种不可抗拒的自然灾害原因，给道路运输金融企业带来的违约风险；②社会冲突、恐怖事件和社会动荡风险，主要指由于社会冲突、恐怖事件和社会动荡的存在给货物和商品的流通造成了很大的危害，增加了企业违约的可能；③社会环境风险，主要包括工厂水污染、电力供应中断而中断生产的风险；④政策风险，主要是由于宏观政策和金融危机存在着一定的偏差，导致经济危机的发生，企业破产，造成企业违约；⑤市场风险，主要包括源于顾客核心需求识别不足和市场不稳定所导致的违约风险；⑥社会信用风险，主要包括由于社会信用机制的缺失，导致社会信息流通不畅，企业恶意违约的成本不大而带来的违约风险。

2. 主观型

道路运输金融企业的主观型违约风险包括以下几种。①信息风险，主要包括源于信息不完全或信息阻塞的违约风险；②经管风险，主要包括源于合作伙伴的经营不确定导致的违约风险；③制度风险，主要包括源于制度方面的不确定导致的违约风险；④利益分配风险，主要包括源于利益分配不均导致的违约风险；⑤企业文化风险，主要包括源于企业经营理念、文化制度、员工的职业素养和敬业精神等方面导致的违约风险。

二、市场风险

（一）市场风险的成因

1. 国际市场方面的原因

道路运输金融企业市场风险的国际成因包括以下几种。①先进科技手段在国际金融业务中的广泛运用：随着现代科学技术特别是数据处理和通信技术迅速发展和日益广泛应用，国际金融交易发生了根本性的变化，交易速度越来越快，交易规模越来越大，这些无疑对国际金融的发展起到了巨大的推动作用，但也进一步加大了金融风险。②金融创新的迅速发展：大规模的金融创新对于促进国际金融与世界经济的发展起到了巨大作用，但也进一步增加了金融风险，这些创新行为本身带来了新的风险。③巨额国际游资的存在：纯粹以高额投机利润为目标的短期资本流动性极强，并且基本上不受任何国家货币政策的管束与制约，游荡于各个国际金融市场之间，一旦发现营利的机会便会蜂拥而至，从而给金融市场造成严重冲击。④发展中国家经济的脆弱性：当今世界经济的特点是相互依赖和一体化发展，因此发展中国家在实现其经济腾飞的过程中必须实行对外开放的经济政策，将自己纳入整个国际经济大循环过程中去，而由于发展中国家自身的特点使它们往往成为世界经济链条中薄弱的一环，当国际金融发生动荡时即会首当其冲。

2. 国内市场方面的原因

道路运输金融企业的市场风险国内方面的成因包括以下几种。①金融市场微观基础薄弱：一个健康有序运行的金融市场必须以存在大量业绩较好的上市公司为基础，而中国的上市公司却离这一目标有很大的差距；②企业产权制度不完善：股权主体缺位导致内部人控制的现象，这种现象极大地损害了包括国有股在内的广大投资者的利益，迫使投资者不得不去追求短期利益，从而增加市场的投机性；③金融市场管理体制不完善：从现行的管理内容和管理方式上来看，国家比较重视对于合法性的管理，过多地采用了行政干预的方式，使市场随着政策的变动而发生较大的波动；④金融市场总体结构不完善：金融机构缺乏流动性强的短期金融资产，给金融体系的稳定带来威胁，目前多数企业营利能力有限，高成本的银行负债无疑增加了企业的经营风险；⑤投资主体不完善：中国投资主体中缺乏长期投资基金等机构投资者，主要的以散户为主，机构投资力量弱，这种投资主体结构易造成市场的过度投机；⑥投资工具不完善：中国的投资工具不完善表现在数量和结构两方面。

（二）市场风险主要类型

1. 国际市场型

道路运输金融企业的国际市场风险主要包括汇率风险，即由于汇率的不利变动导致银行业务发生损失的风险。汇率风险一般因为从事以下活动而产生：道路运输金融机构为客户提供外汇交易服务或进行自营外汇交易活动而使金融机构从事的银行账户中的外币业务活动，可细分为外汇交易风险和外汇结构性风险。随着经济持续增长，越来越多的企业将投资海外，汇率风险也随之增加。

2. 国内市场型

道路运输金融企业的国内市场风险主要包括以下几种。①衍生金融交易中的市场风险：衍生金融工具如果管理不当，就会带来巨大灾祸，如果对市场风险不加防范，将有可能遭受资产损失；②货币市场中体现的市场风险：货币市场的风险集中表现为利率风险，随着中央银行公开市场操作的逐步开展，国债二级市场将进一步规范发展，越来越多的金融机构进入银行间债券市场进行交易，国债市场的利率风险也将显现；③处理银行不良资产的过程中体现的市场风险：银行业存在着大量不良资产的存在，严重威胁着金融体系的安全。

三、运营风险

（一）运营风险的成因

1. 体制原因

道路运输金融企业的资本运营是一项系统性工程，它要求要有相应的政策环境、法律环境、社会环境、市场环境、人才环境等为资本运营的顺利开展提供支撑，以降低资本运营风险。造成道路运输金融企业的运营风险的体制原因有：①体制错位造成银行风险的大量增加，银行为掩盖不良贷款只能继续大量贷款，造成恶性循环，形成巨大的不良债权；②企业经营管理不善和严重亏损，无法归还贷款形成不良债权。盲目经营，形成大量亏损；③决策失误，政府干预形成银行风险。

2. 过失原因

道路运输金融企业运营风险产生原因中的过失原因包括：①外部监督机制不健全，中央银行监管不力：央行独立性差，货币政策主要是配合政府的宏观调控目标，银行信贷资产的配置处于促进增长和防范的两难境况，而执行的结果事实上是牺牲国有银行的利益，使风险处于不断的扩大之中；②缺乏健全有效的内控体系：主要表现在内控系统理论研究滞后，无法指导实践。

（二）运营风险类型

1. 体制型

道路运输金融企业运营风险类型中的体制型包括制度风险，这类风险主要由制度制定、执行和修改完善不到位引发，如一些制度订立不够严谨，缺乏时效性。从运作机制上看，体制风险具有潜在性和系统性的特点，体制风险的潜在性是体制风险生成与扩散的社会基础。体制风险的系统整体性是指其作用的广泛性和深远性，企业无法完全规避或化解这种风险，因此，体制改革是防范和化解道路运输金融企业运营风险的根本性措施。

2. 过失型

道路运输金融企业运营风险类型中的过失型包括以下几种。①信贷资产严重恶化，不良贷款（包括三项欠息）比例居高不下导致的运营风险，商业银行不良债权的不断增加，导致金融风险不断积累。②商业银行严重超负荷经营导致的运营风险：资本充足率大大低于国际惯例的4%，造成国有银行效果低下。③内控体系严重弱化，不法行为屡禁不止，造成的运营风险：商业银行缺乏有效的约束机制和激励机制，过度竞争，盲目追求规模最大化造成的银行风险。

第六节　案例分析

一、道路运输相关的商业银行业务案例

（一）案例背景

1. 基本情况

2014年内蒙古自治区党委、政府对全区交通建设工作提出了三点要求：一要保总量，二要保项目，三要保民生，尤其要集中力量攻坚农村牧区街巷硬化全覆盖工程，发挥好交通建设在全面小康进程中的基础作用。为此，自治区交通运输厅与国开行、农发行、工农中建四大国有商业银行及兴业银行、

招商银行、中信银行等各金融机构签订了共计 353 亿元的公路建设贷款合同，此项目可视为道路运输金融相关的商业银行业务的典型案例。

2. 业务内容

自治区交通运输厅与国开行、农发行、工农中建四大国有商业银行及兴业银行、招商银行、中信银行等各金融机构签订了共计 353 亿元的公路建设贷款合同，签约了 8 个贷款协议、1 个理财产品协议和两个发行承销协议。这些贷款涉及的公路项目建设规模为高速公路 355 公里、一级公路 492.3 公里，分别占全区计划开工数的 17.8% 和 24.6%。此案例说明国家对于道路运输行业的重视程度非同一般，且其与金融行业的融合正在加深，正是道路运输金融业发展的大好时机。

3. 事件结果

为圆满完成交通建设投资任务，自治区交通运输厅与各金融机构签订贷款合约，贯彻落实自治区东部、西部公路项目对接会议精神，是金融机构支持自治区道路交通建设的具体体现。其中，仅国开行和四大国有商业银行已累计为公路建设融资 656 亿元。此项目的完成可实施农村牧区街巷硬化全覆盖工程、嘎查村通沥青水泥路工程、38 个省级领导联系贫困旗县交通扶贫工程，尤其是攻坚农村牧区街巷硬化全覆盖工程，发挥好道路交通建设在全面小康进程中的基础作用。

（二）案例分析

1. 案例揭示的问题

如何进一步加强道路运输行业与金融资本的合作是这一案例中最值得思考的问题，近年来除了中信银行与百度合作共同设立直销银行，其余的合作均未涉及股权层面。没有稳定的股权合作为基础，道路运输金融机构和各类金融企业的合作难以形成战略上的共识和长效的合作机制。因此，道路运输金融在发展过程中要进一步探索与民营资本股权合作的有效途径，除了在集团层面引入民资股东，建立公司治理融合机制，还可探索通过子公司股份制改造或是与有实力的民营企业合作组建互联网金融公司等方式，让民资在道路运输发展过程中真正发挥作用。

2. 案例启示

作为交通运输金融发展的先行者，此案例的道路运输金融的发展方案为交通运输金融提供了许多有益的借鉴和启示，在道路运输行业深化改革的过程中，要始终坚持国有资本的控制地位，但是坚持其控股地位并不否认多元化的资本结构。因此，道路运输金融发展的重点在于如何构建一个较为平衡的股权结构关系，通过顶层制度设计，吸引非国有股权的参与，强化稳定不同股权的战略合作、公司治理融合机制，使引入的"新鲜血液"真正能够在技术、业务结构、发展战略等方面进一步激活道路运输金融的活力。

二、道路运输相关的证券市场业务案例

（一）案例背景

1. 基本情况

东莞发展控股股份有限公司于 2003 年经过重大资产重组进入高速公路运输行业后，公司的主营业务收入全部来自莞深高速一期、二期的车辆通行费收入。为了进一步做大做强，东莞控股确定收购莞深高速三期东城段和龙林高速。但由于当时东莞控股尚未完成股权分置改革，无法通过增资扩股、配股以融得收购莞深高速三期东城段和龙林高速所需资金，东莞控股迫切需要寻找到一条具备基本条件，融资额又能满足需要的融资之路。

2. 业务内容

莞深高速资产证券化具体过程如下。首先，莞深控股与专项资产管理计划的管理人（广发证券）签订《资产买卖合同》，将其拥有的莞深高速一、二期的公路收费权中未来 18 个月的收益权转让给专项计划管理人。其次，广发证券担任计划管理人，同时由银行担当担保人与托管人的角色，由评级机构对计划进行评级。再次，管理人发起设立专项计划，并发行受益凭证给合格投资者，所募资金支付给莞深控股。然后，计划存续期间，莞深控股在托管银行（中国工商银行）设立专门用于接受特定时期公路收费的收入账户，并将该收入账户交由托管银行监管，未经计划管理人和托管银行同意不得划出资金，并授权托管银行在计划到期日按照计划管理人的指令将资金划入专项计划的资金账户。最后，广发证券按照《募集说明书》的约定，对基础资产产生的现金流进行管理，向各类投资者支付当期预期分配金额。

3. 事件结果

根据东莞控股与广发证券签署的《莞深高速公路收费权专项资产管理计划专项投资合同》，以莞深高速一期、二期的公路收费权中未来 18 个月的收益权作为基础资产，发行以专项理财计划为平台的企业资产证券化产品，所得的 5.8 亿元资金用于购买 6 亿元东莞控股高速一期、二期在 18 个月内产生的公路收费现金流。莞深收益计划存续期间，累计成交金额 1.57 亿元，总换手率为 43.24％，共成交 52 笔，东莞控股成功找到一条融资之路。

（二）案例分析

1. 案例揭示的问题

从此案例可看出，由于宏观经济下行压力增大，各国的国有资产证券化步伐都正在加快，如果能够有效推进国有资产证券化，把更多优势资产装进上市公司，那么就可以盘活存量国有道路运输资产，提高道路运输资产的流动性，并使资产易变现、易交易。不仅如此，证券化后，道路运输资产的总量也有可能得到更大的扩张，这对于道路运输金融企业做大做强，无疑大有裨益。

2. 案例启示

道路运输业作为典型的国有资本项目，其改革必然会促进其配置效率的提高，与此同时也会有利于道路运输金融业的发展。首先，新一轮国资改革有赖于多层次资本市场，通过改革来发展道路运输资本专业化运营，同时探索有效的道路运输资本投资运营模式；其次，通过改革来探索完善道路运输资产监管方式；最后，则是通过系列改革来推进道路运输公司内部改革，探索市场化的道路运输金融企业经营机制。

三、道路运输相关的资本运作业务案例

（一）案例背景

1. 基本情况

结合五洲交通公司 2010 年上市之前的年报财务数据可知，公司的成长能力有所下降，2007～2009 年，五洲交通公司的成长性指标逐步降低，2009 年主营业务收入增长率、营业利润增长率、净利润增长率均降低到 30% 以下。结合公司的经营状况来看，还存在一些制约公司成长的因素。五洲交通公司在上市以前，尽管外界对其成长性十分看好，不过实际上公司的持续性高速成长已经面临了许多阻碍，亟须突破发展瓶颈，通过跨界并购来实现多元化经营的战略需求。

2. 业务内容

作为传统交通行业的代表企业，五洲交通公司在交通领域具有一定的优势，但缺乏完善全面的产业链战略布局，缺乏多元化经营的业务。经过此次跨界并购，五洲交通公司弥补自身薄弱之处，从中引进优秀专业的新型人才与技术，从而支撑主营业务更快更好的发展，完成五洲交通公司战略布局中的中坚步骤。五洲交通公司在交通行业继续保持发展优势的情况下，逐渐规避制酸行业产品单一、销售单一的经营风险。

3. 事件结果

2011年五洲交通公司利用跨界并购大幅度增加了客户群体种类，提高了市场的影响力与竞争力，并开始涉足锌铟深加工项目，公司的主营业务收入得到进一步扩大，拓宽了产业链条，这表明五洲交通的跨界并购取得了一定的效果，主营业务收入快速增长，达到了167.50%。到了2012年这一增幅虽然有所下降，但仍然保持了73.08%的增长态势。不过在看到并购后主营业务收入快速增长的同时，也要看到公司的主营业务毛利率有所下降，在并购当年下降到18.45%。

（二）案例分析

1. 案例揭示的问题

一般来说，企业战略并购需要强大的资金支持。如果采取外部融资和内部融资结合的方式来筹措资金，容易造成道路运输金融企业面临更高的融资风险。如果采取单一的内部融资方式，有可能增加新的财务风险。倘若单纯只依靠外部融资，又会导致并购后企业资本结构无法实现最优的效果，甚至还会造成企业负担过重，资本结构出现严重的恶化。所以，在融资过程中，需要结合自身的财务状况、资本市场的风险，慎重地选择符合企业的融资方式，把融资负债风险降到最低。

2. 案例启示

五洲交通公司主要从事交通行业的业务，因此对道路运输金融的发展有一定的启示作用。道路运输金融公司应该制定一个清晰明了的战略，将所有产品进行统计，然后归纳分类，设计出一个全新的适合产品的销售计划。企业并购本身就是企业战略目标的实现方式之一，在道路运输金融企业并购后应对企业战略进行整合，确定明确的企业战略，推动并购后的道路运输企业走出困境。

四、道路运输相关的保险、信托与租赁业务案例

（一）案例背景

1. 基本情况

山东高速售后回租是一个具有代表性的案例。山东高速公路股份有限公司将其拥有的京福高速公路德齐必段划分为两段，以其路面资产为标的资产分两期出售给中飞租融资租赁有限公司，融资总金额19亿元。中飞公司再将该资产返租给公司，租期5年，公司在租赁期内向中飞公司按期支付租金，继续保持本公司的管理权与运营权，至期满时以1元价格购回资产所有权。

京福高速公路德齐北段，全长 52.2 公里，经营期限 25 年，于 2022 年 11 月到期。类别是固定资产，权属于山东高速公路股份有限公司；资产价值截至 2011 年 3 月 31 日，资产账面净值 19.05 亿元，租赁物是京福高速公路德齐北段。融资金额分两期，合计融资 19 亿元；第一期融资 10 亿元，第二期融资 9 亿元。

2. 业务内容

山东高速售后回租融资租赁活动中，租赁方式是售后回租；租赁期限 5 年，即 2011 - 2016 年。银行利率以中国人民银行贷款基准利率（三至五年）下浮 10%，采取浮动利率制。银行手续费及租赁安排费首次融资 10 亿元，银行手续费按照租赁金额的 2.66%。租赁安排费率 3‰（300 万元）；二期融资 9 亿元，银行手续费按照当期资金市场价格确定。租赁安排费率 3‰（270 万元）。租金及支付方式采用等额本金还款法，按季度支付。承租期间，标的资产的收费权质押给融资银行，以担保租金作还款来源。合同生效条件是自各方法定代表人或其授权代表签字并盖章后生效。

3. 事件结果

经山东省国资委同意，山东高速集团已将京福高速德州至齐河北段资产注入旗下上市公司——山东高速公路股份，继济青高速、济莱高速后，这是山东省第三段上市的高速公路。此次上市的京福高速德齐北段为山东高速集团的核心优质资产之一，北起德州与河北交界处主线收费站，南至禹城与平原交界处，全长 52.2 公里，属于京福高速公路和京沪高速公路在山东省境内共线的一部分。该路段每日车流量达 3 万辆（折合标准小客车），2007 年收费额近 4 亿元，是山东省内车流量最大、效益最好的高速公路路段之一。此次收购的价格为 24.6 亿元，并入京福高速德齐北段后，山东高速股份在上市公司成为同类股票资产规模最大的蓝筹股之一。

（二）案例分析

1. 案例揭示的问题

道路行业固定资产贷款金额较大且期限多在 15 年以上，因此目前道路行业贷款的整体利率浮动比仍处于下浮状态，这方面不仅不能与西方国家相比，即使与很多发展中国家相比也有较大差距。同时由于承租企业所得的实质性好处不大，因此影响了租赁企业的业务拓展和行业发展，这在很大程度上阻碍了一些民营资本、民间投资和一些先进的管理方式进入该行业，从而影响了道路运输金融行业的发展和壮大。

2. 案例启示

金融机构在整个业务过程中担任资产管理人的角色，受金融租赁公司的委托管理租赁资产，负责监管租赁资产安全并负责代扣租金。目前，市场上资产管理人的服务费为 0.5% ~2% 的水平。若一条高速公路目前净值为 50 亿元，融资租赁额为 37.5 亿元，中间业务收入可达 1875 万 ~7500 万元。高速公路业主将资产出售给租赁公司时，可一次性获得全部净值资金。资金到账后，除去部分资金用于偿还原有贷款，高速公路业主陆续将资金用于新的项目建设，对资产管理人来说，在这期间可形成较大资金沉淀。因此道路运输金融市场前景广阔，此类业务可解决高速公路业主资金需求，促进金融机构资产结构调整，可实现双赢的良好局面。

本章主要参考资料

[1] 曹和平，庄媛媛. 非银行类金融机构业务资源动员研究——关于租赁保理的案例与理论分析 [J]. 财经理论与实践，2016 (6)：28 - 34，41.

[2] 骆祚炎，乔艳. 私募股权投资效率的随机前沿 SFA 模型检验与影响因素分析——兼论中国股权众筹的开展 [J]. 金融经济学研究，2015 (6)：82 - 91.

[3] 粟芳，初立苹. 向银行业投资的过度性甄别及动机分析 [J]. 管理科学学报，2016 (11)：74 - 89.

[4] 段军山，张锐豪. 金融衍生品、货币环境与商业银行风险承担 [J]. 当代财经，2016 (2)：61 - 73.

[5] 张一林，龚强，荣昭. 技术创新、股权融资与金融结构转型 [J]. 管理世界，2016 (11)：65 - 80.

[6] 黄文青. 我国上市公司债权融资的治理效应研究 [J]. 财经问题研究，2010 (8)：69 - 72.

[7] 李似鸿. 金融需求、金融供给与乡村自治——基于贫困地区农户金融行为的考察与分析 [J]. 管理世界，2010 (1)：74 - 87.

[8] 陆家骝. 竞争性融资结构与区域债权资本市场建设 [J]. 当代财经，2012 (8)：44 - 51.

[9] 余东华，马路萌. 中国银行业竞争程度的测度分析——基于 PR 模型和利率非市场化 [J]. 财贸研究，2012 (4)：106 - 111.

[10] 李广析，孔荫莹. 商业银行金融资源与实体经济的配置效率测度——基于贷款结构和盈利模式差异的视角 [J]. 江汉论坛，2016 (7)：62 - 68.

[11] 姚耀军，李明珠. 金融结构、中小企业与反贫困——基于新结构经济学最优金融结构理论的经验研究 [J]. 浙江社会科学，2013（9）：25 – 33，155 – 156.

[12] 李健，范祚军. 经济结构调整与金融结构互动：粤鄂桂三省（区）例证 [J]. 改革，2012（6）：42 – 54.

[13] 张淦，管弋铭，范从来. 金融资产短缺与约束型资产替代 [J]. 现代经济探讨，2017（6）.

[14] 马慎萧. 美国非金融部门的金融化转型 [J]. 政治经济学评论，2016（5）：202 – 224.

[15] 陈雄兵，邓伟. 商业银行表外业务与货币政策信贷传导 [J]. 国际金融研究，2016（8）：60 – 70.

[16] 周守华，吴春雷，赵立彬. 金融发展、外部融资依赖性与企业并购 [J]. 经济经纬，2016（2）：90 – 95.

[17] 刘辉，温军，丰若旸. 收购兼并、异质企业与技术创新 [J]. 当代经济科学，2017（2）：72 – 85，126 – 127.

[18] 王颢. 保险资金私募股权投资研究 [J]. 国际经贸探索，2016（9）：69 – 83.

[19] 朱丽萍. 我国信托业务风险的特征、来源与影响因素分析 [J]. 价格理论与实践，2015（3）：93 – 95.

[20] 胡阳. 银行对融资租赁信贷业务的风险管理研究 [J]. 兰州学刊，2016（1）：171 – 177.

[21] 袁蓉丽，肖泽忠，邹宏. 金融机构投资者的持股和公司业绩：基于股东积极主义的视角 [J]. 中国软科学，2010（11）：110 – 122，192.

[22] 成力为，严丹，戴小勇. 金融结构对企业融资约束影响的实证研究——基于20个国家制造业上市公司面板数据 [J]. 金融经济学研究，2013（1）：108 – 119.

[23] 刘又哲. 商业银行小企业信贷风险管理探讨 [J]. 中央财经大学学报，2011（10）：30 – 35.

[24] 李军，冉光和. 证券公司投资银行业务风险评估研究 [J]. 财经问题研究，2011（12）：73 – 77.

[25] 刘良灿，张同建. 国有商业银行流程操作风险防范研究——基于内部控制视角 [J]. 云南财经大学学报，2010（5）：81 – 87.

[26] 杜欣欣，杨有振. 商业银行业务转型：风险和路径选择 [J].

统计与决策，2014（8）：155 – 157.

[27] 支春红. 商业银行会计结算业务操作风险的防范和控制 [J].
山西财经大学学报，2010（S2）：204.

[28] 罗长青，李梦真，杨彩林，卢彦霖. 互联网金融对商业银行信
用卡业务影响的实证研究 [J]. 财经理论与实践，2016（1）：
54 – 58.

[29] 杜宁. 备用信用证独立性原则研究 [J]. 兰州学刊，2012（4）：
208 – 210.

[30] 李宏，张健. 活期存款与贷款承诺之间风险对冲机制分析——基
于中美银行业的比较 [J]. 国际金融研究，2015（11）：37 – 46.

[31] 庞小凤，邹震田. 我国小额贷款公司资产证券化业务分析 [J].
经济体制改革，2017（2）：144 – 149.

[32] 张子荣. 我国地方政府债务风险研究——从资产负债表角度
[J]. 财经理论与实践，2015（1）：95 – 99.

[33] 李建军，赵冰洁. 互联网借贷债权转让的合法性、风险与监管
对策 [J]. 宏观经济研究，2014（8）：3 – 9.

[34] 潘红波，余明桂. 目标公司会计信息质量、产权性质与并购绩
效 [J]. 金融研究，2014（7）：140 – 153.

[35] 赵红，王新军. 我国农业保险标准化流程与内容研究 [J]. 山
东社会科学，2015（6）：117 – 121.

[36] 周云. 试析企业管理层收购中的信托融资 [J]. 江西社会科学，
2010（6）：174 – 178.

[37] 冯曰欣，刘砚平. 我国融资租赁业发展现状及策略研究 [J].
东岳论丛，2016（3）：125 – 132.

[38] 苏宁. 论融资租赁的本质及其行业定位 [J]. 新疆师范大学学
报（哲学社会科学版），2011（5）：59 – 65.

[39] 巴曙松，居姗，朱元倩. 我国银行业系统性违约风险研究——基
于 SystemicCCA 方法的分析 [J]. 金融研究，2013（9）：71 – 83.

[40] 徐延利，王玲玲，刘丹，张志波. 基于动态 Copula 模型对金融市
场风险管理的探究 [J]. 中国软科学，2010（S1）：105 – 110.

[41] 王竹泉，王贞洁，李静. 经营风险与营运资金融资决策 [J].
会计研究，2017（5）：60 – 67.

第十章

物流金融

第一节　业务概述

一、物流金融业务简介

（一）物流金融业务的概念

1. 基本定义

物流金融业务是对与物流行业相关的金融活动的总称，主要有以下几种基本情况：①在物流业建设或经营过程中，金融机构介入，通过金融手段对物流行业的相关要素进行配置的业务活动；②物流部门涉足金融活动；③物流和金融以外的其他部门从事与物流相关的金融活动。这里需要指出的是，对物流金融概念的理解可能存在不同的观点，一些研究者把物流金融限定在银行对物流行业的金融服务范围，还有的研究者仅把物流金融看作是银行对物流行业的信贷活动，这些都是与本书存在一定差异的理解，请读者注意有所区别。

2. 基本内涵

根据本书对物流金融业务的定义，物流金融业务具有如下基本内涵。①金融属性。物流金融业务是一类金融活动，而不是物流本身。②物流背景。物流金融业务是专指与物流行业相关的金融活动，而不是一般的金融活动。③实在性。物流金融业务是可实际经营的一类具体业务和活动，而不是一个抽象的概念。④限制性。由于在各类经济活动中金融活动通常受到最严厉的监管，物流金融业务作为一类金融活动自然受到相应的限制，包括资质要求、经营方式等，同时还面临物流方面有关规定的制约。

3. 范围界定

物流金融业务的大致范围如下。①金融机构面向物流行业提供的投融资和资产运作等方面的实际业务。广义上讲，金融服务既包括实际投融资业务，也包括不涉及资金融通的咨询、评估等事项，但是通常类似咨询、评估这类业务，并不是金融机构的本质特征，因此本书把金融机构开办的物流金融业务限定在实际金融活动的范围内。②物流行业（主要是物流企业）通过金融渠道进行投融资活动。这意味着，即使物流企业涉及投融资活动，如果不是通过金融渠道进行，不在本书界定的物流金融业务范围之内。③物流和金融以外的其他部门通过金融渠道从事与物流相关的投融资活动。同上所述，如果不是通过金融渠道进行，则不在物流金融业务的范围之内。

（二）物流金融业务的机构和工具

1. 物流金融业务的主要机构

物流金融活动主体运用各种金融工具和金融产品有效地组织和调剂物流领域中货币资金运动，实现商品流、实物流、资金流和信息流的有机统一。目前参与物流金融业务的机构可以划分为金融机构和参与物流金融活动的非金融机构。一方面，金融机构利用贷款、承兑汇票等多种金融工具为生产商及其下游经销商、上游供应商和最终客户提供集融资、结算和资金汇划等为一体的金融产品和服务。另一方面，非金融机构主要是涉及物流金融业务的物流部门和上下游服务商，它们伴随着物流产业的发展而产生。此外，金融机构又可划分为传统与新兴两类：传统机构包括商业银行、投资机构和担保、保理机构等；新兴机构则包括大数据平台、金融仓储和金融租赁机构等。而非金融机构则主要包含物流部门、物流园区、互联网＋物流平台等。

2. 物流金融业务的主要工具

典型的物流金融工具种类包括便利清算和支付工具、聚集和分配资源工具，以及风险分散工具。物流金融机构为物流活动参与者提供完成商品、服务和资产清算和结算的工具，包括现金、票据（包括支票、本票、汇票）、银行卡和汇兑、托收承付、委托收款等。聚集和分配资源工具使得物流金融机构能够为企业的生产运营筹集资金，同时还能将聚集起来的资源在全社会重新进行有效分配，包括商业票据、存款凭证、债券、股票、抵押契约、借款合同等。风险管理工具能够增加物流企业和物流活动相关参与者的福利，使得物流金融交易和风险负担得以有效分离，通常包含保单和衍生品。

二、物流金融业务的基本内容

（一）投资业务

1. 股权投资业务

（1）直接投资

股权直接投资是物流金融活动中资金所有者和使用者的合一，是资产所有权和资产经营权的统一运动。战略投资者、财务投资者以货币资金、无形资产和其他实物资产的形式直接投资于物流部门，其最终目的是对被投资企业产生重大影响。通过长期持有物流部门股权，投资者可以拥有全部或一定数量的企业资产及经营的所有权，从而使两者的联系更加紧密。股权直接投资通常具有投资大、期限长、风险高，以及能为投资企业带来较大的利益等特点。

（2）间接投资

股权间接投资是资金所有者和资金使用者的分解，也是资产所有权和资产经营权的分离运动。在物流金融业务中，投资者对物流部门资产及其经营活动没有直接的所有权和控制权，一般只享有定期获得一定收益的权利，而无权干预被投资对象对这部分投资的具体运用及其经营管理决策。股权间接投资的资本运用比较灵活，可以随时调用或转卖，也可以减少因政治经济形势变化而承担的投资损失的风险。

2. 债权投资业务

（1）直接投资

债权直接投资是指物流金融活动参与者为了直接取得对物流部门债权所进行的投资，这种投资一般是物流金融机构长期持有，以达到控制投资单位或者对投资单位施加影响。物流金融机构进行这种投资是以契约的形式明确规定投资企业与被投资企业的权利与义务，无论被投资企业有无利润，投资企业均享有定期收回本金，获取利息的权利。在物流金融活动中，债权直接投资不仅包括贷款和债券等传统方式，融资租赁、补偿贸易、背靠背贷款或者委托贷款等各种具有负债实质的投资也应被认定为债权性融资。

（2）间接投资

债权间接投资是指从事物流金融业务的机构间接从关联方获得的，需要按照约定支付利息或者以其他具有利息性质的方式予以补偿的长短期融资。其中，物流部门间接从关联方获得的债权性投资包括以下几种：通过无关联第三方提供的债权性投资；无关联第三方提供的、由关联方担保且负有连带责任的债权性投资；其他间接从关联方获得的具有负债实质的债权性投资。物流金融活动者参与债权间接投资的目的是为了获取高于银行存款利率的利息。

3. 衍生品及其他投资

（1）衍生品投资

金融机构、物流部门和其他部门从事衍生品投资业务不仅可以通过强化自身稳健经营，改善全社会的风险分布，而且可以通过多元化投资策略和产品的发展，促进投资主体的多元化。衍生品投资对象主要是物流金融合约，其价值取决于一种或多种基础资产或指数。物流金融机构从事衍生品投资业务不仅可以通过强化自身稳健经营，改善全社会的风险分布，而且可以通过多元化投资策略和产品的发展，促进投资主体的多元化，改善投资者结构，完善市场功能。

（2）其他投资

其他投资主要是物流金融机构发生的构成投资完成额并单独形成交付使用财产的各项其他投资支出。典型的投资方式包括权益投资和实物投资。权益投资是指金融机构、物流部门和其他部门为获取其他企业的权益或净资产所进行的投资，对其他企业的普通股股票投资、为获取其他企业股权的联营投资等，均属权益性投资。常见的权益性证券包括普通股和优先股。实物投资是指金融机构、物流部门和其他参与物流活动的企业以现金、实物、无形资产等形式投入其他企业进行的投资活动称为实物投资，常见的实物投资包括联营投资、兼并投资等。

（二）融资业务

1. 直接融资

（1）股权融资

股权直接融资是指物流部门的股东愿意出让部分企业所有权，以企业增资扩股的方式引进新的股东，同时使总股本增加的融资方式。通过股权融资所获得的资金，物流部门及上下游服务商无须还本付息，但企业将与新股东共同分享企业的利润增长。股权融资的特点决定了其用途的广泛性，既可以充实物流部门的营运资金，也可以用于物流部门的投资活动。

（2）债权融资

债权直接融资是指物流部门通过债权融资所获得的资金，根据融资对象不同区分为民间融资和资本市场融资。民间融资就是指向民间的自然人、企业、银行进行借钱的行为，资本市场融资是指企业在债市或者基金市场发行的债券。债权融资是需要付出成本的，一般是以"债权本金＋利息＋费用"作为总投入成本，但是物流金融活动主体进行债权融资的好处是不必动用到企业的股权，不会因为资金原因导致控制权和经营权旁落。债权融资的特点决定了其用途主要是解决物流部门及其相关部门营运资金短缺的问题，而不是用于资本项下的开支。

2. 间接融资

（1）股权融资

股权间接融资是指物流金融活动者通过金融中介机构，借助股票这一载体间接从资金盈余部门流向资金短缺部门，资金供给方作为所有者间接享有对物流部门控制权的融资方式。资金供求双方不直接见面，他们之间不发生直接的权益关系，而是由物流金融参与机构以融资人和投资人的身份介入其中，实现资金余缺的调剂。由于绝大多数股票市场对于申请发行股票的企业都有一定的条件要求，如公司上市除了要求连续营利之外，还要求物流企业拥有一定的资产规模。因此，大多数中小物流企业较难达到上市发行股票的门槛，私募发售成为民营中小物流企业进行股权直接融资的主要方式。

（2）债权融资

债权间接融资是指物流部门以金融机构为媒介进行的融资活动。常见的融资工具包括银行信贷、非银行金融机构信贷、委托贷款、项目融资贷款等。相对于债权直接融资，间接融资则可以充分利用规模经济，降低物流融资成本，实现多元化负债。

三、物流金融业务的模式

（一）投资模式

1. 股权投资模式

股权投资模式使金融机构、物流部门，以及参与物流金融活动的相关企业从外在的债权关系发展到内在的股权融合，加大了金融机构与物流部门利益的关联度，提升了供应链运作和管理的效率，降低了金融机构的信贷风险，增强了物流金融市场参与者的实力，实现了互利共赢。股权投资模式有两种表现：当金融机构、物流企业和参与物流金融活动的相关企业单方面持有对方股权时，就是单向股权模式；当金融机构、物流企业和参与物流金融活动的相关企业互相持有对方股权时，就是双向股权模式。

2. 债权投资模式

债权投资模式下金融业和物流业之间的关系不是短期、小额和松散的借贷关系，而是金融机构与有实力的物流部门集团之间长期、大额、稳定的借贷关系。在这种关系的基础上，金融机构对物流部门形成一定程度的控制。同股权投资模式类似，债权投资模式也包括单向债权模式和双向债权模式。

3. 其他投资模式

现阶段其他投资模式包括债权转股权模式和组建金融控股公司模式。债权转股权主要是对于那些经营管理和市场前景良好，但由于注资不足而陷入困境的物流部门、第三方物流服务供应商，物流金融机构可将超过一定年限的部分贷款转为对该类企业的股权投资。组建金融控股公司模式是指利用实力较强的物流公司的专业服务，将商业银行、物流部门和相关市场参与者的资金流、实物流、商品流、信息流有机结合，封闭运作，为物流部门提供全程金融服务。

（二）融资模式

1. 股权融资模式

物流部门及其相关部门的股权融资模式按融资渠道可以划分为公开市场发售和私募发售两大类。公开市场发售就是物流部门通过股票市场向公众投资者发行股票来募集资金，包括企业上市、上市企业增发、配股等都是利用公开市场进行股权融资的具体形式。私募发售是指物流部门自行寻找特定的投资人，吸引其通过增资入股企业的融资方式。私募发售在当前的环境下，是所有融资方式中民营企业比国有企业占优势的融资方式，产权关系简单，无须进行国有资产评估，没有国有资产管理部门和上级主管部门的监管，大大降低了民营企业通过私募进行股权融资的交易成本，并且提高了融资效率。

2. 债权融资模式

物流业在发展过程中面临的最大威胁是流动资金不足，从原材料采购到最终产品销售的整个供应链过程中都存在着大量库存，存货占用的大量资金使得物流部门可能处于流动资金不足的困境，资金匮乏往往成为制约其发展的瓶颈。物流部门在货币市场上融资能力的匮乏使其产生了利用债权融资的需求。按融资渠道不同，可以将债券融资模式划分为银行信用、民间信贷、债券融资、信托融资、项目融资、商业信用及其租赁等。

3. 其他融资模式

现阶段其他融资模式包括人事渗透模式和授信融资模式。人事渗透模式是指金融机构、物流部门及参与物流金融活动的相关参与者之间双向人事渗透，互派人员。授信融资模式是指物流部门，以及上下游服务商按企业信用担保管理的有关规定和要求向金融机构提供信用担保，物流金融机构把贷款额度直接授权给物流部门，由物流部门根据借款企业的需求和条件进行质押贷款和最终结算。在此模式中，物流金融机构基本上不参与质押贷款项目的具体运作。物流企业在提供质押融资的同时，还为借款企业寄存的物质提供仓储管理服务和监管服务。

第二节　市场概述

一、市场环境

（一）供给环境

1. 供给能力

物流金融市场的供给能力主要是指当消费者需要时，物流金融机构及其相关物流活动参与者可以提供的产品和服务的能力。目前物流金融市场尚处于跑马圈地阶段，这能够为金融市场庞大的资金寻找一个稳定的出口，而且物流金融一体化服务特征能够带动多种金融业务互动发展，实现对客户价值的深度挖掘。

2. 供给品种

物流金融市场的供给品种从大的方面来说，主要包括企业融资、资金往来结算、物流保险服务及金融衍生产品交易等。物流部门常见的融资方式有股权融资、债券融资、银行贷款、融资租赁和出口信贷机构贷款。服务物流部门的保险包括货物从供应地向接受地的实体流动过程中对与物流活动发生关联的标的物保险。物流金融衍生品主要有三种产品，即运费价格衍生品、燃油价格衍生品和外汇衍生品。

3. 供给水平

物流金融市场的供给水平取决于物流业与金融业结合的紧密程度。作为一种新兴金融业务，物流金融的供给水平表现在以下方面。①物流金融市场中小型客户比重将上升。得益于信息技术和互联网金融的创新，贷款的申请和评估将变得简单，未来物流金融市场中小型客户比重将呈现上升态势。②物流行业投资基金数量将显著增加。现阶段物流基础设施投资、物流部门股权融资等均为快速增长的投资热点。③物流大数据金融蓬勃兴起。通过搭建电子商务资金结算、清算和托管及信贷资金监管等综合金融服务平台，运营主体完全可以将借记、信用、公司结算及行业应用等功能进行整合。

（二）需求状况

1. 需求规模

目前物流金融业务发展处于探索阶段，但近年来发展速度很快。物流金融业务的开展为相关物流部门提供了超过数千亿元的综合收益，这就使其对应的物流金融服务提出了总量巨大的需求。大型物流仓储企业因为具有天时、地利、人和的先决条件和较大规模、良好行业信誉和充足资本储备，在物流金融业务拓展方面呈现出明显的优势。目前，物流金融市场的推动者仍以第三方物流公司为主。

2. 需求品种

物流金融的需求品种是指物流金融活动参与者为了实现物流金融的相关交易活动对物流金融产品和金融工具的需求，主要包括以下几种。①资金结算业务需求。金融市场竞争越来越激烈，物流金融机构需要不断完善资金结算业务。②物流保险体系需求。物流产业链条包括运输、存储、配送等多个环节，物流部门需要防范各个环节的风险。③外汇服务需求。随着各国对外贸易总量不断增加，物流金融机构应建立完善的外汇管理制度，积极开展外汇服务业务，提高外汇服务水平，为开展对外贸易的物流部门提供重要保障。④中间业务需求。物流金融机构应针对物流产业的具体需要，不断推广、创新物流中间业务，为物流部门提供更为个性化的金融服务。

3. 需求质量要求

物流金融的需求质量要求是指说要通过物流金融产品能实现一种怎样的效果，主要表现在以下方面。①金融管理质量需求，金融业对物流业的支持主要体现在资金的筹集上，物流部门如果没有妥善管理和运用所筹集的资金，则金融业的支持作用很难发挥出来。②金融信息质量需求。影响物流发展的最主要因素是物流产业发展需求信息与金融机构的支持难以实现有效结合。③金融人才质量需求。物流产业的发展离不开专业化物流金融人才的支持，但物流金融服务人才供给一直存在很大的缺口，这一状况严重影响了物流业的发展。

（三）竞争状况

1. 竞争结构

现阶段物流金融市场结构呈现出三足鼎立的态势：一方面物流行业的全面开放使得国际物流公司纷纷进入中国市场，加快战略布局；另一方面国内物流企业积极整合物流资源，加快服务创新，强化产业链条的控制能力，与国内外领先的制造、商贸企业、重点物流区域建立稳定、全面的合作关系。此外，除大型国有企业和国际物流巨头外，民营物流部门数量极多，第三方物流所占的比例仅为10%，还没有形成有规模优势的大型第三方物流部门。

2. 竞争程度

物流金融的竞争程度是指物流金融行业竞争对手之间竞争的激烈程度。随着物流行业精细化发展，物流金融市场也将面临重新洗牌，强者愈强的规律在物流金融行业非常显著。由于物流金融市场参与者较多，资金需求者与资金供给者复杂多样，行业呈现出垄断竞争态势。

二、市场结构

（一）主体结构

1. 主体规模结构

物流金融业务的活动主体包括与物流行业相关的金融机构和涉及金融活

动的相关部门。金融机构又包括与物流行业联系密切的银行、证券、保险、信托和租赁机构。截至目前，物流金融业务主体以商业银行和物流部门中开设的金融公司为主，二者的业务规模占据大部分物流金融业务。近年来全社会物流总额整体呈现上升趋势，从 2007 年的 75.2 万亿元增长至 2016 年的 229.7 万亿元，年复合增长率约为 16%。2016 年单位 GDP 对社会物流需求的系数为 1∶3.2①，社会经济对物流需求的依赖程度依然维持在较高水平。

2. 主体类型结构

物流金融业务的主体类型分为两大类：一是开办与物流金融业务相关的金融机构，二是非金融机构中涉及物流金融业务的金融或财务部门。前者又可以分为以下几类：银行类机构、证券类机构、保险类机构。后者可进一步划分为以下两类：物流部门中开设的金融或财务部门，非物流实业部门中开设的物流金融业务的金融或财务部门。在上述分类中，以银行类机构为主，以证券公司、保险公司、融资租赁公司、衍生业务经销商为辅，基金公司、信托公司、财务公司等为补充。物流部门中开设的金融或财务部门，以及非物流实业部门中开设的涉及物流金融业务的金融或财务部门，主要包括金融公司、财务公司等。

（二）业务结构

1. 业务品种结构

现阶段物流金融业务品种主要包括以下几种。①物流结算金融，是指金融机构利用各种结算方式为物流部门及其客户融资的金融活动。②物流仓单金融，主要是指融通仓融资。随着现代物流和金融的发展，物流仓单金融也在不断创新，出现了多物流中心仓单模式和反向担保模式等新模式。③物流授信金融，是指金融机构根据物流部门业务规模、经营业绩、运营现状、资产负债比例和信用程度，授予物流部门一定的信贷额度，物流部门直接利用这些信贷额度向相关企业提供灵活的质押贷款业务，由物流部门直接监控质押贷款业务的全过程，金融机构则基本上不参与质押贷款项目的具体运作。

2. 业务规模结构

中国经济多年保持平稳较快增长，为现代物流业的快速发展提供了良好的宏观环境。根据国家发改委统计数据，2015 年全社会物流总费用约 11 万亿元，物流行业市场规模巨大，前景广阔。现阶段物流部门的贷款融资需求在每年 3 万亿元以上，其中物流结算金融占比 37.8%，物流仓单金融占比 35.2%，物流授信金融占比 27%，呈现出三足鼎立的发展态势。但是目前被

---

① 数据来源：国家统计局。

传统金融机构满足的需求不足 10%，仅物流运费垫资一项，每年约有 6000 亿元的融资需求。

第三节　业务内容及客户对象

一、业务内容

（一）物流相关的商业银行业务

1. 资产业务

商业银行从事物流金融活动的资产业务内容包括：①贷款业务，商业银行通过向物流部门放款收回本金和利息，扣除成本后获得利润；②证券业务，商业银行证券投资是指商业银行将手中的货币资金用于购买物流部门发行股票、债券等有价证券以获取投资收益的行为；③现金业务，金业务是指商业银行将其吸收的资金贷放或投资于物流部门赚取收益的活动，商业银行营利状况如何经营是否成功，很大程度上取决于物流部门的经营状况。

2. 负债业务

商业银行从事物流金融活动的负债业务内容包括以下几种。①存款业务。存款是物流部门基于对银行的信任而将资金存入银行并可以随时或按约定时间支取款项并获取一定利息收益的一种信用行为存款业务是银行负债业务中最重要的业务，是商业银行资金的主要来源，也是商业银行赖以生存和发展的基础。②借款业务。借款业务是指物流部门向商业银行借入资金，以缓解资金周转的困难。

3. 中间业务和表外业务

商业银行从事物流金融活动的中间业务和表外业务内容包括以下几种。①结算业务。物流结算业务是以信用收付代替现金收付的业务，通常是指物流部门通过银行账户的资金转移所实现收付的行为。②信用卡业务。信用卡业务是物流部门在通过银行核准后，可以在银行指定期限通过专用分期 POS 机具、网络等支付物流款项，相应交易金额平均分成若干期，由持卡人在约定期限内按月还款，支付一定手续费的业务。③备用信用证业务。备用信用证是指不以清偿商品交易的价款为目的，而以贷款融资，或担保债务偿还为目的所开立的信用证。

4. 贷款承诺业务

贷款承诺是指商业银行承诺在一定时期内或者某一时间按照约定条件提

供贷款给物流部门的协议。根据承诺方是否可以不受约束地随时撤销承诺，贷款承诺可分为不可撤销贷款承诺和可撤销贷款承诺；根据利率的变动特性可以划分为固定利率承诺和变动利率承诺；根据对贷款金额的使用情况，可分为定期贷款承诺、备用承诺和循环承诺。

5. 贷款销售业务

贷款销售业务是指商业银行一反以往"银行就是形成和持有贷款"的传统经营哲学，开始视物流部门的贷款为可销售的资产，在贷款形成以后，进一步采取各种方式出售贷款债权给其他投资者，出售贷款的银行将从中获得手续费的收入。贷款销售有不同的形式，对其划分标准也有多种，通常是根据贷款销售对权利、义务转让程度的不同将贷款销售划分为参与、转让和替代三种基本形式。

6. 资产托管业务

资产托管业务是指具备一定资格的商业银行作为托管人，依据有关法律法规，委托物流部门签订委托资产托管合同，安全保管物流部门委托投资的资产，履行托管人相关职责的业务。银行托管业务的种类很多，包括证券投资基金、委托资产、社保基金、物流部门年金和信托资产托管等。委托资产托管业务对于物流部门而言，投资的收益性与安全性兼顾，并可享受托管方提供的金融服务。

（二）物流相关的证券市场业务

1. 证券投资业务

物流相关的证券投资业务内容包括：①股权投资业务，是指投资以获得股权性质的证券业务，主要对象是获得普通股；②债权投资业务，是指为一般投资人为取得物流部门债权所进行的投资，购买公司债券、企业票据等，均属于债权性投资；③衍生品投资业务，范围主要包括金融机构参与物流部门衍生品相关的投资、交易、做市、产品创设、销售支持等。

2. 证券融资业务

物流相关的证券投资业务内容包括以下几种。①股权融资业务。物流部门的股权融资主要是指物流部门成立或增资扩股时募集资本，通过证券公司公开发行股票并上市，以及在业务经营过程中利用股权筹资。②债权融资业务。债权融资是物流部门通过证券市场有偿使用外部资金的一种融资方式。③衍生品融资业务。衍生品融资是指物流部门通过证券公司利用金融衍生品利用外部资金的一种融资方式。

（三）物流相关的资本运作业务

1. 兼并业务

物流部门的兼并重组是指通过产权的有偿转让，把其他企业并入本企业或企业集团中，使被兼并的企业失去法人资格或改变法人实体的经济行为。通常是指一家或多家企业、金融机构以现金、证券或其他形式购买取得其他企业的产权、使其他企业丧失法人资格或改变法人实体，并取得对这些企业决策控制权的经济行为。

2. 收购业务

收购业务是指金融机构、物流部门及其他相关部门通过产权交易取得其他公司一定程度的控制权，以实现一定经济目标的经济行为。收购是企业资本经营的一种形式，其经济意义在于一家企业的经营控制权易手，原来的投资者丧失了对该企业的经营控制权，实质是取得控制权。物流金融业务的收购方式可划分为股权收购和资产收购。

（四）物流相关的保险、信托与租赁业务

1. 保险业务

物流相关的保险业务内容包括以下几种。①社会保险业务。社会保险经营机构依据社会保险法律法规规定与物流部门及其劳动者之间在社会保险中的权利和义务。②商业保险业务。商业保险关系是由物流部门与保险公司之自愿缔结的合同关系，物流部门根据合同约定，向保险公司支付保险费，保险公司根据合同约定的可能发生的事故因其发生所造成的财产损失承担赔偿保险金责任。③合作保险业务。合作保险组织是由社会上具有共同风险的物流部门，为了获得保险保障，共同筹资设立的保险组织形式。

2. 信托业务

物流相关的信托业务内容包括以下几种。①信托投资业务。信托投资业务是金融信托投资机构利用自有资金及组织的资金以投资者身份直接参与对物流部门的投资。②信托融资业务。信托融资业务是指信托公司作为受托人向物流部门发行信托计划产品，为其募集所需资金，信托公司将募集到的资金投入到物流部门，物流部门再将融入的资金投入到相应的项目中，由其产生的利润支付投资者信托本金及其红利。

3. 租赁业务

物流相关的租赁业务内容包括以下几种。①融资性租赁业务。出租人根据物流部门对出卖人（供货商）的选择，向出卖人购买租赁物，提供给物流部门使用，并由物流部门承担租金，承租期满，货物所有权归属于物流部门。

②经营性租赁业务。物流部门为了满足经营使用上的临时或季节性需要而发生的资产租赁。经营租赁是一种短期租赁形式，它是指出租人不仅要向物流部门提供设备的使用权，还要向物流部门提供设备的保养、保险、维修和其他专门性技术服务。

二、客户对象

（一）投资者

1. 直接投资者

直接投资者指物流部门直接开厂设店从事经营，或者金融机构投资购买企业相当数量的股份，从而对该企业具有经营上的控制权的投资方式。直接投资者的主要特征是物流部门对另一经济体的企业拥有永久利益，并对其经营管理施加相当大的影响。直接投资包括股本资本、再投资收益及其他资本。

2. 间接投资者

间接投资者是指物流部门以其资本购买公司债券、金融债券或公司股票等，各种有价证券，以预期获取一定收益的投资，由于其投资形式主要是购买各种各样的有价证券，因此也被称为证券投资。与直接投资相比，间接投资的资本运用比较灵活，可以随时调用或转卖，更换其他资产，谋求更大的收益，也可以减少因政治经济形势变化而承担的投资损失的风险。

（二）融资者

1. 直接融资者

直接融资者是指没有金融中介机构介入的资金融通主体。在直接融资方式下，资金盈余单位通过直接与需求资金的物流部门签订协议，或在金融市场上购买物流部门发行的有价证券，将货币资金提供给物流部门使用。商业信用、企业发行股票和债券，以及企业之间的直接借贷，均属于直接融资。

2. 间接融资者

间接融资者是直接融资者的对称，是指拥有暂时闲置货币资金的物流部门通过存款的形式，或者购买银行、信托、保险等金融机构发行的有价证券，将其暂时闲置的资金先行提供给这些金融机构，然后再由这些金融机构将资金提供给资金需求者使用，从而实现资金融通。

第四节　业务流程

一、物流相关的商业银行业务流程

（一）资产业务流程

1. 贷款业务流程

商业银行参与物流金融活动的贷款业务流程包括：①贷款的申请；②信用等级评估，银行对借款人的信用等级进行评估；③贷款调查；④贷款审批；⑤签订合同；⑥贷款发放；⑦贷后检查；⑧贷款收回与展期。

2. 证券业务流程

商业银行证券业务是指商业银行将手中的货币资金用于购买股票、债券等有价证券获取投资收益的行为。按照规定，商业银行不得向以下五个方面投资：不得从事信托投资；不得从事证券经营业务；不得投资于非自用不动产；不得向非银行机构投资；不得向企业投资。

3. 现金业务流程

商业银行现金业务分为现金收入和现金支出业务。以现金收入业务流程为例，其业务流程包括：①核实客户信息；②与存款人当面清点现金，保证存款依据和收款金额一致；③清点无误后，系统录入；④开具存款凭证，并加盖相关印章。

在处理现金业务的过程中，要遵守以下基本规定：①现金业务必须坚持"当日核对，双人管库，双人守库，双人押运，离岗必须查库"的原则；②现金收付必须坚持"收入现金先收款后入账，付出现金先记账后付款"的原则；③现金收付坚持收款当面点清、金额当面问清、钞券当面交清；④现金清点必须在有效监控和客户视线以内进行。

（二）负债业务流程

1. 存款业务流程

商业银行在物流金融活动中的负债业务流程包括以下步骤。①建立物流部门信息。在办理存款业务前，需要物流部门提交相关证明材料。②柜员审核。审核经办人身份证件是否符合个人存款实名制要求，是否真实、合法、有效；开户证明文件是否真实、齐全、有效，开户证明文件复印件是否与原件相符；开户申请书填写是否规范，要素是否齐全，各项内容是否与开户证明文件一致等。③根据物流部门设立的账户种类为其办理存款业务。④存款商业银行出具物流部门存款证明。

2. 借款业务流程

商业银行在物流金融活动中的借款业务流程包括以下步骤。①建立信贷关系；②提出贷款申请；③贷款审查。贷款审查的主要内容有：贷款的直接用途，物流部门近期经营状况，物流部门挖潜计划、流动资金周转加速计划、流动资金补充计划的执行情况，物流部门发展前景，物流部门负债能力；④签订借款合同；⑤发放银行贷款。

（三）中间业务和表外业务流程

1. 结算业务流程

1）银行汇票结算业务流程：①申请企业填写银行汇票申请书向开票银行申请银行汇票；②申请企业将款项交开票银行；③开票银行开出银行汇票；④申请企业将汇票交给收款方；⑤收款方或者持票人向银行出示汇票要求付款。

2）商业汇票结算业务流程：①开票企业在承兑银行开立单位银行结算账户；②开票企业开立汇票；③开票企业向收款方支付汇票；④收款方或者持票人向承兑银行出示汇票要求付款；⑤承兑银行收取手续费。

3）支票结算业务流程：①开票企业在银行开立支票存款业务；②开票企业签发支票；③开票企业向收款人支付支票；④收款企业或者持票人向承兑银行出示支票要求付款。

4）汇兑结算业务流程：①汇款企业向银行申请汇兑结算；②银行接收汇款企业的款项；③通知收款方所在地的代理行，请它向收款方支付相同金额的款项；④两个银行通过事先的办法，结清两者之间的债权债务。

2. 信用卡业务流程

商业银行信用卡业务流程包括以下步骤。①申请：包括申请企业重要信息；②审查：审查申请表及有关材料内容是否属实，对其资信程度进行评估；③发卡：发卡行将为持卡单位在发卡银行开立单独的信用卡账户，以方便结算；④开卡：为了使申请人和银行免遭盗刷损失，信用卡在正式启用前设置了开卡程序；⑤授权：客户、银行确认信用卡有效，根据与发卡行签订的合同与银行联系，请求授权；⑥使用：信用卡通常仅限于持卡单位使用，外借给他人使用违反使用合同规定；⑦销卡：信用卡销卡前，账户余额必须清零，销卡在申请提出后的45天内完成销卡的全部流程。

3. 备用信用证业务流程

商业银行备用信用证业务流程包括以下步骤。①买卖双方在贸易合同中规定使用跟单信用证支付；②买方通知当地银行（开证行）开立以卖方为受益人的信用证；③开证行请求另一银行通知或保兑信用证；④通知行通知卖方，信用证已开立；⑤卖方收到信用证，并确保其能履行信用证规定的条件；⑥卖方将单据向指定银行提交，该银行可能是开证行，或是信用证内指定的付款、承兑或议付银行；⑦该银行按照信用证审核单据。如单据符合信用证规定，银行将按信用证规定进行支付、承兑或议付；⑧开证行以外的银行将单据寄送开证行；⑨开证行审核单据无误后，以事先约定的形式，对已按照信用证付款、承兑或议付的银行偿付；⑩开证行在买方付款后交单，然后买方凭单取货。

4. 贷款承诺业务流程

商业银行贷款承诺业务流程包括：①物流部门向银行提出借款申请并要求银行提供贷款承诺函，并提供系列证明文件；②物流部门配合银行行进行贷前调查；③银行进行审查和审批。物流部门申请贷款承诺经审查批准后，应由银企双方根据贷款种类签订相关种类的合同。④审批通过后，银行出具贷款承诺书。

5. 贷款销售业务流程

商业银行贷款销售业务流程包括以下阶段。①贷款受理初审阶段。商业银行要求物流部门提供相关信息。②贷前调查阶段。贷前审查的主要内容有：物流部门近期经营状况、物流部门发展前景、物流部门负债能力等。③贷款审批发放阶段。物流部门申请贷款销售经审查批准后，应由银企双方根据贷款种类签订相关种类的合同。④贷后检查阶段。

6. 资产托管业务流程

商业银行资产托管业务流程包括：①委托物流部门双方向经办行提出业务申请同时提交相关资料；②经办行对委托企业双方提交的资料进行审查和审批；③审批通过后，委托企业双方与经办行签订三方协议。对托管企业全面核实过程中发现的违规处置资产清偿债务、账实不符、隐瞒资产、虚报负债、私分财产等情况，向监管部门、委托人提交书面报告。

二、物流相关的证券市场业务流程

（一）证券投资业务流程

1. 股权投资业务流程

物流金融市场参与者股权投资业务流程包括：①获得物流金融项目信息；②物流金融金融项目初审；③尽职调查；④谈判签约；⑤收购阶段，又称为履约阶段；⑥整合阶段，包括实际设立新董事会或董事会改选、聘请并任命新 CEO 与 CFO、成立项目协调小组、制订整合计划、实施整合计划。

2. 债权投资业务流程

物流金融市场参与者债权投资业务流程包括以下步骤。①开户。②委托。投资者在证券公司开立账户以后，要想真正上市交易，还必须与证券公司办理证券交易委托关系。③成交。证券公司在接受投资者的有效委托后，通过卫星直接传至交易所主机进行撮合成交。④清算和交割。债券清算是指对在同一交割日对同一种债券的买和卖相互抵销，确定出应当交割的债券数量和应当交割的价款数额，然后按照"净额交收"原则办理债券和价款的交割。⑤过户。

3. 衍生品投资业务流程

在物流金融活动中，衍生品投资业务流程主要操作分为：①套期保值业务流程，主要包括公司风险管理小组研究工作、确定书面方案，管理小组负责人审批，业务经办人员执行交易操作等；②资金调拨流程，主要包括由衍生品投资业务经办人员依据操作指令实施操作，工作人员负责审批，财务部进行资金调拨并备案。

（二）证券融资业务流程

1. 股权融资业务流程

证券市场股权融资业务流程可以分为两类：首次公开发行和增发/配股。首次公开发行业务流程包括：①受理和预先披露；②提交反馈会讨论；③安排见面会，建立物流部门与发行监管部的初步沟通机制；④预先披露更新；⑤提交初审会；⑥提交发审会；⑦文件归类存档；⑧会后事项；⑨核准发行。增发、配股业务流程包括：①物流部门在完成配股后向证券交易所上市公司部提交申请上市材料。②证券交易所审查并决定是否批准物流部门的配股上市申请。③物流部门在获得证券交易所的上市批准后，在股票上市日前 3 个工作日内（T－3 为原则性要求，不排除公司可以提前刊登）刊登股份变动公告。④物流部门在证券交易所确定的上市日期上市。

2. 债权融资业务流程

证券市场债权融资业务流程包括以下阶段。①确定融资意向阶段。物流部门形成融资意向，对融资方式和具体发行方案出具可行性报告，物流部门最终确定发行方案。②发行准备阶段：聘请主承销商、律师、会计师、评级机构等中介机构，签订承销协议；物流部门与中介机构共同制作企业债发行申报材料，并上报发改委。③发改委审核阶段。国家发改委对发行申报材料进行审核；发改委会签人民银行和证监会；发改委向申请企业下达发行申请批准文件；④发行上市阶段，在指定报刊室刊登募集说明书，物流部门企业债正式发行。

3. 衍生品融资业务流程

证券市场衍生品投资业务流程包括以下阶段。①确定融资意向阶段。②发行准备阶段：聘请中介机构，签订承销协议；中介结构进行尽职调查，并与物流部门共同制作企业债发行申报材料，并上报发改委。③证监会审核阶段：主承销商向证监会上报发行申请材料，证监会发行部出具反馈意见；主承销商会同物流部门及其他中介机构答复反馈意见；证监会发行审核委员会审核发行材料，做出核准或不予核准的决定；④发行上市阶段：在指定报刊室刊登募集说明书及其摘要，路演，确定衍生品最终价格；正式发行，发行人获得募集资金；制作上市公告书，并在指定报刊刊登；金融衍生品上市交易。

三、物流相关的资本运作业务流程

（一）兼并业务流程

1. 股权兼并流程

股权兼并流程包括以下阶段。①意向阶段：兼并方对出让方的资产及运营情况进行初步的了解；双方共同签署合作意向书。②筹备阶段：组建小组负责整体协调和谈判工作；兼并方聘请中介机构，组成专家顾问工作小组；双方签署相关协议。③尽职调查阶段：中介机构起草尽职调查清单；双方共同召开尽职调查协调会，确定各中介机构进场尽职调查的工作计划及人员安排，确定目标公司协助尽职调查的工作安排及联络人员；中介机构就尽职调查过程中发现的问题向目标公司相关负责人、工作人员进行询问、访谈。④协议谈判阶段：双方就收购事宜进行谈判；律师起草根据双方谈判情况起草股权转让协议。⑤协议签署阶段：双方就签署股权转让协议事项履行各自内部决策审批程序；双方签署股权转让协议并办理公证。

2. 债权兼并流程

债权兼并流程包括：①初步确定兼并双方企业，通过产权市场或者直接洽谈的方式予以初步确定；②清产核资和财务审计；③资产评估；④确定产权底价；⑤签署兼并协议和转让价款管理；⑥办理产权转让的清算手续和法律手续。被兼并方企业产权转让的收入，归该企业的产权所有者。如果被兼并企业属于集体所有制，其净收入按照产权归属分别归不同的所有者；⑦权利义务的承担。对于合并式兼并，兼并企业应当承继被兼并企业的债权和债务；对于控股式兼并，由于被兼并企业仍然法人主体资格并未消灭。被兼并方的职工原则上由兼并企业接收。

（二）收购业务流程

1. 股权收购流程

股权收购流程包括：①收购双方进行洽谈，达成初步收购意向；②收购方自行或委托律师、会计师开展尽职调查；③正式谈判，签订收购协议或股权转让协议；④收购双方的内部审批；⑤股权交割及变更登记：办理资产、经营管理权转移手续；办理工商、税务变更登记手续；办理相关的报批手续。

2. 债权收购流程

债权收购流程包括：①收购方与目标公司或其股东进行洽谈，初步了解情况，进而达成收购意向，签订收购意向书；②收购方在目标公司的协助下对目标公司的资产、债权、债务进行清理，进行资产评估，了解对目标公司的管理构架等尽职调查；③债权人与被收购方达成债务重组协议，约定收购后的债务偿还事宜；④收购双方正式谈判，协商签订收购合同；⑤双方根据公司章程或公司法及相关配套法规的规定，提交各自的权力机构，如股东会就收购事宜进行审议表决；⑥双方根据法律、法规的要求，将收购合同交有关部门批准或备案；⑦收购合同生效后，双方按照合同约定履行资产转移、经营管理权转移手续，除法律另有规定外，应当依法办理包括股东变更登记在内的工商、税务登记变更手续。

四、物流相关的保险、信托与租赁业务流程

（一）保险业务流程

1. 社会保险业务流程

物流部门参与社会保险业务流程包括以下方面。①社会保险登记。申请企业依据《社会保险法》《社会保险登记管理暂行办法》申请社会保险登记，并提供相关资料到社会保险管理服务中心基金征缴股办理社会保险登记业务。②社会保险缴费申报。申请社会保险缴费申报的物流部门需提供相关资料到社会保险管理服务中心征缴办理社会保险缴费申报业务。③社会保险缴费，申请社会保险缴费的物流部门及上下游服务商需提供相关资料办理社会保险缴费业务。

2. 商业保险业务流程

商业保险业务流程包括投保业务流程和理赔业务流程。投保业务流程包括：确定保险公司；确定投保对象和投保日期；确定投保险种；保费的确定和收取。理赔业务流程包括：①出险。物流部门应保存出险现场，第一时间通知保险公司，重特大事故时，公司管理人员应尽可能到达现场处理，确定

财产损失范围和人员伤亡情况，会同保险公司确定损失范围，并定损。②出具出险通知书。由企业相关部门审核，签字确认后报主管领导签字盖章，作理赔材料交保险公司理赔。

（二）信托业务流程

1. 信托投资业务流程

信托投资业务流程包括以下方面。①项目筛选。项目的筛选就是信托投资公司从物流部门主管部门通过一定渠道在现有项目中进行初步的筛选。②项目评估。信托投资公司对项目寿命期内的必备条件进行定量和定性的分析，对投资项目的必要性和可行性进行科学的评议、估算和预测，为投资决策提供依据。③项目谈判。投资各方的协商谈判不仅为签订合同做准备，而且还为投资公司的业务开展，投资各方相互了解，进行长期合作起到影响。④项目确立。项目的确立主要指签订合同。投资合同一经签订，就具有法律效力，投资各方必须依照执行。⑤项目执行。在投资项目确立后，投资各方都应按合同规定，将认交的投资交足。⑥项目终止。投资期限届满，双方无意延长期限，可撤出投资。

2. 信托融资业务流程

信托融资业务流程包括以下方面。①项目受理。接受融资方提供的项目资料。②业务人员初审。根据资料进行判断是否可操作，并提出资金来源渠道。③立项。如果初审认为可操作，又属于未涉足过的业务类型，需要办理立项。④尽职调查。聘请中介机构尽职调查，调查完成后要写出尽职调查报告。⑤对尽职调查进行总体分析，做出判断。⑥寻找资金来源，给出基本方案。⑦谈判。与融资方及资金提供方讨论合同内容。⑧实施报批。向公司提交书面报告，申请实施，资料要比立项更为详细。⑨签订合同和落实风险控制措施。⑩担保措施落实后，可放款。

（三）租赁业务流程

1. 融资性租赁业务流程

融资性租赁业务流程包括：①项目受理，接受物流部门及其上下游服务商提供的项目资料；②业务人员初审，根据资料进行判断是否可操作，并提出融资租赁方案；③立项；④尽职调查，聘请中介机构尽职调查，调查完成后要写出尽职调查报告；⑤对尽职调查进行总体分析，做出判断；⑥风险审查；⑦谈判；⑧实施；⑨租后管理。

2. 经营性租赁业务流程

物流部门的经营性租赁是一种双边交易，业务手续比较简单，大致可分为以下几个步骤：①提出租赁申请；②订立合同；③租赁公司向承租人提供租赁设备；④承租人支付租金给租赁公司；⑤承租人在使用租赁设备期间，负责为设备提供维修、保养等服务；⑥出租人到期收回租赁设备。

第五节　风险控制

一、违约风险

（一）违约风险的成因

1. 客观原因

在物流金融活动中，造成违约的客观原因在于以下方面。①经济运行的周期性。在经济扩张时，物流部门信用风险降低，因为较强的营利能力使总体违约率降低。②公司经营不确定事件。对于物流部门经营有影响的特殊事件的发生，这种特殊事件发生与经济运行周期无关，但对公司的生产经营有重要的影响。③社会信用滑坡。由于物流部门经营不善资金匮乏，甚至严重亏损，致使信用等级下降，无力偿还货款。

2. 主观原因

在物流金融活动中，造成违约的主观原因在于以下方面。①固守传统观念。一些物流部门企业领导在思想观念上认为信用管理开支不必要，忽视信用管理工作。②缺少客户信息。物流部门在接触新客户时，没有资料积累，往往会因判断上的失误，导致选择实力较差的客户。③部门之间缺乏沟通。物流金融机构部门间缺乏必要、有效的沟通和交流，往往割断了客户各类信息之间的有机联系和信息的完整性，不利于企业管理者对客户做出整体的认识和判断。④企业缺少科学的信用管理制度。

（二）违约风险类型

1. 客观型

物流金融市场参与者的客观型违约风险包括以下几种。①市场风险。资金价格的市场波动造成证券价格下跌的风险。②购买力风险。购买力风险是指未预期的高通货膨胀率所带来的风险。当实际通货膨胀率高于人们预期水平时，无论是获得利息还是收回本金时所具有的购买力都会低于最初投资时预期的购买力。③不可抗力违约风险，即指因借款人死亡、丧失行为能力等引发的违约风险。

2. 主观型

物流金融市场参与者的主观型违约风险包括：①不还款，按期归还贷款本息是借款人最基本的义务，也是贷款企业最为关心的核心问题；②违反陈述与保证，如果借款人的陈述与保证中掺杂虚假事实，势必增加贷款收回本息的风险；③违反约定事项，约定事项是对贷款协议期间尚未发生的事态所做的承诺，借款人违反约定事项将对物流部门的权益造成消极的影响，构成实际的违约事件。

二、市场风险

（一）市场风险的成因

1. 国际市场方面的原因

在国际往来的过程中，物流部门也常常面临着各种各样的风险，其中最突出的风险是汇率风险。首先，随着人民币汇率形成机制的进一步完善，市场因素在汇率形成机制中的作用进一步加大。其次，物流金融市场的全面放开，外国金融机构和物流部门纷纷涌入，分割国内物流金融市场，使得企业间的竞争加剧，导致企业效益下降。

2. 国内市场方面的原因

国内市场方面的原因主要表现为政策制度、环境和市场竞争所引起的风险。现阶段，政府对物流部门出台了一系列管理条例和政策法规，其目的是为了规范物流市场的健康发展，在此过程中，一部分资金实力小、运输工具少、管理水平不完善的中小物流部门很可能会被淘汰。政府税收的高低是与企业经营效益成反比，税收将直接影响物流部门参与投资的活力和积极性。此外，当整个经济走势不明朗，消费能力不足时，一定程度上也会影响物流部门及上下游服务商的正常运营。

（二）市场风险主要类型

1. 国际市场型

物流金融活动主体的国际市场风险主要包括：价格风险、供需变动风险和汇率波动风险。①价格风险。在国际市场中最常见的风险就是价格风险，如果交易双方签订了供货合同，但适逢国家原油价格上涨，那么对于物流部门来说将面临大额的损失。②供需变动风险。在国际往来中，由于受到宏观经济的影响对国际贸易双方所造成的一种风险，一般认为供需风险是属于系统性风险。③汇率波动风险。物流部门在国际往来中采用不同货币结算时，如果结算货升值，则交易双方中一方会获得一定的汇率变动收益，另一方会遭受一定的亏损。

2. 国内市场型

物流金融活动主体的国际市场风险主要包括利率风险和环境恶化风险。

由于利率是资金的机会成本，汇率、股票和商品的价格皆离不开利率，同时由于信贷关系是银行与物流部门之间最重要的关系，因此利率风险是物流部门经营活动中面临的最主要风险。当一个国家宏观经济政策发生变化而将对上市公司的经营乃至整个国民经济产生不利影响时，所有企业的经营都无一例外地要受其影响，其经营水平面临普遍下降的危险。

三、运营风险

（一）运营风险的成因

1. 体制原因

现阶段物流部门自身的组织架构还不够完善，制度监事不健全，由于体制原因导致的经营风险不容忽视。体制原因主要体现在以下方面：①企业资产不具有明确的实物边界和价值边界，部分政府机构责任不明；②企业形成的由股东代表大会、董事会、监事会和高级经理人员组成的公司制度中，各个组织机构权责不明，不能合理区分和确定利益相关者的权利和责任。

2. 过失原因

过失原因主要是指物流部门因疏忽、过失而产生的侵权行为，致使他人财产受损或人身受到伤害，而在法律上负有经济赔偿责任的风险。物流部门实施行为时没有预见到自己的行为可能发生危害社会的结果，同时物流部门在主观上不希望、不放任结果的发生，但仍然实施了可能导致危害结果发生的行为。

（二）运营风险类型

1. 体制型

体制型运营风险可以划分为以下几种。①产权模糊。未搞清实物形态资产边界的运营风险和资产的价值、权利边界的运营风险。②权责混淆。没有明确界定企业利益相关者各自的权利和责任所引发的运营风险，以及虽然明确了权利和责任，但权利和责任之间不能做到相互制衡所引发的运营风险。③政企不分。企业的营利目标与相关福利性事业不能够有效区分引发的运营风险或者政府没有合理利用自己所有权的职能所引发的运营风险。④管理落后。在现行的经济大背景下，企业需要与市场经济相适应的科学管理制度来运营该企业，但是若企业现行的管理制度与先进的市场经济不相符时，就会产生此类的运营风险。

2. 过失型

体制型运营风险可以划分为：投机风险和责任风险。①投机风险。物流部门投机风险是指既可能产生收益也可能造成损失的不确定性。②责任风险。责任风险是指因物流部门的疏忽或过失行为，造成他人的财产损失或人身伤亡，按照法律、契约应负法律责任或契约责任的风险。

第六节 案例分析

一、物流相关的商业银行业务案例

（一）案例背景

1. 基本情况

中国诚通集团（CCT）所属成员企业中国物资储运总公司（CMST）是国内最大的仓储企业，在中国开展物流金融业务最早、规模最大。中国诚通是国务院国资委监管的大型中央企业，在全国各主要城市拥有 100 多家标准化大型仓库，占地面积 1300 多万平方米，库房面积 200 万平方米，货场面积 370 万平方米，拥有铁路专用线 120 多条，存储能力为 1000 万吨，年吞吐能力为年 4000 万吨。早在 20 世纪 90 年代初，集团下属中国物资储运总公司就提出了与银行合作，开展仓单质押融资监管业务的建议。

2. 业务内容

1999 年中储开始了仓单质押业务，通过多年实践，已探索出了多种仓单质押融资监管业务模式，并不断创新，业务量逐年扩大，但是不同的银行、不同的地区都有不同的操作模式及合同条款，给仓单质押融资业务监管带来一定困难。此外，质押货物前期多选择质地稳定、市场价格波动小、变现能力强的工业原料、农产品和大量消费产品。

3. 事件结果

目前中储与中信银行、广发银行、招商银行、光大银行、浦发银行、交通银行、华夏银行、深发展等数十家金融机构建立了合作关系，为近 500 家企业提供质押融资监管服务，质押融资规模累计达 150 亿元。至今为止，没有出现过一起呆账、死账，银行和企业十分满意。良好的市场品牌、规范的管理经验，尤其是遍布国内各主要城市的仓库网络，是诚通集团开展仓单质押融资监管业务独有的优势。

（二）案例分析

1. 案例揭示的问题

目前仓单质押融资业务的模式有 10 多种，不同的银行、不同的地区都有不同的操作模式及合同条款,这种状况不利于银行的风险控制,操作程序也比较繁琐。应尽快制定相对统一的仓单质押融资业务流程、规范合同条款。

2. 案例启示

物流金融的实践证明,具备一定条件的第三方物流部门作为公平、公正的第三方中介人,是物流金融业务的可靠保障,是银行和工商企业间安全、畅通的桥梁和"黏结剂"。物流金融业务实现第三方物流公司原有业务向金融领域的延伸,此项业务涉及的主体众多,其和谐发展必将促进国民经济整体的和谐发展。

二、物流相关的证券市场业务案例

(一) 案例背景

1. 基本情况

顺丰速运是一家主要经营国际、国内快递业务的港资快递企业,于1993年3月26日在广东顺德成立。经过十几年的发展,顺丰现在已经拥有6万多名员工和4000多台自有营运车辆,30多家一级分公司,2000多个自建的营业网点,服务网络覆盖20多个省、直辖市和香港特别行政区、台湾地区,100多个地级市。

2. 业务内容

2015年前后,顺丰集团组建了金融服务事业群,利用其在全国建成的快递服务地网和以"交易数据、物流信息、系统对接、监控系统"等大数据服务的天网为基础建设了"顺丰速运"的金融信贷体系,开展"供应链金融物流"业务模式创新。在物流方面,主要有顺丰速运、顺丰仓配、丰顺供应链和顺丰家;在信息流和资金流方面,主要有历史交易数据、支付交易数据、物流系统信息和征信引入。在商流方面,主要有顺丰优选、顺丰海淘等。这些板块支撑着整个顺丰供应链金融业务的开展。

3. 事件结果

庞大的物流配送网络,密集的仓储服务网点,再加上新兴的金融贷款业务,形成完整的物流服务闭环。这一模式极大提高了客户的服务满意度和客户黏性。此外,在客户信用评级的基础上,将顺丰仓储中的商品作为抵押,从而获得质押贷款,解决客户商品采购等临时性资金需求,让客户在使用顺丰分仓备货的同时享有可灵活调整的信贷额度,以解决资金短缺之急,并能灵活地随借随还,最大限度降低客户资金使用成本。

（二）案例分析

1. 案例揭示的问题

传统的质押贷款是相对静态的，而顺丰的产品是动态的、灵活的。在客户使用仓储融资产品期间，顺丰可以通过仓储 WMIS 管理系统监测客户每天的货流量和货值，进行动态记录，从而可以根据监测到的数据给客户提供变量的、流动性的融资服务安排。顺丰通过把仓储和金融的信息联通，可以通过仓储的数据对贷款额度进行精准的调整，从而完善了其给客户的授信模式，使该授信模式更为成熟和灵活。

2. 案例启示

金融服务的介入填补顺丰在物流金融领域的空白。顺丰充分理解电商客户的轻资产性来设计金融产品。此外，电商企业正逐渐往轻资产的方向和模式转变，部分电商因为依靠互联网销售，无银行认可的固定资产，很难从银行获得贷款，时常会陷入资金困境。顺丰也可以相对控制资金的风险。这是顺丰金融和银行等金融机构不同的地方，同时也是更灵活的地方。

三、物流相关的资本运作业务案例

（一）案例背景

1. 基本情况

"运东西"是上海汇通供应链技术与运营有限公司打造的在零担物流领域实施 O2O 物流电子商务运营平台。该平台正式上线于 2014 年 7 月，主要通过连接中小微货主和中小物流干线商，打破原有的信息不对称，为两端用户提供扁平化的服务。2014 年 8 月下旬"运东西"物流电商平台获得深圳协同创新基金千万美元融资。

2. 业务内容

平台将在为中小货主用户带来便捷和低成本优质服务的同时，为广大中小物流专线商提供在线揽货、物流金融等增值服务，希望打造国内物流电商领域的"携程"。2015 年 1 月"运东西"平台与平安银行签署战略合作协议，双方达成一致，立足于"互联网 + 物流 + 金融"领域的发展，推出货运贷产品，共同服务中小企业，为中小企业提供更加快捷、更低利率的发货与金融服务。

3. 事件结果

2015 年 6 月下旬开始该干线商以已运作的运输项目合同在"运东西"平台申请"货运贷"。基于其项目与申请人的资质审核，他很快即获得银行 150

万元融资额度。7月该干线商在向银行指定的风险金监管账户中缴纳了5%（7.5万元）风险保证金并在"运东西"平台下单，8月即凭上月发票从银行先融到80%的运输费40万元。他的应收账款账期和原来相比整整提前了近70天，应收账款周转率变为了原来的3倍。

（二）案例分析

1. 案例揭示的问题

"运东西"平台通过物流比价搜索、云端物流管理系统、物流金融产品"货运贷"三大法宝，充分运用互联网、大数据基础，服务于货主和中小物流部门。"运东西"直接将货主与物流公司进行对接，平台提供全程货运担保，并实行遇到事故先行赔付，充分保障发货人的权益，陌生发货人先付款，平台居间，同时保护发货人与物流公司双方的权益，并提供在线保险服务。"货运贷"帮助解决了中小物流部门由于运费账期较长、资金短缺带来的无法更好拓展业务的难题。

2. 案例启示

"货运贷"是基于"运东西"平台，针对物流运输行业的业务管理、业务数据、业务流程、流程闭环的一种先进物流金融模式。用互联网的模式来看，我们单独看"运东西""货运贷"都是不完整的甚至片面的，"运东西"是在业务数据化，"货运贷"是在数据业务化，通过数据运营给客户创造业务入口、业务实现、业务管理的价值，而"货运贷"继续为客户创造金融价值，实质是一种再生产的价值，同样是服务于"运东西"平台的客户，从"运东西"到"货运贷"它创造一种相对封闭、安全、增值的价值闭环，让更多的参与者分享这个基于互联网实现的平台价值，两个平台会聚合更多的参与方一起来构筑更大的价值圈，而且是从内部发力，逐步往外扩展，形成了从物流、信息流、资金流稳固的富生态。

四、物流相关的保险、信托与租赁业务案例

（一）案例背景

1. 基本情况

2017年6月6日，天地汇集团和毅德控股集团共同合资成立深圳前海毅德融资租赁公司，旨在通过融资租赁公司为专线合作伙伴，提供专业、高效的金融服务，提高中国公路物流的流转效率，实现重构中国公路物流的目标。此次由"互联网＋"平台公司创立金融公司属于物流行业的一次壮举。

2. 业务内容

毅德金融租赁的产品包括天地汇平台自营车辆直租/回租业务、天地卡航

第三方承运商直租/回租业务、ETC 业务保理项目、加油卡应付保理项目、营运车辆保养小额融资项目、天地汇生态圈内的消费金融服务等。通过天地卡航产品和平台大数据征信方面的发展和积累，天地汇希望通过成立的金融平台公司，为平台承运商等会员和合作伙伴提供更加专业、高效、风险可控的金融服务，助力平台成员企业的发展，并与众多平台合作伙伴精诚合作。

3. 事件结果

天地汇物流金融产品正式推出仅一年多时间，就已在全国打造甩挂线路100 多条，通过全网甩挂的方式提升了 100% 以上的运输效率，节约了 20% 以上的物流成本，月环比业务增长达到 30% ~ 50%，实现了卡车班列的全网调度。2017 年，天地卡航将在全网新开线路 200 多条，新增班组 500 余次。

（二）案例分析

1. 案例揭示的问题

中小物流部门固定资产少、抗风险能力差，抵（质）押担保融资受限，这成为制约物流部门发展的瓶颈之一。此外，制造业的发展资源在大多在中西部，运输的强度要高出发达国家七八倍，由于社会化、专业化程度较低而造成大数据的缺乏，当前物流行业没有建立起一套完整的信用体系。对于大多数中小型物流部门来说，没有信用体系，传统金融机构就无法做出准确的信用评估。

2. 案例启示

如果物流行业的数据是非常全的，能够看到趋势，能够看到信用，金融机构就可以凭着这些数据，主动去找投资。但是数据是供给的需求，没有这样的数据公开的话，传统金融机构也就无从下手。所以说，物流企业融资难，信用的缺乏是最关键的因素。如果有一个平台能够展现出来的话，融资的事情还是可以解决的。

本章主要参考资料

［1］王宇熹. 物流金融［M］. 上海：上海交通大学出版社，2013.

［2］刘静. 我国物流金融业务运作及盈利模式构建［J］. 改革与战略，2016，32（4）：56 - 58.

［3］刘晓红，周利国. 供应链环境下的物流金融服务——基于 3PL 的"Orchestrator"角色分析［J］. 中央财经大学学报，2015（7）：74 - 79，90.

［4］曹娟. 物流银行业务风险防范［J］. 武汉金融，2008（9）：

51 – 53.

[5] 刘葵,谢晓明. 物流业亟待金融支持 [J]. 中国金融,2011 (20):94.

[6] 刘静. 我国物流金融业务运作及盈利模式构建 [J]. 改革与战略,2016,32 (4):56 – 58.

[7] 王子良,侯志茹,曹硕. 金融危机背景下商业银行开展物流金融业务的风险及防范 [J]. 税务与经济,2009 (4):46 – 50.

[8] 吕玉兰. 融资物流——物流企业业务开展的新选择 [J]. 税务与经济,2011 (2):37 – 42.

[9] 汝毅,郭晨曦,吕萍. 高管股权激励、约束机制与对外直接投资速率 [J]. 财经研究,2016,42 (3):4 – 15.

[10] 杨丹,朱松. 金融机构股权、投资者预期与企业价值 [J]. 经济与管理研究,2016,37 (4):34 – 43.

[11] 郭桂霞,赵岳,巫和懋. 我国"走出去"企业的最优融资模式选择——基于信息经济学的视角 [J]. 金融研究,2016 (8):111 – 126.

[12] 张亦春,李晚春,彭江. 债权治理对企业投资效率的作用研究——来自中国上市公司的经验证据 [J]. 金融研究,2015 (7):190 – 203.

[13] 霍江林,刘素荣. 谈构建金融衍生品投资风险内部控制机制 [J]. 财会月刊,2008 (33):38 – 39.

[14] 陈醇. 金融衍生品交易的效力问题——权利结构视角 [J]. 东岳论丛,2015,36 (4):160 – 168.

[15] 靳光辉. 投资者情绪、高管权益激励与公司投资——基于迎合渠道的实证检验 [J]. 中央财经大学学报,2015 (6):65.

[16] 靳庆鲁,侯青川,李刚,等. 放松卖空管制、公司投资决策与期权价值 [J]. 经济研究,2015 (10):76 – 88.

[17] 祝波. 股权投资管理:战略视角 [M]. 北京:北京大学出版社,2016.

[18] 陆挺. "柳暗花明之路"还是"空中楼阁"?——就我国中小企业融资改革方向与汤敏博士商榷 [J]. 经济社会体制比较,2004 (1):112 – 125.

[19] 赵尚梅,杜华东,车亚斌. 城市商业银行股权结构与绩效关系及作用机制研究 [J]. 财贸经济,2012 (7):39 – 48.

［20］陈湛匀，倪海赟．资本市场与企业融资现况浅析［J］．浙江金融，2007（8）：36－37．

［21］陈其超，吕锦玲．我国物流金融业务运作与盈利模式研究［J/OL］．改革与战略，2017，33（1）：72－73，102．

［22］黄文群，黄炯华．上海地区物流金融业务及其运作效率的拓展研究［J］．改革与战略，2015，31（8）：119－121，126．

［23］陈卫华，陈美娟．物流金融的基本模式及风险防范［J］．特区经济，2010（10）：299－300．

［24］邹敏．供应链金融环境下中小物流企业融资模式探讨［J］．中国物流与采购，2010（16）：62－63．

［25］蒋长兵，白丽君，金增强．中小企业物流金融的主要模式与业务流程［J］．铁道运输与经济，2010，32（12）：81－84．

［26］张目，黄春燕，李岩．预付款融资模式下科技型中小企业信用风险评价指标体系研究［J］．科技管理研究，2015，35（326）：32－36．

［27］王兴．基于供应链金融的第三方物流企业竞争优势［J］．天津师范大学学报（社会科学版），2017（1）：75－80．

［28］张俭．物流基金升温［J］．中国物流与采购，2009（21）：52－53，9．

［29］唐建荣，廖祥宾，马洁纯．基于效率改进的物流金融协同模式研究［J］．财贸研究，2016（2）：29－38．

［30］吕玉兰．物流监管业务的运作模式及风险控制——基于物流企业的视角［J］．企业经济，2011，30（12）：79－83．

［31］胡愈，徐兆铭，黄含其．以培养目标统领高校物流管理专业课程体系建设——基于物流金融技术人才培养视角［J］．湖南社会科学，2009（6）：107－110．

［32］陈永平．基于LON视角的物流企业价值创造研究［J］．当代财经，2009（12）：67－73．

［33］孟魁．促进我国物流金融发展的对策研究［J］．经济纵横，2013（10）：75－78．

［34］袁光珮．第三方物流企业物流金融服务的分析与决策［J］．统计与决策，2011（8）：169－171．

［35］何娟，蒋祥林，王建．存货质押业务中银行与物流企业Stackel-berg博弈行为分析［J］．财贸研究，2012，23（3）：125－131．

[36] 曲琳琳, 林山. 当前中央企业金融衍生品投资现状、问题及建议 [J]. 财政研究, 2009 (8): 30-33.

[37] 冯社苗. 对我国物流产业发展的几点思考 [J]. 铁道运输与经济, 2005 (6): 32-33.

[38] 熊伟. 我国金融制度变迁过程中的信托投资公司 [J]. 经济研究, 1998 (8): 55-58.

[39] 孙继湖, 宋冰冰. 飞机租赁方式的不同选择对国有航空公司 EVA 业绩的影响 [J]. 财会月刊, 2015 (24): 113-115.

[40] 闫冰竹. 商业银行开展信贷资产证券化业务的现实选择与政策建议 [J]. 金融监管研究, 2016 (10): 55-68.

[41] 刘静恬. 物流企业开展金融服务风险分析 [J]. 财经问题研究, 2015 (s1): 54-55.

[42] 王静. 我国社会信用管理体系可持续发展模式与路径研究 [J]. 经济问题, 2016 (8): 19-25.

[43] 王春丽, 胡玲. 基于马尔科夫区制转移模型的中国金融风险预警研究 [J]. 金融研究, 2014 (9): 99-114.

[44] 宋玮楠, 毛佳, 李姗. 应加强对物流金融风险的防范 [J]. 经济纵横, 2014 (3): 109-111.

[45] 陈六傅, 钱学锋, 刘厚俊. 人民币实际汇率波动风险对我国各类企业出口的影响 [J]. 数量经济技术经济研究, 2007, 24 (7): 81-88.

[46] 林建松, 黄志刚, 林朝颖. 货币政策组合对企业微观的风险传导效应研究 [J]. 财贸研究, 2017 (4): 43-49.

[47] 何明珂, 钱文彬. 物流金融风险管理全过程 [J]. 系统工程, 2010, 28 (5): 30-35.

[48] 王春, 张维. 投资者情绪影响公司股票发行吗? ——基于沪深 A 股市场的实证研究 [J]. 南京审计学院学报, 2013, 10 (5): 53-60.

[49] 马泽民. 中储物流中心物资库存管理优化研究 [J]. 现代经济信息, 2016 (23).

[50] 罗瑞敏, 伍隽. 仓单质押融资业务中的风险控制研究 [J]. 税务与经济, 2009 (3): 33-36.

[51] 吉喆, 苏云峰. 顺丰速运: 中国民族速递品牌的骄傲 [J]. 财经界, 2011 (17): 70-71.

［52］刘华. 顺丰速运公司战略成本控制及启示 ［J］. 财务与会计：
理财版，2013（1）：50-51.

［53］李小米. "运东西"——货运神器长成记 ［J］. 中国储运，
2014（9）：66-67.

［54］普荣，白海霞. 中国物流业发展的时空格局演进：从梯度到均
衡 ［J］. 改革与战略，2016，32（1）：113-117.

［55］史燕平. 融资租赁原理与实务 ［M］. 北京：对外经贸大学出版
社，2005.

［56］刘沙沙. 新常态视角下中小企业信用评级模型研究——基于灰
色关联分析改进模型 ［J］. 财会通讯，2016（16）.